우리 기도할까요

우리 기도할까요

12인 사화집

한국문화사

우리 기도할까요

12인 사화집

1판 1쇄 발행 2019년 4월 8일

지 은 이 안윤자·이명숙·민혜·이명지·조한금·유영숙
배영숙·김종길·이찬웅·김지영·문육자·임무성
펴 낸 이 김 진 수
펴 낸 곳 한국문화사
등 록 1991년 11월 9일 제2-1276호
주 소 서울특별시 성동구 광나루로 130 서울숲IT캐슬 1310호
전 화 02-464-7708
팩 스 02-499-0846
이 메 일 hkm7708@hanmail.net
홈페이지 www.hankookmunhwasa.co.kr

책값은 뒤표지에 있습니다.

ISBN 978-89-6817-744-6 03810

이 도서의 국립중앙도서관 출판예정도서목록(CIP)은 서지정보유통지원시스템 홈페이지(http://seoji.nl.go.kr)와 국가자료종합목록시스템(http://www.nl.go.kr/kolisnet)에서 이용하실 수 있습니다.(CIP제어번호 : CIP2019012002)

축사

천만번의 기도, 천만번의 묵상

신달자

시인, 대한민국 예술원 회원,
한국시인협회 회장 역임

여기 열두 명의 문장가들이 있다. 열두 명의 문장가들은 저마다 심장의 문을 열고 사람을 이야기하고 신앙을 이야기하고 삶에서 피할 수 없는 상처들을 이야기한다. 희망도 있다. 반드시 살아 내야만 하는 우리의 삶에서 절박하게 간절하게 누군가가 필요할 때 우리는 누굴 찾는 것인가도 이야기한다. 사람의 힘으로 되지 않는 일은 몇 가지로 나눌 수 있다. 글을 쓰는 것, 신께 고백하는 것, 친구들에게 독백을 풀어 놓는 일... 다양한 방법이 있지만 이들 문장가들은 이 모두를 겸하는 방법을 선택했다.

절박한 마음의 응어리를 오직 한 분이신 주님께 이르러 무릎을 꿇는 일을 그리고 기도의 전 과정을 글로 쓰는 것으로, 그 방법을 마치 준엄한 신께 아뢰는 것이 아니라 마치 친구에게 나 자신에게 말하는 듯 자연스럽게 흐르는 물처럼 이야기하고 있는 것이다. 이야기가 끝날 무렵 글의 힘이 읽는 사람에게 전이되는 것은 딱 하나 "가톨릭 정신"이었다.

내내 가슴이 따뜻했다. 더러는 울컥할 때도 있지만 나의 가슴은 따뜻했다. 저 멀리서 희망이 불꽃이 켜지는 아름다운 긴 골목을 보는 것처럼 말이다.

마음은 무슨 색깔일까? 열두 명의 글에서 느끼는 마음의 색깔은 초록이었다가 붉은색이었다가 노오란 색이기도 했다가 연보라이기도 했다. 글의 꽃밭에서 만나는 각가지 마음의 꽃을 보는 일은 즐거움이고 행복이었다.

이젠 매듭이 생길 만큼의 문장의 이력이 있는 사람들의 글밭은 때때로 나의 물기 때문일까 선연한 무지개가 분명한 선을 그으며 나타나기도 했던 것. 나는 무지개의 다리를 건너며 그들의 숙연한 글밭 동산의 향기를 만나러 가고 있었다.

분명히 남의 글인데 군데군데 나를 바라보는 착각이 들기도 하면서 그들의 세계를 그들의 내면을 그들의 호소를 자전적인 내면의 소리로 듣기도 했다. 그래 글은 그런 것이 아닌가.

모든 글은 조금씩 나의 살을 나의 뼈를 느끼는 것이기에 글을 쓰고 읽는 행위는 바로 육신의 부분들을 나누는 일이라고도 할 수 있다. 그렇다. 여기 그렇게 생의 끓는 가슴들이 한지에 배는 먹물처럼 서로의 가슴을 적시는 친족 같은 우정이 한 권의 책으로 한 다발의 의미 있는 꽃다발로 탄생할 것이다.

사람들은 자기의 삶에서 모두 감정 노동자다. 여기서 제외되는 사람을 나는 아직 만난 적이 없다. 그러기에 글을 쓴다는 일은 축복이고 그 감정노동을 해소하기도 하면서 거기에 색을 칠하기도 하여서 이미 주어진 상황의 현실을 감정 예찬가로 변화시키는 인물들이니 주님의 선택자들이 아니겠는가. <주님 보시기에 좋았다> 모든 일을 여기까지 닿아야 한다는 책무를 생을 사는 주인들은 다 함께 묵상해야 하는 것이다. 이보다 더 큰 행복한 치유가 어디 있겠는가.

그리하여 열두 명의 내면 고백이 우리끼리가 아니라 주님과 함께라는 큰 영광으로 하나의 책이 묶여진다는 것은 천만번의 기도와 같으며 천만번의 묵상이 될 것이다.

작품들을 일일이 거론하지는 못했으나 모두 아픔과 진실과 자기와의 싸움을 쓰면서 새로운 해법의 동네로 거듭나는 가톨릭의 영적 찬미를 나는 보았다. 이 책으로 많은 사람이 공감하고 다시 읽고 싶은 감명으로 분명 두 손을 모으게 되리라 본다. 모든 작가에게 응원의 박수를 보낸다.

차례

주님! 하고 가만히 그 이름 부를라치면 눈물이 나온다.
가나안의 옛집 예수님 발치에 앉아
하염없이 흐느낀
마리아 막달레나처럼.
어쩌다 길에서 만난 예수님은
내 인생의 걸림돌이고 시빗거리였다.
그러나 그 예수님이 내 안에 와서
머물면 나는 교회가 된다.

안윤자

마지막 인사 / 예수마누라님 / 교회

프로필 안윤자(벨라뎃다)
가천대학교 일반대학원 국어국문학과졸업(현대문학전공)
1991년 ≪월간문학≫ 신인상 「나그네」로 등단
한국문인협회 복지위원
PEN클럽. 한국가톨릭문인회 회원
대표에세이문학회 회장 역임
한의도협 이사. 편집위원장
사사편찬위원장. 월간사보 편집장 역임
전 서울의료원 의학도서실장

저서: 『벨라뎃다의 노래』, 『연인 4중주』
논문집: 『윤동주 시 연구』
집필: 『서울의료원 30년사』, 『경동제약 30년사』
이메일: nagune5@hanmail.net

마지막 인사

이 세상에서 마지막이 될 해후. 시절 인연 따라 나에게로 왔던 고맙고도 귀한 인연을 떠나보내는 길목에서 그분께 마지막 작별 인사를 고한 것은 영면에 드시기 나흘 전이었다. 알음알음으로 회복이 어렵다는 소식을 듣고 있었다. 그러던 어느 날 저녁에 법정 스님이 위독하다는 사실을 접하고서 다음 날 아침 곧장 병원으로 향했다. 왠지 이 주간을 넘기지 못하실 것만 같은 막연히 엄습한 확신 때문이다.

그날 밤이 깊도록 편지를 썼다. 스님께 보내는 마지막 서신이 될, 지우고 또 지우고 다시 써 내려간 편지! 한 줄 글에 백 가지 상념이 어리었던 원고지 한 장의 그 편지처럼 쓰기 어려운 글이 다시 없었다. 외부인 면회는 일절 사절이라니 뵙지도 못하고 돌아서야 한다면 편지만이라도 전해드리고 싶었다.

벨라뎃다가 스님을 뵈러 왔었다고…. 이 한마디 말은 꼭 전하고 싶은 나의 마지막 인사가 될 것이기 때문이다. 수십 통의 편지가 오갔던 인연치고는 실로 오랜만에 다시 쓰는 힘겨운 편지였다. 병원으로 향하던 날은 일요일 아침이었다. 기억 저쪽의 편린들이 봄눈처럼 쏟아져 내렸다. 버스를 타고 내를 건너 앳된 수도자의 신분으로 마주한 어느 젊었던 날의 해 질 무렵, 산바람만이 넘나드는 적요한 불일암 뜨락에는 우주의 한숨처럼 백목련 꽃잎들이 하나둘 지고 있었다. 언젠가 스님은 내게 말씀하셨다. "눈에서 멀면 마음에서도 멀다"라고. 아마도 환속을 앞두고 마지막 속내를 털어낸 무렵이었을 것이다.

"수녀로서 성공할 자신이 제겐 없습니다."

물리적인 성공을 뜻한 것은 아니다. 완덕完德에 이를 자신이 없었다. 그래도 종신서원 5년 차의 수녀 입에서 나올 법한 말은 아니었다. 뜻밖의 고백에 너무도 기막히고 어이가 없는지 스님은 어떻게든 단단히 유감에 빠져든 이 여리고 약해빠진 자매를 잡아줘야 한다는 생각이 간절한 듯했다. 그리고 아마도 다음 말을 위해서, 자신은 사람 보는 안목이 아주 정확한 사람이라는 걸 강조하였다.

"수도복을 입었다고 다 수녀가 아니고, 승복을 걸쳤다고 다 중이 아니다. 그런데 벨라뎃다 수녀님은 내가 겪어본 사람 중에 드물게 훌륭한 수도자이지. 내 눈은 틀린 적이 없어. 이 말을 믿어야만 해요."

재차 강조하며 환속해선 절대로 안 되는 이유를 열거했다. 새장 속에 갇힌 한 마리 새처럼 제한 없는 자유가 그리웠으며 영적이고 외적인 모든 압제로부터 훨훨 벗어나고만 싶었던 젊은 수녀에게는 마이동풍의 상찬이었을 뿐인데도. 그래도 저래도 저 고집을 꺾을 수가 없겠다고 판단하셨는지 스님은 "바깥세상에 나가서는 삼 일도 못 살 사람이 어쩌려고 그러는가?" 하시다가 끝내는 "정 수도복을 벗으려거든 다시는 내 얼굴을 볼 생각도 하지 말아라!" 하고 못을 박으셨다.

그로부터 눈에서도 마음에서도 멀어진 겹겹의 세월이 강물처럼 흘러갔다. 망망대해 일엽편주가 되어 삼 일도 못 살 것이라는 세상의 격류에 휩쓸리느라 정신도 못 차리고 떠내려갔다. 그래도 타인의 눈에 비친 내 겉모습은 언제나 고요했을 것이다. "세상에서 삼 일도 못 살 사람!"이라 낙인을 찍은 스님의 책망은 역으로 이 풍진 세상살이에 강단이 되어주었다. 세속에서의 부적응은 곧바로 인생의 실패를 의미하기에 그것만은 절대로 용납해선 아니 될 터! 저주에 빠진 잠자는 숲속의 공주처럼 삼 일이 아닌 삼 년 동안을 살얼음 딛듯 얼마나 조심조심 살아냈는지 모른다.

하늘에서 뚝 떨어진 선녀 같은 낯선 세상이었다. 부딪치는 모든 것이 처음 겪는 초긴장 상태서도 제정신을 수습할 수밖에 없었던 동력은, 이 이상 여기서 더 멀어지면 안 될 것이라는 부적과도 같았던 어떤 음영 때문이다. 그리고 어디서든 떠나온 곳의 얼굴들과 같은 부류에 속한 인종으로는 살아가야 하지 않겠는가 하는 자성이었다.

그렇게 성聖과 속俗으로 갈라진 노상에서의 삶은 모호한 빛깔로

채색되고 있었다. 나는 잘려져 나간 나뭇가지가 되었고 다감했던 인연들로부터 멀어져 갔다. 그렇다고 삶이 비감했다는 뜻은 아니다. 비록 성스러운 길에서는 되돌아 나왔지만, 아직 가보지 않은 길에도 신기한 꽃들이 피어 있었다. 그것이 설령 속된 탐닉이라 할지언정 일찍이 수도원이 나에게 부여하지 못한 생의 또 다른 추구임에는 분명하지 않았겠는가.

눈에서 멀리 떨어져 가슴에서도 잊혀간 시계에서 나는 점차 세속적인 사람으로 영글어갔다. 이제는 지면을 통해서나마 안부를 엿듣고 살아온 소소한 일상도, 어느 해 찾아주셨던 먼 바닷가 처소 세심헌에서의 추억도 한낱 신화의 장으로 묻혀갈 것이다. 아직은 살아 있지만 두 번 다시는 볼 수 없는 사람을 만나려고 병원으로 향하는 발걸음이 얼마나 막막했는지 모른다.

법정 스님을 처음 대면한 것은 종신서원을 앞둔 어느 해 여름이었다. 당시 스님은 불멸의 에세이집이 된 『무소유』와 『서 있는 사람들』을 상재하며 필명을 떨친 유명 인사였다. 그때는 봉은사 다래헌에 계셨고 나는 종신서원을 앞두고 명동 본원에서 대피정 중이었던 20대의 앳된 수도자였다.

그해 한여름 날의 풍경이었으리. 눈에 시린 이 한 장의 흑백사진은. 수녀원에선 가끔 사회적 명사들을 초대하여 강의를 들었다. 수도자들의 영성에 지적인 균형감을 함양하려는 배려일 것이다. 그때 초빙된 외부인사 중에서도 법정 스님은 단연 획기적이고 이

색적인 인물이었다.

종교단체란 것이 존립의 명분상 배타적인 요소가 상존하기 마련이다. 20세기 말인 당시의 한국불교와 가톨릭은 소원한 관계였다. 그러나 가톨릭의 대변혁을 천명한 제2차 바티칸공의회를 계기로 교회 내부에는 쇄신의 바람이 불기 시작했다. 창문을 활짝 열어젖힌 제도의 개선과 타 종교와의 대화, 그리고 개방화의 급물살을 타고 불교계 인사인 법정 스님이 수도원에까지 입성할 수 있었던 것이다.

아무래도 언사가 유창한 그룹은 교수 집단이다. 한데 정작 교수들도 수도복 속에서 두 눈만 반짝반짝 빛이 나는 수녀들이 숨소리도 내지 않고 쫙 늘어서 앉아 있는 연단에 오르면 긴장이 되는지 더듬대기 일쑤였다. 특유의 분위기에 압도당하기 때문이다. 시절이 그랬으므로 수도원의 공기가 시종 고요하고 침울하고 엄숙하기도 했다. 그런데 생전 처음 대면한 법정 스님은 의외였다. 수녀원에 승복 차림의 등장만으로도 충분히 어색했는데 일거수일투족이 호기심의 대상이란 걸 뻔히 알 텐데도 천연덕스럽기 한량없었다.

일찍이 서구화된 수녀원 문화와는 사뭇 대조적으로 풀물 빳빳이 먹인 잿빛 장삼에 흰 고무신을 신은 스님은 수녀들이 까만 구둣발로 또박또박 걸어오는 긴 복도를 휘적휘적 산길처럼 걸어 들어오셨다. 거기에 유난스럽게 밀어붙인 광이 나는 맨머리가 어찌나 분심을 주었는지 모른다. 음전한 수녀원의 분위기와는 생판

딴 뉘앙스였기 때문이다. 그런 이질감에도 스님은 뻔뻔하리만큼 자기네 절간 마당처럼 유창하고 사변적이었다. 그날 법정 스님이 우리 자매들이라고 불러준 수녀들에게 꼭 읽어보라며 추천한 신간이 생텍쥐페리의 <어린 왕자>다.

종파를 떠나 같은 수행의 길에 서 있다는 동질감 때문이었을까. 그날의 상면을 계기로 수녀들은 스님이 머물고 있던 삼성동 다래헌을 스스럼없이 방문했다. 법정 스님 또한 어느 글에서인가 "명동의 수녀원과 다래헌이 흡사 자매결연이라도 맺은 것처럼 수녀님들이 자주 찾아주었다"라며 자매인 수녀들에 대한 각별한 애정을 토로하곤 했다.

서로의 처소를 오갔던 친교가 단순한 내왕으로 그친 것만은 아니다. 한 가지 특기할 사항은 그렇게 다져간 우애로움을 단초로 가톨릭의 수도원과 불교의 수행자들 간에는 친화적이고도 수평적인 관계가 형성될 수 있었다는 점이다. 이런 우의는 점차 수뇌부들 간의 상호대면과 초대로까지 이어졌다. 이 땅에서 신앙의 자유를 얻은 이래로 백 년이 넘는 세월 속에서도 가톨릭이 이뤄내지 못한 다른 종교 간 화합의 장이었다. 그런 우월적인 배타성의 벽을 허물고 한국가톨릭과 불교는 서로 존중하는 상생의 관계로까지 발전하기에 이른다. 바로 그 한편에 법정이라는 대단히 심미적이고도 인문학적인 한 수행자의 역할이 있었음을 부인할 수 없다.

의료원에 도착했으나 예상대로 면회는 사절이었다. 아니 휴일의 한갓진 병원 로비에서 만난 몇 명의 직원들은 스님의 입원 사실조차 모르는 것 같았다. 병원의 배려로 꼭대기 특실에 계셨으니 설령 숙지하고는 있어도 그리 대응하라는 지침이 내렸을 것이다. 주변에는 나보다 먼저 온 한 스님이 들어가지 못하고 서성거리고 있었다.

그때 반가운 손님들이 등장했다. 키가 후리후리한 승려 세 사람이 로비에 막 들어선 것이다. 한눈에 척 봐도 송광사의 학승들임이 분명해 보였다. 법정 스님의 자취가 묻어 있는 조계산 송광사로 오르는 산길에서 마주친 스님들의 눈빛은 언제 봐도 깊고 형형했다. 학승들이 모여드는 승보사찰 송광사가 품은 정기 때문이다. 무사통과인지 그들은 전용 엘리베이터 쪽으로 거침없이 걸어가고 있었다. 나는 때를 놓칠세라 달려가서 편지를 내밀며 법정 스님께 꼭 전해달라고 부탁했다. 한 스님이 같이 올라가자고 끌었지만 동반하지 않았다. 정식으로 문병을 허락받은 처지가 아니기에 결례가 될지도 모르는 조심스러움이 앞섰다.

그리고 잠시 뒤 법정 스님의 맏상좌로 길상사 주지였던 덕조스님에게서 전화가 걸려왔다. “벨라뎃다님! 금방 데리러 갈 테니 꼼짝 말고 그 자리에 있으세요.” 그 말이 채 끝나기도 전에 덕조스님이 로비에 나타나셨다. 그러니까 출가 초입의 상좌일 때 불일의 뜰에서 긴 이야기를 나눈 적이 있는 그 스님과도 세월의 뒤안길을 지나 다시 만난 재회였다. 때를 맞춰 잘도 나타나준 송광사

학승들의 덕분으로, 그리고 혹시 몰라 편지 말미에 살짝 적어둔 핸드폰 번호의 덕을 톡톡히 본 셈이다. 면회를 못 하고 어슬렁거리던 다른 스님 한 분은 엉겁결에 내 덕을 보았다.

병실로 올라가는 엘리베이터 안에서 덕조 스님은 "스님이 정신은 있으세요"라고 귀띔해 주었다. 사람은 알아볼 수 있으니 참고하라는 뜻이겠지. 두근거리는 가슴으로 맞닥뜨린 병상의 하얀 시트 위에 스님이 누워 계셨다. 암으로 임종하는 마지막 순간이 그렇듯 한 눈에도 몹시 격한 막바지 통증으로 시달리는 모습이었다. 누가 그리하라 시킨 것도 아니건만 왜 이렇게 오랜 세월이 지나서, 그것도 마지막 가시는 길에서야 왜 이제 스님 앞에 선 것일까. 나는 왜 굳이 그래야만 했을까.

내 덕에 상봉이 허락된 문병객 스님은 가까이서 손도 만져보고 하는데 나는 차마 머리맡까지도 닿지 못하고 먼발치서 가슴 위에 두 손을 얹은 채로 그저 스님을 응시하고 서 있을 뿐이었다. 무주공산에 홀로 던져진 사람처럼 아무 상념도 일지 않았다. 단지 눈길이 마주쳤을 때 스님 얼굴에 엷은 미소가 스쳤던 듯도 하다.

아아 벨라뎃다! 벨라뎃다가 와주었구먼. 그렇게 알아보셨을 것이다. 평시의 스님 농담처럼 실물대조로 끝이 나버린 이 세상에서의 마지막 상봉은 막을 내렸다. 눈 속에다 가슴 속에다만 온갖 상념을 담았을 뿐 한마디 말도 하지 못하고 돌아선 그런 해후였다.

“너무 가슴 아파하지 마세요.” 엘리베이터를 타고 다시 내려오면서 덕조 스님이 대신 건네준 위로의 말이다.

“너무 가슴 아파하지 마요….” 그리고 언젠가 절간 문에 기대서서 멀어져가는 벨라뎃다의 뒷모습을 배웅하며, 휙 뒤돌아본 나에게 마지막으로 당부하신 스님의 그 한 마디 음성이 환청처럼 맴돌았다.

“그래도 가끔은 성당에 나가….”

“네. 이 세상에서는 이제 스님을 마지막 뵌 것으로 알겠습니다.” 나는 겨우 덕조 스님에게 대답했다. 처음에 불일암으로 오르는 개울을 건너가던 때 손을 내밀어 잡아주신 날이 있었고 마지막 그분의 실존을 가슴 속에 다시 담을 수 있었던 날, 그것이 인연의 시작이었으며 끝이었다. 그로부터 이틀 후 법정 스님은 의료원에서 길상사로 옮겨가셨다. 그리고 다시 이틀이 지나고 그 주간 목요일에 열반에 드셨다.

예수마누라님

신앙생활도 인생사와 흡사하다. 삶의 무대에 비바람이 치는 날이 있는가 하면 햇볕 드는 날도 있듯이 신앙생활 역시 "내 주를 가까이" 하는 뜨거운 한때가 있는가 하면 얼음장같이 식어버린 냉담의 터널을 통과해 가야만 할 때가 있다. 자신만이 오직 운영주가 될 수 있는 인생이라는 사업체에는 종교라는 코너가 입점해 있다. 종교와 인간 생활, 무엇이 주체일까? 분명 한 가지, 그 둘은 서로가 분리될 수 없는 동반자라는 사실이다. 당연히 종교의 선택은 인간 삶의 상표 가치를 결정하는 절대 항목으로 작동한다. 열정과 냉탕 사이를 오고 가는 신앙생활이 인생사 주제가 되는 까닭이다.

어렸을 때 아버지는 고등학교 교사였다. 구한말인 1906년 공주 시내에 미국 선교사가 설립한 최초의 기독교계 미션 스쿨이다. 영명학교의 학생이던 유관순은 일제의 횡포로 학교가 강제 폐쇄되자 설립자 샤프 부인의 주선에 힘입어 이화학당으로 편입을 했다고 한다. 교육부재의 시대에 영명학교는 건국 초기의 정치가 등 수많은 인재를 배출한 유서 깊은 사학이었다.

어머니의 혼수품인 안방 자개장롱 속에는 검은색 가죽 장정의 두꺼운 성경이 항상 놓여 있었다. 그러나 아버지가 성서를 읽으시는 모습을 본 적은 없다. 주일이면 장롱 속에 고이 모셔둔 성경책을 꺼내 들고 감리교회로 예배를 드리러 나가시는 게 고작이었다. 생각하면 가죽 커버에 두른 금박 줄로 하여 한결 권위적으로 보였을 성경책은 필시 주일 교제용이었을 것이다. 그렇긴 해도 이 특별난 책이 눈요깃감으로만 존재성이 있었던 건 아니다. 수시로 장롱을 여닫을 때마다 저절로 눈에 들어와서 박혀버린 한 권의 성서는 한 알의 밀알처럼 어린 뇌리에 신앙이라는 싹을 트여주었을 것이기 때문이다. 거기서부터 발아된 종교성은 나의 내면을 형성해간 DNA였다.

무슨 연유인지 아버지가 학교를 그만두셨다. 미션 스쿨의 특성상 장로인 교장이 바뀔 때마다 대대적인 물갈이가 있었을 터이고 채플 성적이 불량한 아버지는 시쳇말로 해고를 당한 게 아니었을까 추론해 볼 뿐이다. 아직도 이름 석 자가 떠오르는 새 교장 선생은 공교롭게도 친구의 부친이셨다. 후에야 알게 된 사실이지만 설령 그 즉시 알았다 해도 동창인 그 애에게 아버지의 복직을 부탁했을 리는 만부당했을 것이다. 그러기엔 나는 너무도 기가 약한 수줍은 아이였다. 서울서 보성전문학교 상과를 졸업한 부친의 삶이 그날을 계기로 하향곡선을 그었다. 그때로부터 불과 몇 년 사이 돌아가셨으니 이제 더는 체면치레로나마 무거운 성경을 끼고 교회에 나가지 않아도 되었으리라.

그즈음 일게다. 아버지는 언니와 오빠에게 성당에 나가라고 채근하셨다. 기독교의 뿌리는 원래 천주교니 성당에 나가는 게 옳은 일이다 하시면서. 그리고 새벽마다 뎅그렁뎅그렁 온 시내 그득히 울려 퍼지는 삼종 소리가 들려오면 어떤 영감의 소치인지 전에 없이 말씀하셨다.

"저 종소리를 들으면 기운이 맑아지는 것 같다. 나도 몸이 성하면 성당에 가보고 싶지만 너희라도 우선 나가거라."

자전적 소설책을 한 권 남긴 아버지는 한 시대의 인텔리였으나 그의 삶은 불운했다. 그 무렵 언니 오빠는 집에서 꽤 먼 성당을 나가기 시작했지만 나는 여전히 동네교회에 다니고 있었다. 그로부터 몇 년 지나지 않아 우리 나이로 마흔여섯의 아버지가 자리를 보전하고 누우셨다. 미남이라고 소문난 인물값 하느라 그러셨는지 퇴근길마다 선생님들 삼총사가 냇물께 기생집으로 직행하곤 했다. 호랑이 담배 피우던 그때가 짧은 그분 생애에서 전성기요 낭만 시대가 아니었을까 싶다. 그리고 그 시절이나마 아버지에게 있었음을 고맙게 생각한다.

지금 같으면 청춘일 나이로 병석의 아버지가 대세를 받으셨다. 아니 대세를 받으면 살 사람은 속히 일어날 수도 있다는 친척의 말에 더 솔깃했을 것이다. 신작로를 걸어가다 가끔 본 적이 있는 성당의 원장 수녀님이 신기하게 우리 집을 처음으로 방문해준 날이다. 돌아보니 반세기가 넘은 옛일이건만 그날의 움직임 하나하나가 어찌 이리도 생생히 살아서 움직이는 것인가.

안방으로 들어오신 원장 수녀님은 환자에게 성호 긋는 법과 삼위일체에 대한 간단한 도리를 설명하고 그 자리서 대세를 베푸셨다. 본명은 베드로. 안 베드로! 이마에 성수를 부으며 십자인호를 긋고 대세를 거행하던 수녀님이 열에 들뜬 아버지에게 “우리 죄인들을 구원하러 오신 주 예수그리스도를 믿느냐”라고 물으셨다. 불생불사不生不死의 경계에서 아버지는 그렇다고 고개를 끄떡였다. 사실 얼마 전까지만 해도 원의가 있었으므로. 이어 원장 수녀님이 “예수마리아 나를 구해주소서!” 이렇게 따라 해보라고 했다. 아마도 난생처음 입 밖에 내보았을 “예수마리아 나를 구해주소서!” 지금도 그날의 음성이 귀에 또렷하다. 처음이자 마지막이 된 아버지의 절규가.

“예수마누라님. 나를 좀 구해주십쇼!!”

비록 고열에 들떠 혀가 말려 들어간 어눌한 발음이었지만 분명하게 내뱉은 이 외침은 정신이 혼미한 아버지가 생의 막다른 기로에서 처음이자 마지막으로 낯선 신께 애걸한 구원의 동아줄이었을 것이다. 캄캄한 어둠의 골짜기에서 주께 부르짖사오니 야훼여 제발 “나를 좀 낫게 해주쇼” 하고 애원한 간구였을 것이다. 대세를 받은 직후부터 병세가 악화하여 혼수상태로 빠져들었기 때문이다.

그날로부터 며칠이 더 지나가고 앓아누우신 지 고작 십여 일 만에 아버지는 세상을 뜨셨다. 봄빛 푸른 4월의 이른 새벽이었다. 며칠 동안 왕진 가방을 들고 밤샘을 와준 주치의는 대청마루 커다란 책상에 엎디어 새벽잠에 빠져 있었다. 내 나이 열네 살로 중학교 2학년 때의 일이다. 부음을 전하려고 삼총사 댁으로 뛰어가던 그 날 새벽 남의 집 담장에는 샛노란 개나리가 흐드러지게 피어 있었다.

그런데 대체 예수마누라라니! 발치에 앉아 꼼짝도 하지 않고 대세를 지켜보았던 나는 마음속에 근심이 태산만 했다. 아무리 생각해도 그렇지. 세상에 이런 불경죄는 다시없을 것이다. 성스러운 예수마리아를 예수마누라라고 불렀으니 어쩌자고! 그만한 이치쯤 알고도 남았을 아버지가 그 정도의 뜻도 구분하지 못했을 리는 없었을 게다. 다만 열에 들떠 발음이 헛나와서 그리되었을 뿐이라고. 혼자 변명하고 혼자 애써보지만, 한마디 잘못 나온 말 때문에 불쌍한 아버지가 지옥에 떨어졌을지도 모른다는 불안감이 심약한 가슴을 짓눌렀다. 그래도 아버지를 매개로 우리 온 가족은 성당으로 나갔고 성세를 받았다. 아니 천주님과 나와의 그 질기고도 운명적인 숙연이 시작된 것이다.

"신부님! 예수마리아를 예수마누라라고 한 제 아버지는 지옥에 가셨나요?" 일구월심 지옥 문제로 고통을 겪던 내가 신부님을 처음 본 날 첫 마디로 여쭤본 질문이다. "아니. 대세를 받았으니 연옥에 가셨다. 연옥에서 보속을 다 마치고 나면 천당으로 올라가니 자녀 된 도리로 기도 열심히 해드려야지." 파리외방선교회 소속의 본당 신부님이 당신 품에 나를 꼭 껴안아 주며 가엾은 아이를 위로해 주셨다. 아버지한테서는 받아보지 못한 따뜻한 포옹이었다.

그렇지만 이젠 딴 근심이 생겼다. 아버지가 연옥에 계시다는 확실한 판결을 받았기 때문이다. 나는 "대세를 받은 사람은 모두가 천국에 가는 거란다." 이렇게 속 시원히 신부님이 대답해주기를 애절하게 바란 것 같다. 지옥처럼 활활 타오르는 불구덩이 속에서 단련을 받는다는 연옥! 정화되어야 할 영혼들이 보속을 하고 있다는 연옥의 불길 속에서 신음할 아버지를 생각하면 몸이 다 오그라드는 것만 같았다.

다음날부터 눈이 오나 비가 오나 하루도 거르지 않고 성당에 나갔다. 날마다 새벽 미사에 참례하여 연옥에 계신 우리 아버지 베드로를 구원해 달라고 애원했고, 오후에는 사제관으로 가서 교리문답을 배웠다. 어찌나 열심히 320조목 문답 책을 딸딸 외워댔던지 나의 교리 실력은 순전히 그때 외운 작은 <문답 책>에 기인한다.

하느님은 분명히 사랑 자체, 선 자체일 것이다. 한데 그와는 반대급부인 죄악만을 너무도 부각하다 보니 짜증스럽게 그때나 지금이나 교회에서의 내 신분은 일개 중죄인일 뿐이다.

돌이켜보면 아버지에게서 받을 수 없었던 사랑을 자애한 파란 눈의 신부님 품을 통해 대신 위로 받으며 하늘에 계시다는 천주님의 사랑을 배워갔나 보다. 그렇게 차츰 성교회의 아이로 나는 길들고 있었다. 그러나 아버지를 여읜 그해 봄과 여름방학이 지나고 2학기가 되었지만 더는 학교에는 가지 못했다. 병명도 없이 탈진하여 책가방을 들고 학교 다닐 기운조차 없었기 때문이다. 팔팔해야 할 청소년기를 2년이 넘도록 병치레로 보내고 나서야 겨우 복학할 수 있었던 학교가 공교롭게도 가톨릭 미션 스쿨인 쌘뽈성바오로Saint Paul여중이었다.

생의 자취를 돌아보건대 엄격한 수녀님이 기숙사사감이었던 쌘뽈여중고의 학창시절은 내 인생에서 그중 순후하고도 깊이 있었던 시간이 아닌가 한다. 수녀들이 선생님인 학교. 교내 어디를 가든 십자고상과 성모상이 모셔져 있는 지극히 가톨릭적인 분위기와 절제된 환경이 주는 평화를 나는 너무도 사랑했다. 고통의 심연에서 다다른 피안처럼 언제나 숭고한 감수성으로 충만했던 쌘뽈의 캠퍼스는 신심의 세계로 나를 안내해준 영성의 징검다리였기 때문이다. 그곳은 내 인생의 시간표에서 또 다른 패러다임으로 건너가기 위한 간이역이었는지도 모른다.

A. J. 크로닌의 <천국의 열쇠>를 읽으며 치셤 신부에게 무한정 빠져들 수 있었던 감성의 바닷속. 타고르와 헤르만 헤세를 동경하고 학교도서관에서 바라다본 유난히도 푸른 하늘을 올려다보며

초월적인 세계를 몽상하였던 때. 칼릴 지브란과 칼 라너와 십자가의 성 요한에게 심취하여 영혼의 문을 활짝 열어젖힌 시기.

쌘뽈에서의 학창시절은 사막 교부들의 영성을 탐닉하면서 신께로 향한 그리움을 펼쳐갈 수 있었던 내 영혼의 전당이었다. 인생의 가장 열절한 시간이었다.

교회

우리 집 옆으로 작은 교회가 있다. 정확히는 내가 사는 아파트 동의 편도 1차선 길을 건너면 저만치에 있는 숲에 자리한 교회당이다. 노아의 방주보다도 더 큰 교회들이 즐비한 요즘 같은 세상에 일부러 눈 씻고 찾으려 해도 찾기 어려울 정도로 소박한 예배당. 청계산 자락에 몸을 담은 뒤부터 시야에 들어온 동네교회가 은연중 마음을 끌어당긴다. 소비 지상주의가 만연된 시대에 옛 추억 같은 편안함 때문이리라.

교회는 자주색 슬레이트 지붕을 얹은 단층집이다. 그 뒤로 산 밑에 바짝 붙어 있는 목사관처럼 보이는 2층짜리 붉은벽돌 집 한 채가 낮은 교회당을 내려다보고 있다. 종탑도 없는 이 작은 교회당이 동네의 한적한 풍경이 되어준다. 정갈한 마당 한쪽에는 맨드라미와 과꽃이 피어 있었다.

늦가을 오후 산책길에 나는 순박한 이 꽃밭에 홀려 교회당 안에까지 쑥 들어가 본 적이 있다. 승용차 한 대만이 달랑 주차해 있던 교회 옆집에는 산자락 하나를 통째로 차지하고 앉아 부잣집 마님처럼 꾸미고 사는 정수장이 있다. 정수장과 교회로 들어가는 길목은 연두색 펜스로 경계가 그어져 있다.

장미의 계절 오월이 되면 교회로 가는 한적한 오솔길은 눈부시게 아름답다. 보드랍고 도톰한 꽃잎에 귀품이 절로 흐르는 색색의 장미꽃들이 다투어 피어나기 때문이다. 몰래 한 송이를 꺾고 싶은 충동을 억제해야 할 만큼 꽃송이가 탐스럽고 우아하다. 향기는 또 어찌 그리도 달콤하고. 한여름 내내 전성기를 구가한 장미는 가을이 깊어 가는 11월 중순까지도 몇 송이가 제법 실하게 피어 있었다. 청계마을에 눈이 내리고 성탄절이 가까워져 오면 교회 마당은 크리스마스트리로 화려해진다. 꼬마전구의 오색 반짝이는 별 무리가 어두운 밤에 빛을 뿌려주고 있다.

가로등만이 희미한 밤중이면 유일하게 공중에 떠 있는 붉은 십자가의 집인 저 교회당. 나는 가끔 뒤 베란다에 서서 어둠에 묻힌 교회를 내려다보곤 했다. 어떤 신비감에 이끌려서? 아니 그보다는 지척의 작은 성소로 향한 조건반사적인 애정일 것이다. 그 밑바닥에는 어렸을 적에 다닌 동네 교회당을 잊지 못하는 추억 속의 연연한 향수도 배어있으리라.

살아오면서 나는 어떤 거창한 명제보다는 언제나 소소한 것에 마음이 더 쏠리곤 했다. 천안 논산 민자고속도로가 뚫리기 삼십 년 전만 해도 고향인 공주에 가려면 차령산맥을 거쳐서 갔다. 천안을 지나 국도를 조금 달리다 보면 고갯길로 접어드는 산속. 승용차가 많지 않던 시절이라 꽤 긴 산맥을 굽이굽이 넘어가는 길은 적막하기만 했다. 바로 그곳 인적 드문 산중에 아주 조그만 교회가 하나 있었다. 서울서 늦게 출발한 어느 한밤중엔 이정표인 양 길동무가 되어 주었던 산중 교회당의 불빛이 얼마나 반갑던지. 언제나 홀로 운전대를 잡고 산을 넘어가는 처지였기에 희미한 불빛 하나는 가슴 속에 켜진 등불이 되어 온기를 느끼게 해주었다.

출발지에서는 으레 오늘은 그 교회를 꼭 들러봐야지, 다짐하고 떠나건만 매번 지나치고 말았다. 어쩐지 예수님이 나를 기다리고 계실 것만 같았던 산속 교회에 들어가서 무릎을 꿇고 적은 헌금이나마 한 번은 보태고 싶은 생각이 굴뚝같았지만 마음뿐이었다. 쉬지 않고 달려가야 할 아무런 이유도 없었으면서 무엇에 쫓기는지 강박관념처럼 작동하는 목적지에 대한 조급함 때문이었다.

그렇게 하찮은 것들이 주는 편안함을 나는 사랑했다. 버스를 타고 유럽의 외곽을 달리다 보면 수채화 같은 산간마을을 지나간다. 그 중심에는 어김없이 뾰족탑 성당이 보인다. 산동네 집 중의 하나처럼 동화된 자그마한 성당을 마주하게 되는 것이다. 눈에 시린 그런 풍경을 바라볼 때마다 가슴속엔 알 수 없는 감동이 출렁거렸다. 신자들보다 엄청 부자가 되어 신자들 위에 떡하니 군림하는 지배자 같은 교회가 아닌, 거기 산마을 사람들에게 오래오래 수호신이 되어주고 있었을 작은 교회의 존재의미가 맑은 종소리처럼 울려오기 때문이다.

"하루라는 날은 하나의 길이기도 하고 나의 일생이기도 하다." 자주 되뇌는 이 문구는 친구 수녀가 물려준 낡은 좌우명이다. 실개천이 모여 강물이 되듯 하나의 길로 열린 오늘 하루! 이 하루하루의 날들이 모이면 나의 인생이 되는 것이리. 언젠가 B스님이 노란 화선지에 이렇게 적어 보내주셨다.

"이 세상은 울타리가 넓은 수도원"이야.

엊그제 그 수도원을 박차고 나온 사람한테 들으라는 덕담치고는 꽤 야박해서 나는 생의 고비마다 그 주문을 억지로라도 뼈아프게 되새기고 숙고해야만 했다. 이 세상은 울타리가 넓은 수도원이라고.

아직도 나는 내 인생에 방종을 허하고 싶다. 심장의 맥박수가 그만큼 뜨겁게 뛰고 있다. 하지만 이 또한 미필적 고의일 뿐. 매순간 끝없는 비상을 꿈꾸면서도 언제나 제자리를 맴돌 수밖에 없었던 저간의 소심증은 족쇄처럼 채워진 이 한 마디의 주술효과가 아니었을까. "이 세상은 울타리가 넓은 수도원"이라는. 그리고 하필이면 그 수도원의 원장이 예수일 것이기 때문이다.

주님! 하고 가만히 그 이름 부를라치면 눈물이 나온다. 가나안의 옛집 예수님 발치에 앉아 하염없이 흐느낀 마리아 막달레나처럼. 어쩌다 길에서 만난 예수님은 내 인생의 걸림돌이고 시빗거리였다. 그러나 그 예수님이 내 안에 와서 머물면 나는 교회가 된다. 주님이 찾아와 쉬고 싶어 하실 작은 성소가 되고 싶은 이 원의! 미망 속에서 헤매는 나의 기도다.

어느 봄날이던가. 교리 반에서 공부하고 집에 왔는데
이상하게 온몸이 나른해져 잠깐 눈을 붙이려 누웠다가
꿈을 꾸었다. 사철나무처럼 생긴 작은 나무 한 그루가
내 얼굴 왼쪽으로 뱅글뱅글 돌더니,
"네가 나를 믿느냐?"라는 음성이 들려왔다.
나는 너무나 두려워 떨면서도
이렇게 대답했다.
"네 믿습니다. 주님."

이명숙

어머니의 부엌 / 나의 문학과 대모님 / 화해 / 무너진 자리에서 / 산수유 여인

프로필 이명숙(베로니카)
가천대학교 간호학과 졸업
1992년 ≪창작수필≫ 신인상 등단
경기도 안성시 금광면 사흥리 보건진료소 진료소장으로 33년간 근무
2018년 간호문학상 수상

공저: 『평생 힘이 되는 말』, 『그대로 계세요 어머니 아버지』
이메일: epatafany@hanmail.net

어머니의 부엌

친정 부모님의 고향은 이북 황해도이다. 6·25전쟁이 터지자 아버지가 먼저 남쪽으로 내려왔다. 어머니는 나중에 어린 4남매를 데리고 피난 행렬을 따라나섰다. 배고픔과 두려움에 떨면서 죽음의 길을 걸었고, 천신만고 끝에 배를 얻어 탈 수 있었다.

가까스로 인천에 도착한 어머니는 극적으로 아버지와 상봉했다. 아버지는 배에서 짐을 실어 나르는 노동일을, 어머니는 미군 부대에서 온종일 드럼통을 굴리는 일을 했다. 어머니는 나를 잉태하여 만삭의 몸으로도 쉬지 않았고 내가 태어나는 날에는 드럼통에 기대어 산고를 겪었다고 들었다.

내가 성장한 곳은 항구도시 인천이다. 인천의 고향 집은 아버지가 손수 지었는데 먹을 게 귀한 시절이라 그런지 아버지는 부엌에 공을 많이 들였다. 체격이 큰 아버지는 사람이 누워도 좋을 만큼 부뚜막을 널찍하게 만드셨다. 나는 부뚜막에 앉아 공기놀이하고 책가방을 풀어 놓고 숙제도 했다. 어머니와 언니들은 종종 엉덩이를 비비고 그곳에 앉아 수다를 떨고 장난을 치기도 했다. 고향 집의 부엌은 어머니와 우리 자매들이 즐겨 머물던 쉼터이자 놀이터였다.

그러던 어느 날 어머니의 억장이 무너져 내리는 사건이 터졌다. 아버지가 딴 살림을 차렸다는 것이다. 내가 중학생이던 어느 아침이었다. 미처 내놓지 못한 도시락통을 들고 부엌에 들어갔다. 어머니는 가뜩이나 작은 몸을 한껏 동그랗게 접고서 부뚜막 위에 누워 있었다. 나는 어머니께 다가가지 못했고 어디가 아프신 거냐고 묻지도 못했다. 나는 그냥 빈 도시락만 살그머니 설거지통에 놓고 나왔다.

아버지는 풍채 좋고 인물이 좋아 잘 차려입고 나서면 동네가 다 훤했다. 자연히 따르는 여자들도 많았다. 아버지가 그 여자네 집을 드나드는 것을 주위에선 다 알고 있었는데 어머니만 까맣게 몰랐다. 게다가 그 여인은 어머니와 평소에 친하게 지내던 터였다. 전쟁 통에 남편을 잃고 혼자 사는 처지가 딱해 친동생처럼 잘해주었는데 그만 아버지와 정분이 나고 만 거였다.

아버지를 기다리느라 어머니는 하얗게 밤을 새웠다. 그런데도 어머니는 학교에 가는 우리 형제들을 굶겨 보낼 수가 없어 지친 몸을 간신히 지탱하고 부엌으로 나갔다. 어머니는 불도 켜지 않고 더듬더듬 식구들의 밥을 지었다. 그날 어머니의 부엌은 얼마나 어두웠을까.

인천 고향 집을 떠나 아파트로 이사를 하면서 어머니의 부뚜막도 사라졌다. 어머니는 육십이 넘어 혼자서 성당을 찾아가셨다. 성당 입구에 서 계신 성모님이 자꾸만 부르는 것 같았다고 한다. 무작정 들어가 수녀님을 만나 교리공부를 하고 영세를 받았다. 주일이면 한복을 차려입고 성당에 가는 것을 큰 기쁨으로 알고 사셨다. 한편, 어머니가 성당으로 가고 나면 아버진 동네 할머니들을 집으로 불러서 커피 잔치를 벌이곤 했다. 인기 만점 아버지가 노인정에 나가지 않는 날엔 마을 할머니들이 번갈아 아버지를 불러내느라 우리 집 전화통엔 불이 날 지경이었다.

한 번은 어머니가 병원에 가려고 버스를 탔는데 아버지가 웬 할머니와 나란히 앉아 있는걸 보게 되었다. 어머니에게 현장을 들킨 아버지는 놀라긴커녕 "할머니가 여긴 웬일이세요?" 하며 남에게 하듯 능청을 떨었다나.

팔순이 넘도록 다른 여인과 데이트를 즐기는 아버지를 목격한 그 날 저녁에도 어머니는 아버지를 위해 밥을 지었다. 그러다가 83살 때 방에서 넘어져 어깨뼈의 복합골절로 수술을 받게 되었다. 그날 어머니는 마취에서 깨어나 헛소리를 했는데 모두 밥 이야기뿐이었다. 빨리 일어나서 밥을 해야 한다, 니들 아버지 밥을 차려줘야 한다, 밥이 타는 냄새가 난다, 된장찌개가 끓어 넘친다…. 그 상황에도 밥 타령을 한 어머니에게 밥은 이데올로기이자 종교가 아니었을까.

다치신 후로 어머니는 다시는 밥을 하지 못했다. 어깨뼈도 문제였지만 몇 번을 더 넘어지시는 바람에 혼자서는 일어서기도 힘들게 되었다. 그때부터는 아버지가 밥을 하고 밥상을 차려 어머니에게 먹여주었다. 아버지가 해온 밥이 오죽하랴만 어머니는 아버지가 입에 떠 넣어주는 밥을 딸꾹딸꾹 받아 드셨다. 어머니는 그때 처음 행복해 보였다. 아버지의 관심을 독차지하던 어머니는 그제야 비로소 아버지를 온전히 소유했다고 여기셨다. 애증으로 어두웠던 어머니의 가슴에 환한 봄볕이 스며든 것도 잠시 어머니는 그토록 애 끓이던 아버지를 두고 86세에 먼저 하늘나라로 떠났다.

어머니를 보내고 아버지는 혼자 기거하셨다. 당신 손으로 밥을 해 드시면서 도시의 빈 공터에 아파트 할머니들과 농사를 지으며 소일하셨다. 아버지는 80이 넘어서야 세례를 받으셨는데 성당에서도 할머니들을 몰고 다녔다. 아버지와 같이 밭을 가꾸던 할머니들이 아버지를 따라서 성당에 나갔다니 바람둥이 아버지가 전교의 일등 공신 역할을 한 셈이다. 그러다가 노환으로 거동이 불편하여 노인병원에서 일 년을 보냈다.

"아버지, 그 많던 애인들이 한 명도 안 오네."

병원 침대에 누워 있던 아버지에게 우리 딸 형제들이 놀리기라도 하면

"니들 엄마가 제일이었지."

아버지는 수줍은 소년처럼 말하곤 했다. 아버지는 97세 어느 가을 위령성월에 고요하게 하느님 품으로 가셨다.

고향 집 넓은 부뚜막에 새우처럼 몸을 굽혀 누워 있던 어머니의 모습이 가끔 떠오른다. 어머니는 유복자였고 두 살 때 외할머니가

개가하셨다고 한다. 천애 고아가 된 어머니는 외숙모 손에서 컸다. 외삼촌 댁이 넉넉지 않아 눈칫밥을 먹었다며 어머니는 혹독하고 외로웠던 어린 시절 이야기를 꺼내곤 했다. 어머니에게 아버지는 유일한 집이고 울타리였는데 다른 여자에게로 갔으니 어머니의 마음은 얼마나 무너져 내렸을까.

어머니의 일생을 돌아보면 박복하기 이를 데 없다. 어머니는 아버지의 바람기로 애면글면 속을 썩으면서도 아버지 곁을 떠나지 못했다. 친정 피붙이라도 있으면 휙 하니 가서 울분이라도 쏟아내겠지만 어머니에겐 갈 곳이 없었다. 성모님이 불러서 가톨릭 신자가 되었다는 어머니는 성모님을 엄마로 여기며 살았다. 어머니는 성모님 앞에서 아버지 욕을 실컷 하고 왔더니 속이 시원하다고 자주 말씀하셨다. 엄마 없이 자란 나의 어머니는 늘그막에 진짜 엄마를 만난 것 같았다.

고향 집 부뚜막에 누웠다가 일어나기를 반복하면서 밥을 짓던 그 날들이 어머니의 광야였다면 아버지 앞에 다소곳이 앉아 밥을 받아먹던 어머니의 짧았던 시절은 에덴이 아니었을까 싶다. 아버지의 온전한 보살핌 속에서 어머니는 그나마 뒤늦은 기쁨을 누리다 가셨다. 요셉과 마리아라는 세례명의 내 부모님은 이제는 하늘나라 식탁에서 서로에게 밥을 떠먹여 주며 지상에서 못다 했던 정을 나누고 계시지는 않을까.

나의 문학과 대모님

어려서부터 책을 좋아했다. 빈 종이만 있으면 무엇인가를 끼적였다. 성장하여 국문과를 가고 싶었으나 내 뜻과 달리 간호대학에 진학했다. 간호사가 되어 6개월의 정부 교육을 수료하고 보건진료원이 되었다. 보건진료소는 농어촌 의료문제를 해결하기 위해 오지, 벽지에 보건진료원을 배치하는 제도였다.

마을주민들이 허름한 창고를 개조한 진료소에서 1983년부터 근무를 하기 시작했다. 워낙 낡은 건물이라 비가 새고 연탄가스가 빠지지 않았으며 쥐들이 극성을 부렸다. 어느 날 밤이었다. 돌 박이 큰 애를 품에 안고 재우려 누웠는데 장롱 위에서 방안을 탐지하고 있는 쥐 한 마리가 내 눈에 들어왔다. 순간 몸이 얼어붙어 공포로 밤을 꼬박 새웠다. 쥐가 우리 모녀의 이불 사이를 헤집고 다닐 것만 같았다. 그날따라 공무원인 남편은 숙직을 서느라 집에 없었고 나는 잠든 딸애 옆에서 마음을 졸이며 쥐의 동태를 살폈다. 두렵고 지루하던 그 밤을 어떻게 보내야 할지 난감해하다가 노트를 꺼내 그 상황을 글로 적어 나갔다. 밤이 가고 희뿌연 새벽이 밝아왔을 때 나는 이장 집으로 뛰었고 주민들이 쥐 잡는데 합세하여 우리 방은 평화를 되찾았다.

잠을 못 자 뻑뻑한 눈으로 간밤에 쓴 글을 읽어보았다. 그때 라디오 방송에서는 주부들이 보낸 편지를 읽어주는 프로그램이 진행되고 있었다. 나는 그 원고를 방송국에 보냈는데 며칠 후 내 글이 전파를 타게 되었다. 매스컴의 위력은 역시나 대단했다. 내 사연을 듣고 전국에서 많은 사람이 격려의 편지를 보내왔다. 내 글은 '이 주일의 편지'에서 '이달의 편지'로 선정되었고 상품으로 유명 패션 디자이너의 옷과 미니 장롱도 받았다. 세월이 흘러 옷은 없어졌지만, 옷장은 35년이 지난 지금도 여전히 내 방에 놓여 있다.

그 일을 계기로 글쓰기를 제대로 공부하고 싶어 서울 여의도 D문화센터로 수필을 배우러 다녔다. 30대의 젊은이긴 했지만 나는 토요일 오후의 두 시간 강의를 듣기 위해 왕복 8시간이나 길에서 보냈다. 시골 근무지를 출발해 읍내로 나가 평택에 가서 기차를 타고 영등포에서 내려 다시 버스를 타고 여의도까지 가야 하는 먼 거리를 비가 오나 눈이 오나 결석 없이 우직하게 다녔다. 말씀이 별로 없으신 지도교수님께서 그 멀리서 강의실을 찾아오는 나를 보며 칭찬을 여러 번 하셨던 기억이 난다.

그러다 3년 만에 등단했고 그즈음에 영세도 받게 되었다. 수필반에서 같이 공부하던 문우가 대모를 서 주었다. 이후로 대모님과는 삼십 년이 넘은 세월을 친밀한 관계로 지내왔다. 그녀는 글도 잘 쓰지만, 혜안이 있는 것 같아 인생 선배이자 멘토로 여기며 살아왔다. 그녀는 내게 삶의 조언을 해주는가 하면 문학 동반자로서 충고를 곁들이기도 했다.

꾸준히 작품 활동을 해온 대모님과 달리 나는 여의도를 떠난 이후론 거의 글을 쓰지 않고 살아왔다. 그럴 때마다 대모님은 이따금 전화를 걸어 글을 다시 써야지 언제까지 쉬고만 있을 거냐고 채근하곤 했다. 대모님은 내가 글을 써야만 하는 이유를 아주 예리하게 짚어내었다. 우선 내가 마음 여리고 내성적 성격이라 상처를 받아도 내색 못 하고 혼자만 속으로 삭인다는 것, 30년 전엔 하루에 8시간을 바쳐가며 글쓰기를 배우러 다녔을 만큼 글에 대한 열정이 있다는 것, 글을 써서 돈이 되고 명예를 얻는 건 아니지만 그런데도 문학이 주는 힐링이 있기에 글을 써야 한다는 거였다. 특히나 수필은 논픽션이기에 자기 삶의 기록이고 자기 성찰이 될 수 있다는 것, 글을 쓰는 행위는 고독하고 외로워도 할 수 있기에 노경의 인생을 위해서도 문학만한 것이 없다는 것이었다.

그 말에 내 마음이 조금씩 움직이기 시작했다. 직장 다닐 때는 업무 때문에, 정년퇴직 후로는 손주 육아로 한가할 틈이 없다며 핑계를 대던 나는 마음을 다잡고 다시 글을 쓰기 시작했다.

그러던 작년 10월, 대모님이 '간호문학상' 공고가 났다며 응모를 해보라고 알려주었다. 나는 보건진료원으로 일했던 33년을 회상하며 원고를 써냈는데 놀랍게도 내 글이 당선되었다. 태어나서

상이라곤 받아본 기억이 없던 내가 큰상을 받은 것이다. 글을 써 내리는 동안 살아오며 내가 잘한 것도 많은데 그 점은 묻어두고 오랜 세월 한두 가지 미흡했던 부분을 확대하여 스스로 다그치며 살아왔다는 걸 새삼 알게 되었다. 자신을 긍정하지 못하며 살아온 것이 자신에게 적잖이 미안했다. 이제부터라도 자신을 사랑하고 나 자신을 위하며 살고 싶어진 것이 글을 쓰며 얻은 수확이다.

이번에 가톨릭 수필가 12명의 신앙에세이집을 기획하고 가장 먼저 내게 알린 것도 대모님이다. 필진 명단에 대모님이 나를 끼워준 것은 대녀라는 특혜가 아닐까 싶다. 노년은 삶의 온갖 전투를 다 치르고 난 뒤 자신과 화해하는 시간이라고 한다. 이제껏 나는 내성적이고 주변머리 없는 성격 탓에 별 것 아닌 일에도 상처를 받고 살아왔는지 모른다. 하지만 글을 쓰는 행위가 자신을 치유한다는 그 말을 이제는 믿으려 한다. 적어도 나보다 오랜 세월 문학을 껴안고 살아온 대모님의 말이니 믿어도 될 것 같다.

화해

간호대학을 졸업하고 지방의 보건소에 발령을 받았다. 같은 직장에서 남편을 만났다. 남편의 학력은 고졸이었고 가난했지만, 친정 부모님께는 대학을 나온 부잣집 아들이라고 속였다. 대학 나온 며느리가 들어왔으니 나는 시부모님께 대접을 받으며 살 줄 알았다.

내가 가졌던 환상은 신혼 초에 산산이 부서졌다. 결혼한 지 두 달 만에 시댁에 우환이 들었다. 별안간 안 좋은 일이 생기는 바람에 많은 돈이 들어가게 되었다. 시부모님의 한숨에 집안 분위기는 돌덩이처럼 무거워졌다.

"며느리가 잘 들어와야 하는데…."

시어머니의 싸늘한 눈초리는 내게 느닷없이 들이닥친 쓰나미처럼 무서웠다. 며느리가 잘 못 들어와 큰일이 터졌다는 동네 사람들의 수군거림도 견디기 어려웠다. 복 없는 며느리 때문에 집안이 쑥대밭이 되었다는 말은 내 가슴에 비수로 꽂혔고 나는 신혼의 단꿈이 날아간 채 시든 꽃처럼 메말라갔다.

성당에 나가게 된 것은 시어머님 때문이었다. 신혼 초에 시어머니에게서 들은 말로 나는 늘 속이 답답하여 누군가로부터 위로를 받고 싶었다. 시댁 바로 옆에 성당이 있었지만, 어머니는 절에 다니셨다. 내가 성당에 나가겠다고 했더니 어머니는 한 집안에 종교가 둘이면 좋을 일이 없다며 만류하셨다. 그런데도 나는 내 발로 찾아가 예비신자 교리 반에 등록하였다.

신기하게도 영세 받기 전에 하느님 체험을 했다. 어느 봄날이던가. 교리 반에서 공부하고 집에 왔는데 이상하게 온몸이 나른해져 잠깐 눈을 붙이려 누웠다가 꿈을 꾸었다. 사철나무처럼 생긴 작은 나무 한 그루가 내 얼굴 왼쪽으로 뱅글뱅글 돌더니. "네가 나를 믿느냐?"라는 음성이 들려왔다. 나는 너무나 두려워 떨면서도 이렇게 대답했다. "네 믿습니다. 주님." 그 나무가 오른쪽으로 옮겨와 뱅글뱅글 돌며 또 물었다. "네가 나를 믿느냐?" 내가 다시 대답했다. "네 믿습니다. 주님." 그러자 "나다!"라는 음성과 함께 내 방의 커다란 사각 창문틀에 불이 붙어 활활 타올랐다.

그 신비체험으로 나는 가위에 눌린 것처럼 몸이 움직여지지 않아 한참 만에야 정신을 차릴 수 있었다. 나중에 성경을 보니 하느님께서 모세에게 불타는 떨기 속에 나타나신 그 광경과 비슷한 것 같았다. 그런 꿈을 꾼 이후에 나는 하느님이 확실히 계시다고 믿게 되었다. 교리 반에 충실하게 나갔고 영세를 받았다. 초 신자 때부터 25년간 신앙생활을 해오면서 병상에 누워 투병 생활을 할 때나 해외여행 중일 때를 빼고는 주일미사를 궐한 적이 없었으니 이건 모두가 예비신자였을 때 체험했던 하느님의 도우심 덕분이었으리라.

시골의 보건진료소에서 33년간 근무를 하던 중 큰 사고를 당한 적이 있었다. 체육행사로 공무원 90명과 산에 갔다가 발을 헛디뎌 벼랑 아래로 굴러떨어졌다. 의식을 잃은 나를 보며 다들 죽은 줄 알았다고 했다. 헬리콥터 수송기에 실려 병원으로 이송되었고 사경을 헤매다가 사흘 만에 정신이 들었다. 어깨뼈와 빗장뼈의 심한 골절로 움직일 수가 없어 한 달을 병원에 누워 있었다. 가톨릭성모병원에서 퇴원하던 날 의사 선생님은 이런 말을 들려주었다.

"이렇게 심하게 다치고도 살아난 것은 기적입니다. 하느님께 봉사하며 사세요."

우연일 수도 있는 이 일 또한 나는 하느님의 은총이었다고 믿고 싶었다. 산에서 떨어진 후유증으로 내 왼쪽 귀에서는 소리가 나기 시작했다. 쏴아 맴맴 하는 소리는 단 한 순간도 멈춘 적이 없었다. 한동안은 신경이 날카로워져 귀를 틀어막으며 제발 이 소리 좀 없애 달라고 하느님께 애원하기도 했으나 언제부턴가 이명은 의식하지 않을 정도로 익숙해졌다. 죽음의 문턱까지 다녀온 내가 다시 살아난 그 감사함을 혹여 잊어버릴까 봐 이명이 남겨진 게 아니겠냐는 생각이 들기도 했다.

시어머니가 살아계실 때 나는 우연한 기회에 어머니와 화해하였다. 시어머니가 무릎 수술을 받아 입원했을 때였다. 퇴근 후에 병원으로 달려가니 병실에 어머니가 저녁으로 드신 환자용 식기가 놓여 있었다. 어머니는 저녁밥을 사 먹고 오라 하셨지만 나는 어머니가 남긴 밥을 어머니가 드시던 그 수저로 먹기 시작했다. 웬일로 불결하다는 생각이 들지 않았다.

"숟가락을 씻어다 먹지 그러니."

그날 어머니의 음성에는 의외로 따뜻함이 배어있었다. 신기한 일이었다. 이후로 나를 대하는 어머니의 시선이 이상하리만큼 온화해지셨다. 나는 시어머니께 성당에 나가시자고 권유를 하여 교리 반에 모셔다드렸지만, 어머니는 성당에 다녀오니 몸이 더 아프다며 더 나가지 않으셨다. 어머니가 하늘나라로 가시기 전에야 수녀님을 모셔다가 마리아라는 세례명으로 대세를 드렸다. 성당 식구들이 가고 난 후에 어머니는 내게, "어미야 미안하다." 이 한 마디를 건네셨다. 곱지 않은 며느리였는데 그 며느리 덕에 하느님의 인호를 받고 천국에 갈 수 있어 고마워하시는 말씀으로 들려왔다.

결혼해서 풍파를 겪고 시어머니에게 모진 말을 들었던 이후로 나는 오랜 세월을 어머니를 미워하며 살아왔다. 그 상처로 말이 없어져 갔고 사람을 만나는 일이 두려워졌다. 내가 던진 무심한 말 한마디가 누군가의 마음을 다치게 할까 봐 늘 말을 삼갔고 여럿이 있는 자리에서는 더욱 듣기만 했다. 이렇게 있는 듯 없는 듯 존재감을 드러내지 않는 나를 보고 누군가는 점잖다고 말하고, 자기 말은 하나도 안 꺼내니 얄밉다고 하는 사람도 있었다.

나는 이 모든 것을 시어머니 탓으로 돌리며 그로 인한 트라우마라고 여기며 살아왔다. 한데 세월이 흘러 이순을 넘기고 나자 나의 기질이 원래 그런 것을 시어머니 탓으로 돌리며 살아온 건 아닐까 하는 자성이 비로소 들었다. 삶의 우여곡절 속에서도 신앙생활만큼은 그리 엇나가지 않았으니 이 얼마나 감사한 일인가. 자칫 악연으로 끝낼 뻔했던 시어머니와 나의 관계가 신앙의 행로를 함께하면서 화해할 수 있었던 것, 이 또한 얼마나 감사한 일인가. 신앙생활의 은혜였다고 믿는다.

무너진 자리에서

우당탕, 이른 아침부터 요란한 소리가 들려온다. 부리나케 창문을 열고 소리 나는 쪽을 바라본다. 놀랍게도 우리 집과 근거리에 있는 보건진료소 건물이 무너져 내리고 있다. 굉음에 놀란 주민들이 뛰쳐나온다. 짐작은 했지만 철거가 이토록 급작스럽게 이루어질 줄은 몰랐다. 나는 그저 그 광경을 묵묵히 지켜볼 뿐이나 마음은 이미 그 건물과 함께 무참히 무너져 내리고 있었다.

33년을 그 자리에 우뚝 서 있던 건물이었다. 긴 세월을 버텨낸 벽과 지붕은 폭격을 맞은 듯 처참하게 부서져 내린다. 굴착기가 트럭에 폐기물들을 실어 올린다. 건평 20평에 대지가 100평인 땅은 순식간에 폐허가 되었다.

밤이 되자 나는 그곳으로 발걸음을 옮겼다. 사방은 깜깜한데 가로등 불빛만이 동그마니 땅을 비추고 있었다. 바로 이곳에서 우리 네 식구가 살았다. 스물일곱에 첫돌이 지난 큰애를 안고 들어와 둘째를 낳고 육십에 퇴직하기까지, 강산이 세 번이나 변한 세월을 일하며 살았던 곳이다. 여느 직장처럼 출퇴근하지 않고 관사가 있는 진료소에서 기거하며 단 한 번의 이동도 없이 나는 말뚝처럼 이곳을 지켜왔다. 그 흔적이 사라졌다. 이곳을 무수히 드나든 나의 발자국은 이제 자취도 없어졌다.

내가 간호사가 된 것은 어떤 이의 도움이 컸다. 간호대학 시절 주사를 놓지 못해 쩔쩔매는 내게 호의를 베푼 사람이 있었다. 환자 대부분은 실습생에게 주사를 맞는 것을 싫어한다. 경험 없는 왕초보에게 주사를 맞는 것은 운전면허를 따서 곧바로 도로주행을 하는 차를 탄 것처럼 불안한 일이니까. 자신감이 없어 주춤거리는 내게 그 환자는 먼저 말했다. 잘못 찔러도 좋으니 자기를 실험 대상으로 삼으라고. 처음부터 주사를 잘 놓는 사람이 어디 있느냐고.

그렇게 용기를 주었는데도 나는 주삿바늘을 들었다가도 번번이 실패했다. 그러다 마침내 기적처럼 주사를 놓는 데 성공했다. 간호사가 될 자격이 없다는 생각으로 자퇴를 결심한 내게 그 남자는 구세주였다. 그 사람이 없었다면 간호사로 살아남지 못했을 것이다.

가로등 밑에 기대어 앉아 지난날들에 대한 회상에 빠져들었다. 온갖 감회가 밀려왔다. 겁이 많고 소심하며 둔하고 기계치인 내가 어떻게 혼자서 천여 명의 주민들을 대하며 살아낼 수 있었는지 모르겠다. 새로운 의료장비가 들어오면 나는 사용법을 숙지하지 못해 수없이 연습해야 사용할 수 있었다. 스스로 능력 없는 간호사라는 열등감에 움츠리며 살았지만, 주민들한테는 그런 속내를 들키지 않으려고 무던히 애를 쓰며 살아왔다.

어느 해인가는 사표를 쓰려고도 했었다. 간호학이란 공부할 때부터 적성에 맞지 않았고 역시나 이 길은 아니다 싶어서였다. 그때 그 남자가 생각났다. 내가 찌른 주삿바늘이 몹시 아팠을 텐데도 말없이 참아주며 나를 격려해주었던 그 남자가. 그러자 나는 지역주민들을 위해 무엇을 해주었던가 싶어 마음을 고쳐먹기 시작했다.

농촌 마을이 거의 그렇듯 우리 마을도 노인 인구가 많았다. 마음을 다잡은 나는 거동이 불편한 홀몸노인들부터 찾아 나섰다. 주기적으로 혈압을 재주고 혈당을 점검하는 것을 기본으로 그분들을 위해 도울 일이 무엇인지를 살피기 시작했다. 공과금을 은행에 가서 대신 내주고, 생필품이 떨어졌다고 하면 사다 드리고, 미용 봉사자를 섭외해서 머리를 깎아드렸다. 외롭고 쓸쓸한 노후를 보내는 어르신들은 무슨 일에서도 나를 찾았다. 홀몸노인들의 말벗이자 심부름꾼을 자처하게 되면서 나는 더는 간호사가 된 것을 후회하지 않게 되었다.

내가 퇴직한 후 일 년 넘게 내 뒤를 이을 후임자는 오지 않았다. 사람이 살지 않는 건물은 퇴락했고 마당엔 잡풀이 자라나 담장을 덮었다. 호미를 들고 들어가 풀을 매고 싶었지만 마음뿐이었다. 이제는 내 영역이 아니라는 것을 굳게 닫힌 철문이 말해주고 있었다. 구조조정으로 진료소를 폐쇄하는 것으로 결정이 났고, 나는 이 마을의 진료소에서 처음이자 마지막 근무자로 남았다.

일 년 만에 다시 밟아보는 땅이다. 폐허엔 건물 잔해로 부서져 내린 벽돌 조각이 산만하게 흩어져 있다. 부서진 건 건물만이 아니라 이 마당에서 나와 함께 동고동락했던 초목들도 함께 무너져 버렸다. 들쭉날쭉한 벽돌 부스러기를 한 곳으로 쓸어 모으고 흙을 매만져본다. 해마다 이름 모를 풀꽃들을 피우던 말랑한 흙이다. 나도 작은 들꽃처럼 이 땅을 지켜왔다. 간호사가 힘에 겨워 더러 흔들린 적이 있지만 끝내 이곳에 뿌리를 내렸다.

앞으로 나는 이 마을이 아닌 다른 장소로 이동할 계획이 없다. 아니 내가 있을 다른 곳을 모른다는 게 옳은 표현이리라. 그래서 겠지만 나는 건물이 분해되어 버린 그 빈터에서 무참히 줄기를 꺾인 들풀과 함께 한동안 망연히 서 있었다.

산수유 여인

해마다 사순 시기가 시작되면 생각나는 여인이 있다. 노랗고 자잘한 꽃망울을 터트리며 봄소식을 전해주는 산수유처럼 몸집이 작고 병약한 40대 여인이다.

시골 보건진료소에서 근무할 때의 일이다. 고요하던 마을에 어느 날 갑자기 낯선 남녀 한 쌍이 나타났다. 중년의 남자는 오토바이에 여자를 태우고 시골의 구석구석을 누비고 다녔다. 평화로웠던 산마을이 술렁대기 시작했다. 두 사람에 대한 소문이 돌았다. 처음엔 부부인 줄 알았는데 불륜이라고들 했다. 풍문은 눈덩이처럼 커져 누구는 남자가 아내한테 전화하는 것을 들었다고 했고 여자가 자녀와 통화하는 것 같았다고도 했다. 마을의 아낙네들은 남녀의 사연이 어떻건 간에 두 사람이 어디를 가나 꼭 붙어 다니는 것을 보고 부러워하기도 했다.

그녀는 혈압을 점검하려고 간간이 우리 진료소에 들르곤 했는데 하루는 그녀가 갈 생각을 하지 않고 벽에 걸린 십자고상을 멍하니 바라보며 울고 있었다. 나는 그녀의 눈물이 잦아들기를 기다렸다. 한참 만에야 그녀가 말문을 열었다.

"제가 자궁암 말기에요. 병원에서 가망이 없다고 하는데 저 남자가 약초를 캐 먹인다고 여기로 데려왔어요. 그 사람 아니면 나는 벌써 죽었어요."

순간 머리를 한 대 맞은 것 같았다. 그랬었구나. 그래서 남자는 날이면 날마다 오토바이를 타고 산으로 들로 헤맸던 거구나. 그 후로 그녀는 진료소에 오지 않았다. 나는 아픈 그녀가 궁금해 집을 수소문하여 찾아갔으나 이웃 사람에게서 확인한 것은 그네들이 떠났다는 말뿐 바람결에도 그녀의 소식은 묻어오지 않았다.

사람들 입에 숱하게 오르내리던 두 사람은 마을주민들에게서 차츰 잊혀갔다. 떠돌다간 흰 구름처럼 흔적도 없이 사라져 버렸다. 나 혼자만이 그녀를 추억하고 있다. 그녀는 살아있을까. 그 남자가 캐준 약초를 먹고 병을 이겨냈을까. 그들이 불륜관계라 해도 죽어가는 여인을 위해 산과 들을 헤맨 그 남자의 정성에 나는 섣불리 돌을 던지지 못하겠다.

산수유나무의 노란 꽃구름 속에서 그녀가 살포시 웃고 있다. 황금빛 꽃 무더기가 봄바람에 소리 없이 흩어지는데 그녀는 새록새록 내 기억 속에서 살아나고 있다.

혹시라도 하느님이 계신다면?
하는 의문이 다시 들며 정신이 더 혼란스러워졌다.
방과 후면 저녁 평일 미사까지 봉헌하며
믿음의 은총을 내려주실 것을
간구했지만 마음은 외려 향방 모를
캄캄한 광야에
홀로 던져진 기분이었다.

고해성사, 고해성사 / 그럼에도 불구하고 / 어떤 사마리아 사람 /
내가 지켜줄게요 / 얼굴 없는 얼굴

민혜

프로필 민혜(안나)
1992년 창작수필 신인상으로 등단
2013년 <목포문학상> 수필 본상 수상
2014년 2015년 <에세이스트> 올해의 작품상 수상
2018년 <가톨릭출판사> 영적 도서 독후감 공모전 우수상
한국문인협회 회원
에세이스트 작가회의 이사

저서: 『장미와 미꾸라지』 외
5인 공저 『꿈꾸는 역마살』, 『내가 지나가는 소리』
10인 공저 『그대로 계세요 어머니 아버지 』
이메일: moodnow@hanmail.net

그럼에도 불구하고

20년도 더 전 일이다. 어떤 사건으로 본당이 들썩거렸다. 요즘으로도 거액인 천만 원가량의 현찰 뭉치를 한 초등학생이 길에서 줍게 되었다. 우리 성당 신자였던 소년은 그 돈을 들고 파출소에 가서 임자를 찾아달라고 했다. 단칸셋방살이를 하는 집 아이였기에 그 사건은 신선한 감동을 안겨주었다. 교우들은 모이기만 하면 그 얘기로 꽃을 피웠다.

그즈음의 어느 주일날, 주임신부님은 미사 강론을 마치고 화제가 된 이야기를 특별히 들려주셨다. 요지는 이러했다.

"자기 돈이 아닌 걸 임자에게 돌려준 게 무슨 큰일이라고 술렁대는가. 지극히 당연한 일을 했을 뿐이며 더욱이 하느님을 믿는 신자라면 온당한 도리를 한 셈이다. 그럼에도 불구하고 뒤이은 행동이 진정 아름다웠다. 돈을 찾게 해주어 받은 사례금을 소년은 자기보다 더 불우한 이웃에게 써달라고 기부했다. 넉넉지 않은 형편에 이 점이야말로 대단히 칭송할만한 일이라 여겨지기에 이

자리를 빌려 소개한다."

신부님의 말씀은 신자들을 잠시 멈칫하게 했다. 정말이지 우리는 그 당연한 일을 놓고 왜 그토록 술렁댔던 것일까. 악화가 양화를 구축하듯 우리는 모두 비상식이 상식을 몰아낸 사회에 자신도 모르게 길들어 있었던 걸까. 혹은 너 나 할 것 없이 현금 천만 원을 놓고 상상 속에서나마 침을 흘리고 있었던 건 아니었을까. 요즘처럼 곳곳에 CCTV가 설치된 시대도 아니었으니 한적한 길에서 주운 천금을 꿀떡하고 싶은 탐욕이란 어쩌면 지극히 인간적인 것일 수도 있겠다. 당시는 나도 빚으로 허덕이던 시절이었으니 내가 그 입장이었다면 '주의 기도'에 나오는 '유혹에 빠지지 말게 하시고 악에서 구하소서.' 하는 대목을 수도 없이 뇌이며 수전증 환자처럼 손이나 떨고 있었을지도 모를 일이다.

나는 이따금 그 소년의 훈훈한 미담과 우리의 얕은 감상성에 깨우침을 주셨던 K신부님을 추억한다. 이들이 들려주던 이중주二重奏는 삶이 제아무리 힘들고 험난해도 사람답게 살려는 의지를 놓아서는 안 된다는 다짐을 일깨워준다. K신부님은 고해성사 때에도 대충 넘기시는 법이 없었다. 보속을 주실 때도 고백한 잘못의 핵심을 짚어 그 행위를 반드시 기워 갚도록 이끄셨다. 그러나 목소리는 온화하셨다.

존경했던 그 신부님은 이미 하늘나라로 떠나시어 만나 뵐 수가 없고, 소년은 결혼을 꿈꾸고 있거나 한 여인의 남편이 돼 있을 나이다. 가난이 흔하게 세습되는 세상에서 그는 여전히 소시민의 삶을 고단하게 살아가고 있을까. 아니면 허리 좀 펴고 사는 성년이 돼 있을까. 밤은 깊어 가는데 옛 생각이 꼬리를 잇는다.

어떤 사마리아 사람

전철에 올랐다. 빈자리에 앉고 나니 맞은편 창밖으로 한 남자가 보인다. 벤치에 엎어진 채 두 팔을 늘어뜨린 저 사람, 의식을 잃은 건가, 어디가 아픈 건가? 지하철 승강장엔 수많은 인파가 오갔으나 그를 거들떠보는 사람은 아무도 없었다.

문이 닫히고 열차가 속력을 내기 시작했다. 남자의 영상도 내 망막에 들러붙어 계속 따라왔다. 차의 진동에 흔들리면서 불시에 내가 저 지경이 되었다면 어떻게 됐을지 상상해보았다. 그 남자처럼 되지 않을 거란 장담을 할 수 없었다. 한데 만약 승차 전에 그를 보았다면 나는 어떤 행동을 취했을까. 저 무심한 군상들과 다른 태도를 보였을까. 천만의 말씀이다. 나도 지금 가야 할 곳이 있는 바쁘신 몸, 손녀를 픽업하기 위해 하교 시간에 맞춰 움직이는 중이니 그냥 지나쳤을 게 확실하다. 약간의 근심 어린 눈빛으로 바라보면서, 혹은 의혹 어린 마음으로 고개나 갸웃하면서.

신약성경에 '착한 사마리아 사람의 비유'가 나온다. 어떤 이가 길을 가다 강도를 만나 초주검이 되었다. 그 곁을 사제와 레위 사람이 지나가지만, 그들은 그를 놔두고 가버린다. 그러던 중 한 사마리아 사람이 지나다가 그를 치료를 해주고 여관으로 데려간 다음, 그 사람을 부탁하며 비용이 더 들면 돌아올 때 갚아주겠다며 떠나갔다. 당시 유대인에게 있어 사마리아인들은 경멸의 대상이었다. 율법적으로 정결하지 않고 로마에 호의적이라고 생각했기에 그들을 무시하고 경멸했다. 예수께서는 이 얘기를 율법 교사에게 들려준 뒤 누가 강도 만난 사람의 이웃이냐고 물으셨다.

지하철역 군중 속엔 분명 크리스천도 있었을 것이다. 나는 성서 속의 착한 사마리아 사람이 아까 그 장소에 있었다면 어떤 행동을 보였을지 현대식 버전으로 바꿔보았다. 착한 사마리아 사람은 벤치에 엎어져 있는 그 남자를 발견한 순간 걱정스러운 눈빛으로 바라보며 다가간다. 세상은 바삐 돌아가고 무심한 사람들로만 그득 하지만 역시나 그는 우리네와 다른 모습을 보여준다.

“여보세요, 정신 차리세요.”

곧 죽을 것처럼 고통스러워하는 남자를 보며 그는 우선 스마트폰으로 119 구급대를 부른다. 잠시 후 구급차가 달려오고 사마리아 사람은 그 남자를 부축하며 병원까지 동행한다. 하지만 그는 황급한 업무 때문에 치료비를 선지급하고 떠나간다. 환자의 치료비가 부족하면 언제든 자기 전화로 연락을 달라는 말과 함께.

문제는 오늘날에 과연 이런 일이 가능할 수 있냐는 점이다. 나는 과잉친절을 베푼 듯한 그의 행동이 감동을 주기보다 기이한 사람으로나 여겨질 것 같은 기우부터 들었다. 상대의 상태를 살핀 뒤 적절한 곳에 연락만 취해줘도 될 텐데 무어 그리 유별나게 구는가 말이다. 유럽의 몇몇 국가에는 '착한 사마리아인 법'이 있어 위험 상태를 알고도 그냥 지나치면 법에 걸린다고 하지만 그 법도 성서 속 사마리아인처럼 하라는 건 아닐 터이다.

몇 해 전 일이다. 이른 새벽에 동네 전철역 근처를 지나다가 쓰러져 있는 한 남자를 보게 되었다. 그는 길가에 두 다리를 엉거주춤 벌린 채 엎어져 있었다. 오십쯤이나 되었을 중키의 남자는 평범한 행색이었고 길바닥엔 그의 것으로 보이는 라이터와 담뱃갑이 흩어져 뒹굴었다. 나는 잠시 멈칫거렸다. 둘러보아도 주위에 행인이라곤 없었다. 암회색 시폰 자락 같은 새벽 불투명 사이론 상가의 불빛들이 무심하게 반짝였다. 질주하는 차들도 바람만 쌩쌩 일으키며 사라졌다. 늦가을의 새벽 기온은 한겨울과 같아 저대로 놔두면 위태로울지 몰랐다. 핸드폰을 두고 나왔기에 나는 경찰에게 도움을 청하려고 종종걸음으로 인근 파출소 쪽으로 갔다. 그 자리에 파출소는 없었다. 벌써 전에 이전 한 걸 그만 깜빡했던 거였다. 그 남자에게 다시 가볼까 하다가 나는 그냥 집을 향해 걸어갔다. 마음이 불편하면서도 겁부터 더럭 났다. 이젠 남편도 곁에 없는데 혹시라도 그가 불량한 인간이면 도움을 주려 하는 내게 누명이나 씌우며 "내 돈 내놔라." 할지 어찌 아는가. 언젠가 이와 유사한 사건에 관한 얘기를 들은 적이 있기 때문이었다.

날이 밝아져서야 나는 그 장소로 다시 가보았다. 문제의 남자는 보이지 않았다. 일단 안도감이 들면서도 머릿속으론 몇 가지 장면들이 어른거렸다. 그는 얼마 후 정신이 들어 스스로 돌아갔다? 그런 거면 다행이다. 아니, 그게 아니고 착한 행인을 만나 위험 상황에서 구제됐다? 이 삭막한 시대의 선량한 이웃은 과연 누구였을까. 새벽부터 작업현장으로 향하던 가난한 노동자? 폐지 줍는 할머니거나 등굣길의 학생? 아니다, 어쩌면 하나같이 무심한 사람들만 있어 그 남자는 속임수를 쓰려 했던 애초의 음흉한 계획을 포기하고 벌떡 일어나 가버린 걸 거야. 그렇다면 그를 돕지 않은 게 얼마나 현명한 일이었담.

멍청히 서서 나는 한동안 여러 상황 사이를 분주히 들락거렸다. 사람들이 역전으로 몰려오는데도 발걸음이 쉽사리 떨어지질 않았다. 나는 결코 착한 사마리아인은 아니었다. 악한 사마리아인이랄 수도 없었다. 단지 마음 약하고 머리가 아주 복잡해져 우두망찰하는 현대의 잿빛 사마리아인 중의 한 사람이었을 뿐이다.

내가 지켜줄게요

아파트 화단에 작약이 만개했다. 손녀가 꽃 이름을 묻기에 "작약이야" 했더니, "자갸기?" 한다. 나는 다시 "작약" 하고 힘주어 말하며 꽃에 코를 묻었다. 향기가 나질 않았다. 그럴 리 없다. 최근 불량해진 내 후각의 문제일 것이다. 여고 시절 5월이면 모교 잔디밭 가장자리엔 작약이 줄을 지어 피어났다. 연분홍과 미색으로 어우러진 작약은 어찌 그리 탐스럽고 향도 그윽하던지! 나는 지금 그때의 추억을 더듬어가며 향을 아련히 짐작할 뿐이다.

손녀는 꽃향기가 좋으냐며 호기심 어린 눈망울을 반짝인다. 예민하고 조심성이 많은 아이는 제 코를 들이대기에 앞서 우선 나를 통해 탐지하려는 눈치가 역력하다.

"원래는 향이 좋은 꽃인데 할머닌 냄새를 못 맡겠어."

손녀는 잠시 주춤하다 꽃내음을 맡더니 표정이 금세 작약처럼 환해진다. 뒤이어 냄새가 이렇게 좋은데 왜 못 맡는 거냐고 묻는다.

"할머니 코가 요새 이상해졌어."

대답하는 내 표정이 좀 쓸쓸하게 보였나 손녀가 잽싸게 뒷말을 잇는다.

"할머니, 그래도 걱정하지 마. 내가 지켜줄게요. 난 할머니가 정말 좋아요. 요리도 잘하고, 친절하고, 개그맨 같잖아."

나를 지켜주겠다고? 그 말마디가 순식간에 온몸으로 찌르르한 감동을 실어 나른다. 요리를 잘한다니 내 음식이 제 입에 맞았던가 보네. 친절하다는 건 그간 내가 마녀처럼 고함치고 성냈던 일은 다 잊었다는 것일 테고, 게다가 개그맨 같다니 내가 저를 즐겁게 해주기 위해 벌린 저간의 행위가 헛된 건 아니었나 보군. 나는 회심의 미소와 함께 '친절'과 '개그맨'이란 표현을 주목한다. 그러면서 짐짓 정색하고 손녀에게 물었다.

"정말 지켜줄 거야?"

"응, 지켜줄 거야."

야무진 그 어투에 다시 한번 가슴이 시큰해 왔다. 그 순간만큼은 하느님의 말씀보다도 더한 감동을 안겨주는 게 아이의 말이 실없게 여겨지지 않았다. 나는 큰 자두 알 만한 손녀의 주먹을 내 손으로 꼭 감싸 쥐며 그 한마디에 내 혼곤한 마음을 잠깐 기대었다.

'내가 너를 지켜줄게' 이 말처럼 우리를 감격하게 하는 게 또 있을까. 절대적 지지가 담긴 그런 선언 앞에서는 삶이 주는 고단함과 통증도 무화되거나 완화되고 말 테다. 인간이 종교를 찾고 신앙을 갖는 것도 결국은 그 말을 듣고 싶어서가 아니겠는가.

아주 가끔 있는 일이긴 하나 내가 믿는 신의 마음을 생각해 볼 때가 있다. 절대자인 하느님은 때로 얼마나 고독하실까, 얼마나 힘이 드실까, 얼마나 외로우실까 하고 주제넘은 상상을 해보는 것.

깊게 각인된 기억 하나가 떠오른다. 마흔 즈음 어느 겨울의 땅거미가 질 무렵이었다. 차에 올라 서대문 근방 고가도로를 지나고 있었다. 다닥다닥한 주택들과 그 틈새를 비집고 듬성듬성 솟은 붉은 십자가 무리가 눈 아래로 보였다. 잿빛 도심의 애환 어린 그 풍경들에 돌연 페이소스가 밀려왔다. 연이어 그 안에서 솟구치는 소리가 귀에 들려오는 듯한 환각이 느껴졌다. 저 군상들 또한 숱한 고민과 불안을 안고 저마다의 둥지를 꾸려가고 있을 테지. 저 많은 교회에서도 찬미와 감사보다는 무얼 해달라는 인간적 절규나 소원을 비는 기도가 넘실대고 있을 테고.

차가 달려도 처연한 기분은 꼬리를 물었다. 세상은 우리네 희망대로 돌아가지 않고, 자식 농사는 힘들며, 나라와 나라는 으르렁거리며, 사람들은 같은 이웃과 형제들 간에도 서로 다투고 죽이면서 살아가기도 한다. 이런 세상을 지켜봐야 하는 하느님의 마음은 어떠할 것인가. 인간이나 신이나 고민을 끌어안고 살기는 매한가지 아닌가. 어쩌면 그것은 내 감상이 빚어낸 착각 같은 것일 수도 있었을 터나 그때 나는 잠시나마 소아小我를 벗어나 이 거대한 세상의 어지러움과 신의 고독 같은 걸 느꼈다. 신의 이미지엔 어쩔 수 없이 인간적 요소가 개입되고 투영되기 마련이라 감정이입이 쉽게 되었다.

유사 이래로 인간은 신의 모습을 인간적으로 추론하거나 자신들의 이상형을 만들어 신의 이미지에 덧입히려 하였다. 그리스의 신들은 죽지 않고 초능력을 지녔다는 것 외엔 넘치도록 인간적이었고, 구약 시편의 기자들은 야훼를 향해 당신의 '얼굴'을 보여달라고, 당신의 '눈동자'처럼 자신을 지켜주며 당신의 '귀'를 기울여 자신의 말을 들어달라고 읍소했다. 인간은 신조차도 인간적 높이로밖엔 바라볼 수 없기에 초월자에게 이목구비를 달아놓았고 초월자 또한 당신 아들에게 살과 피를 가진 인간이 되게 하여 유대 땅에 태어나게 하였다. 석가세존을 조형한 불상 또한 나라마다 자국민의 정서에 와 닿는 외형으로 구현되지 않았던가.

손녀가 나를 지켜주겠다고 했던 그 날, 나는 저녁기도를 드리다가 손녀의 방법을 빌리고 싶어졌다. 내가 손녀에게 받은 위로와 기쁨을 나의 주님께 오롯이 올려 받치고 싶었다. 그날만이라도 그분을 향해 '저를 지켜주세요'가 아닌, '제가 지켜드릴게요'라고 아뢰며 주님을 안아드리고 싶었다. 그 말의 의미를 주님과 함께하겠다는 것, 늘 그분을 바라보겠다는 의미로 전환하면 안 될 것도 없을 터. 이렇듯 나 또한 신에게 사람의 모습을 대입하며 산다. 내 의식의 감상주의와 판단오류의 위험 가능성을 전제하면서도 사람의 방법으로 밖엔 신을 섬길 수가 없다.

한편, 신(종교)이 없는 인간이나 인간 없는 신이나 그것은 태극의 반쪽처럼 미완의 형국이 아니겠나 하는 생각을 감히 해보았다. 인간은 신의 부르심에 응답함으로써 소아小我를 초극해 구원에 이르고, 신은 인간을 부단히 지켜주며 완성에 이르게 함으로써 우주 만물을 당신의 신성에 합치시키는 거라고 중얼거리면서.

"내가 지켜줄게요."

손녀의 말은 그날 두고두고 나를 설레게 했다. 나는 후렴처럼 몇 번이나 그 말을 입속으로 되새김했다. 알사탕을 물고 있는 듯 입안에선 계속 단물이 고여 나왔다.

고해성사, 고해성사

알록달록한 캔디 통에서 초록빛 알사탕 하나를 꺼내 입에 넣었다. 와자작 씹어 꿀꺽 삼키고 났을 때야 비로소 공심재空心齋*를 지켜야 할 시간이라는 걸 알아차렸다. 그 날은 눈같이 하얀 한복에 하얀 꽃 관을 쓰고 첫영성체를 하는 날. 가슴을 쳐대며 곧바로 양치질하고 비누로 입안까지 닦아내었다. 그런다고 뱃속에 든 캔디를 꺼낼 수는 없는 일이었다.

성당으로 향하며 엄마는 공심재를 잘 지켰느냐고 물으셨다. 사실대로 말했다가 혼날 것이 두려워 나는 "네"라고 대답했다. 가는 동안 내내 걱정과 불안이 교차했다. 그냥 영성체를 해버리면 이건 또 모령성체冒領聖體*를 하게 되는 것이니 진퇴양난이었다.

미사 시간 내내 그 생각만 하다가 드디어 영성체 시간이 되었다. 망설이고 있는데 속 모르는 엄마가 저만치서 나가라고 손짓했다. 할 수 없이 성체를 받아 모셨다. 그러고 나자 그동안 착실히 배웠던 교리 내용이 고개를 쳐들며 더욱 나를 옥죄어왔다. 주님을 모신 기쁨은커녕 납덩이 같은 죄책감만 가슴 깊이 들이박혔다.

다음 주일 날 고해소를 찾았다. 주일학교 교리 시간에 모령성체란 중죄라고 배웠다. 고해틀에 무릎을 꿇고 엄마에게 거짓말을 했다는 둥 친구를 미워했다는 둥 적당히 죄를 고하고는 마지막에 작고 빠른 목소리로 모령성체를 했노라고 했다. 다행히(?) 신부님은 마지막 죄목을 제대로 알아듣지 못하셨는지 다음부턴 거짓말을 하지 말고 친구를 미워하지 말라고 하시며 보속을 주셨다.

고해성사는 마쳤지만 모고해冒告解*를 했다는 생각에 죄목은 늘어나고 마음이 지난주 보다 곱절 더 무거워졌다. 내 최초의 영성체와 고해는 이렇게 어긋나며 나를 심란하게 만들었다. 어린 내게 믿음이란 단지 세세한 율법과 죄에 대한 각성이자 그 벌에 대한 공포의 근원일 뿐이었다. 죄는 날마다 곳곳에 널려 있고, 나는 그 그물망에 걸려 버둥거렸다. 이담에 지옥으로나 떨어지지 않기 위해 더욱 기도와 신앙에 매달려야 했다. 초등학교 시절의 내 작은 영혼은 이렇듯 율법에 눌린 구약의 시대를 헤매고 있었다.

중고등학교 과정을 감리교 계통의 미션 스쿨에서 보냈다. 정규과목에 성경이 있었고 일주일에 한 번 전교생이 예배를 드렸으며 성경은 학과성적에도 반영되었다.

중1 때 목사님이 학생들의 종교분포를 조사했다. 그 목사님은 이따금 천주교에 대한 비판적 얘기를 하는 바람에 나는 그분이 싫었다. 그러다 돌연 이런 회의가 드는 거였다.

'나는 왜, 어떻게, 가톨릭 신자가 되었나? 그건 내 뜻이기에 앞서 엄마의 신앙 따라 도매금으로 넘어간 것이다. 만약 엄마가 개신교도였다면 나 또한 개신교도가 됐을 확률이 높으며 지금 저 목사님 말에 공감했을 것이다.'

그때부터 본격적 고민에 접어들었다. 초등학교 시절 나를 괴롭힌 게 죄의 문제였다면 사춘기에 들어서는 어느 종교가 참 종교인가가 화두로 자리 잡았다. 나는 그리스도교뿐만 아니라 불교와 이슬람교까지 관심권에 두었다. 내가 찾으리라, 내 종교는. 의식의 확장만큼이나 종교적 탐구영역도 넓고 깊어져 갔다. 그러다 고등학생이 되어 내린 결론은 '신은 없다'였다. 하지만 혹시라도 하느님이 계신다면? 하는 의문이 다시 들며 정신이 더 혼란스러워졌다. 방과 후면 저녁 평일 미사까지 봉헌하며 믿음의 은총을 내려주실 것을 간구했지만 마음은 외려 향방 모를 캄캄한 광야에 홀로 던져진 기분이었다. 그런 상태로 영성체를 한다는 건 의미가 없겠다 싶어 하루는 고해소를 찾았다.

"신부님, 저는 자꾸 하느님이 안 계신 것 같은 생각이 듭니다. 매일 미사참례를 하며 노력을 하는데도…."

그날 마음이 격해져 고해소에서 조금 울었던 것으로 기억한다. 신부님의 훈화가 이어졌다.

"마귀의 유혹에 빠져서 그런 거예요."

이런 소리나 들으려고 왔나, 내가? 귀를 막고 싶었다. 나는 신부님이 이렇게 말씀해주시길 은연중 기대했는지 모른다.

"많이 힘들어요? 신앙생활을 하다 보면 그런 암흑을 느낄 수도 있어요. 그러나…."

그길로 성당에 발을 끊어버렸다. 갑작스러운 내 행동에 엄마도 놀라며 내가 마귀에 빠진 것 같다고 신부님과 똑같은 소리나 해대셨다. 한창 자의식으로 팽배한 사춘기의 나는 속으로 이렇게 부르짖었다.

'마귀들 좋아하시네. 그게 아니라, 나는 지금 보이지 않는 나의 하느님을 찾고 있다고요. 내가 얼마나 애타게 찾고 있는지 당신들이 알아요?'

냉담 가운데 젊음을 보내고 결혼하여서 한 아이의 엄마가 되었다. 그 무렵 남편이 직장을 그만두고 벌인 일로 우리 가정은 사면초가의 위기에 내몰리게 됐다. 살고 있던 아파트를 전세 놓고 월셋집을 얻어 생긴 여유자금을 남편 일에 보태던 즈음 삼백만 원이 없으면 길바닥으로 나 앉아야 할 매우 급한 일이 벌어졌다. 당시로선 거액인 삼백만 원을 마련해야 할 날짜는 점점 다가오는데 하필 그때 박정희 대통령 시해 사건이 터진 바람에 인심은 흉흉하고 사채 얻기도 하늘의 별 따기였다. 돈을 빌려줄 듯하던 지인들도 모두 말을 바꾸었다. 십여 년이 넘게 냉담했던 터라 절망 속에서도 기도가 나오질 않았다. 그러던 어느 날 나도 모르게 내가 영세를 받았던 명동성당을 찾아갔다. 기도를 올리고 싶었으나 '주님!' 하는 외마디뿐 더는 말문이 열리질 않았다. 하느님이 아득하게 느껴지고 나 같은 냉담자의 소리는 들리지도 않을 것 같은 막막함이 밀려왔다. 나는 멍하니 스테인드글라스의 문양들이나 바라보다 밖으로 나와 성물 센터의 책들을 뒤적였다. 성모님께 드리는 <묵주의 9일기도>라는 작은 책이 눈에 띄었다. 처음 보는 책이었다.

사 들고 온 책으로 9일 기도를 시작한 지 사흘째 되던 날 아침이었다. 전화벨 소리가 울려 받아보니 오래전 한동네에 살았던 자민이 엄마의 전화였다. 이사 한 뒤론 피차 연락을 끊고 지냈는데 놀랍게도 그녀는 내게 돈 삼백만 원을 쓰지 않겠냐고 물었다. 처음엔 돈 삼백을 빌려달란 소리로 듣고 내겐 그런 돈이 없다고 대답했다. 그녀는 이백만 원짜리 계를 앞번호로 하나 반 들어 목돈을 탔지만, 남편 봉급으론 곗돈을 붓기가 힘들어 안전한 곳에 이자를 놓으려다 내 생각이 났노라고 했다. 최근 우연한 소문을 통해 내 남편이 사업을 시작했다는 것도 알게 됐는데, 내게 돈을 빌려주면 적어도 떼일 것 같지는 않은 믿음이 가서 전화했다는 거였다. 나는 벼락이라도 맞은 듯한 기분으로 두 손을 모았다. '아, 이젠 길바닥으로 나앉지 않아도 되겠네요! 살아계신 하느님, 성모님, 어찌 이리 바로 곁에 계신 듯 저를 살려 주시나요!'

곧바로 회두回頭를 결심하고 교적 정리를 위해 본당을 찾아갔다. 고해성사만은 내키질 않았다. 자꾸만 고등학교 시절의 고해성사 장면이 어른거렸다. 십여 년의 냉담, 그런 건 얼마든지 고백할 수 있었다. 오랜 세월 남편과 불화하고 신자의 도리를 제대로 하지 못한 것도, 또 다른 너절한 허물도. 다만 가슴 속에 첫사랑의 연인을 품고 있는 죄, 그를 오랜 세월 그리워한 마음의 간음만은 차마 고백할 용기가 나지 않았다. 말이야 못할까만 고백해도 그 증상에서 헤어나리란 확신이 서질 않았다. 보나 마나 뻔했다. 사연을 말씀드리면 신부님은 '십계명'을 거론하며 남편에게 더욱 충실한 아내가 돼주라는 식의 훈계나 내리실 터. 그러면서 의례적인 보속이나 나열하실 터. 안 봐도 훤~했다.

1년여 건성 미사참례만 하다가 어느 날 용기 내어 고해소를 찾았다. 성사를 보기 전 나는 하느님께 간곡하게 기도했다. '주님, 저는 고해성사의 상처로 당신을 떠나갔던 못난 죄인입니다. 저를 불쌍히 여기시어 부디 이번 고해가 제게 치유의 성사가 되도록 도와주소서.' 그런 다음 고해틀에 무릎을 꿇었다. 소소한 죄부터 고하고 마지막으로 무거운 보따리를 내놓았다. 남편 아닌 남성을 사랑하고 있다고, 마음을 다지려 해도 잘되지 않는다고. 고해를 마치곤 마음 준비를 하며 신부님의 엄중한 훈계가 떨어지길 기다렸다. 잠시 침묵 뒤에 신부님의 음성이 들려왔다.

"누군가를 사랑한다는 건 죄는 아닙니다. 그러나 남편과 그분을 비교하지는 마세요. 또한, 이 모든 게 자기 의지로 되지 않을 땐 그 문제조차 자비하신 하느님께 맡기십시오."

이런 말씀이 들려오리라곤 전혀 생각지 못했다. 나를 결박했던 가슴속 쇠사슬이 한순간 맥없이 끊어져 나갔다. 콧마루가 꺾이듯 시큰해지며 눈시울이 젖어 들었다. 신부님은 단죄에 앞서 문제를 풀어가는 방법부터 알려주신 것이다. 고해성사로 교회를 등졌던 나, 고해성사로 다시 마음이 열렸다. 하느님, 나의 하느님! 내 신약시대의 서막이었다.

*공심재: 영성체領聖體 하기 전 1시간 동안 음식물을 먹지 않는 일.
*모령성체 : 믿음 없이 성체를 영하거나 죄인이 고해성사 등을 통해 죄의 사함을 받지 않고서 성체를 영하는 행위
*모고해: 고해성사를 모독한다는 의미로 죄 일부를 의식적으로 숨겨 고해성사를 보는 행위.

얼굴 없는 얼굴

예수님을 깊이 사랑한 적이 있었다. 신앙의 대상으로라기보다 단지 인간 예수를 흠모한 것 같다. 그것도 붓끝으로 그려진 캘린더 속 예수를 연모했다. 화가는 누구인지 모르겠으나, 그림 제목은 '야이로의 딸을 살리신 예수'로서 신약성서에 나오는 한 장면을 아름답게 담고 있었다. 나는 중학교 3학년이었으며 우리 학교는 미션 스쿨이었고 그 캘린더는 우리 옆 반 교실에 걸려 있었다.

그 그림을 보고 난 뒤 나는 당장이라도 갖고 싶어 안달이 날 지경이었다. 아무도 없을 때 캘린더 한 장을 뜯어오고도 싶었지만, 그 또한 도둑질이랄 수 있는 데다가 하필 그림의 주인공이 신성한 예수님인지라 차마 행동에 옮기지 못하고 한 달이 빨리 가기만을 기다렸다.

드디어 그달의 마지막 날, 나는 혹시 나 같은 애가 또 있을세라 늦도록 학교에 남았다가 오매불망하던 예수님을 손에 쥘 수가 있었다. 집에 돌아와 책상 앞에 붙여 놓고는 그림을 뚫어내기라도 할 듯 바라보았다. 청소년들이 우상처럼 여기는 연예인 사진을 방 벽에 붙여 놓았을 때 느낌이 이럴지는 모르나 이건 신의 아들이었으니 그 감동과는 차원이 또 달랐다.

그 날 이후, 나는 조석으로 그분께 기도하며 하루를 보고했다. 비밀을 고백하고 죄를 통회하고 울고 웃었다. 그는 신이자 스승인가 하면 연인이자 오빠인 동시 자상한 남자친구이기도 했다. 나는 내 종교 이외의 것을 이단시했으며 사후에 만나게 될 예수님의 모습이 더도 덜도 말고 꼭 그 그림 속 남자 같기만을 간절히 바랐다. 그러다 그 '훈남'은 시나브로 내 관심 밖으로 밀려났다. 예수의 모습이 어딘가 가볍게 느껴져 더는 보기가 싫었다. 결국, 어느 날인가 그 권태로운 예수는 나에 의해 퇴출당하고 말았다.

나는 네 살 적에 어머니 손에 이끌려 명동성당에서 세례를 받았다. 오랜 세월 가톨릭의 그늘에서 자라온 터라 성화 속에 생활하고 성상과 함께 성장한 셈이다. 우리 집엔 언제나 십자고상을 비롯해 예수나 성모를 모델로 한 성물聖物이 있었다. 그래선가 내 신심과 상관없이 그것이 모셔져 있지 않으면 뭔가 허전했고 성물 파는 곳에 가면 내 심상에 새겨진 예수나 성모의 이미지에 근접한 작품을 찾아 방안의 성물을 바꿔 놓기도 했다. 이름 모를 화가의 그림을 비롯해 레오나르도 다빈치나 엘 그레코, 조르주 루오 같은 대가의 인쇄본 예수가 차례로 모셔졌다. 그러기를 수십여 년.

기억을 더듬어보면, 어릴 적 내가 좋아했던 예수의 모습은 시쳇말로 온화한 꽃미남 스타일이 아니었던가 싶다. 세월이 흐르면서 꽃미남 적 예수 이미지는 인류의 문제를 놓고 고뇌하는 신인神人으로 변모됐고, 거기서 다시 내가 종교에 대해 고민하고 천착한 만큼 보태지고 감해짐을 반복하며 변화해 갔다. 흥미로운 건 세월이 흐를수록 집안의 성물이나 성화의 수효는 줄어들고 단순하게 변화되었다는 사실이다. 그러면서 나는 은연중 기존에 지녔던 예수의 얼굴을 지워내고 있었다.

얼마 전 새 동네로 이사한 뒤론 H동 성당으로 나가고 있다. 성당에 가면 감실과 함께 제대 중앙의 십자고상十字苦像부터 유심히 보게 되는데, H동 본당의 예수상을 처음 대하던 날 나는 '아' 하고 짧은 외마디를 내질렀다. 특이하게도 거기엔 얼굴이 없었다. 아니 얼굴은 있되 이목구비가 없다고나 할까. 어쩌면 은미하게 새겨졌을 성상의 얼굴윤곽이 노안이 된 시력 탓에 안 보인 것일 수도 있었겠으나 아무튼지 그 모습이야말로 내가 찾던 그 얼굴이었다.

지금껏 보아온 예수의 초상에는 훌륭한 것들이 많았다. 시대를 뛰어넘는 예술혼으로 빚어내고 그려 낸 감동적인 작품들. 나는 그것을 매개로 삶의 행간마다 나의 신을 떠올리고 정신을 신께로 집중시키곤 했지만 늘 뭔가가 미흡했다. 신에 대한 관심도가 영토를 넓혀 가면 갈수록 그러했다. 하물며 그리도 좋아했던 다빈치나 그레코와 루오의 예수조차 성에 차질 않았다. 그건 다만 그들의 예수에 지나지 않았으므로.

오늘도 얼굴 없는 예수를 만나고 왔다. 나는 가끔 평일 저녁 미사를 가는데 날씨와 어두운 조명으로 십자고상은 베일을 두른

듯 보였다. 그러기에 그분은 더욱 신비롭게 와 닿았으며 무형의 얼굴을 통해 무한의 예수를 만날 수 있는 게 오히려 좋았다. 우주가 그러하듯 본디 광대하고 초월적인 것은 인간의 눈으로 잘 헤아려지지 않는 법 아닌가.

내가 늘 앉는 자리에서 보면 거리감 때문에 예수님의 얼굴은 내 손바닥만 하게 보인다. 그 작은 형상에 응축된 그분이 담기어 있는 것 같다. 인간에 대한 사랑과 자비, 고뇌와 슬픔, 포용과 인내…. 얼굴 없는 그 얼굴이 때론 부처님처럼도 보이고 관음보살처럼도 보이는 걸 보면 내 마음속에선 예수와 석가의 경계가 이미 오래전에 사라진 듯하다. 세상의 종교들은 오랜 세월 서로 배격하며 소원한 관계를 이어왔고 아직도 이어지고 있다. 그러나 종교의 신들이란 결국 같은 신의 속성을 나라마다 특성과 문화에 맞게 해석하며 구현한 건지도 모른다. 언어는 물론, 육신肉身을 위한 음식과 의복이 나라마다 다 다른 것처럼.

이따금 거리나 전철 안에서 포교에 열을 올리는 신자들을 만난다. "예수 천국, 불신 지옥"이라느니 천주교나 불교 신자들은 구원을 못 받는다느니 입으로 불을 토한다. 산다는 건 존엄한 일이면서 때론 추악하고 치졸하기도 한데 신앙행태도 예외는 아닌 것 같다. 그들도 예수를 깊이 사랑하는 사람들임이 틀림없을 줄 안다. 한데도 나는 그런 광경을 볼 때마다 종종 중3 시절의 내 모습이 떠오르곤 한다. 그들은 누군가 그려낸 예수만을 얕은 가슴에 품고 있는 것 같다. 내 착각일까?

내 기억 속 장미여관에는
아직도 그 신학생 선생님이
"괜찮다 다 괜찮다!" 라며
머리를 쓰다듬어 주고 계신다.
나는 누구에게
그런 기억이 되어주며
살아가고 있는가?

이명지

장미여관의 추억 / 얘야, 거기서 나오너라! / 주님! 한 잔 받으시지요 / 마음 길 끝에서 풍경을 만나다

프로필 이명지(테레사)
동국대학교 문예대학원 문예창작학과졸업(문학석사)
1993년 창작수필 신인상 등단
한국문인협회 이사, 국제PEN클럽, 문학의집·서울, 동국문학인회 회원
창작수필문인회장 역임
2002년 창작수필 동인문학상 수상
2019년 제32회 동국문학상 수상
<토요저널> 기자, 발행인 역임
한양대학교 R-CEO 과정 책임교수 역임
RTN TV "이명지가 만난 사람" 진행자 역임

산문집: 『헤이, 하고 네가 나를 부를 때』, 『중년으로 살아내기』
논문집: 『전혜린 수필연구』, 『피천득 수필연구』 외 다수
이메일: mjlee8978@hanmail.net

장미여관의 추억

내 유년의 기억에서 가장 아름다운 단어라면 단연 '장미여관'이다. 사람은 누구나 기억 속의 치유공간이 하나쯤 있을 것이다. 세상살이가 팍팍하고 어딘가로 숨고 싶을 때 위로받고 싶을 때 오도카니 들어앉아 충전시킬 수 있는 곳, 내게 그곳은 장미여관이다.

초등학교 4학년 여름방학 때 엄마 손에 이끌려 간 곳이었다. 영세 받기 위해 교리공부를 하라고 데려다준 곳이다. 시골 우리 집과는 걸어서 30여 분 거리 신작로에 있는 장미여관집에 신학생 아들이 있었는데 방학을 맞아 내려와 인근 초등학생 대여섯 명에게 교리공부를 시켜준다는 것이다.

나는 정말 교리공부가 싫었다. 무슨 소린지 도대체 알아들을 수도 없는, 말도 안 되는 황당한 성경 말씀도 그렇고 숨 막히게 엄숙한 성당 분위기는 더욱 싫었다. 그런데도 가끔 엄마 치마꼬리를 잡고 읍내에 있는 성당엘 따라다닌 것은 드문드문 오는 버스를 기다리며 엄마가 정류장에서 사 주는 찐빵을 얻어먹는 재미 때문이었다. 순전히 그것뿐이었다. 그것도 이젠 안 할 참이었다. 버스비를 아끼려고 엄마가 4학년이나 되는 나를 아직 학교에 입학도 안 했다고 차장 언니와 실랑이를 벌이는 것도 창피하고 영세 받을 생각은 더 끔찍했으니까.

팔려가는 소처럼 등 떠밀려 들어간 장미여관. 아! 그런데 그곳에는 뜻밖에도 얼굴이 하얗고 키가 훤칠한 동화 속 왕자님이 그윽한 미소를 지으며 나를 반겨주는 게 아닌가! 유리 구두를 들고 신데렐라를 찾아다니던 왕자님같이 생긴 신학생 선생님이. 게다가 울타리에 온통 덩굴장미가 올려져 있는 그곳은 여관이라기보단 마치 비밀의 화원처럼 몽환적이었다.

다음날부터 나는 엄마가 재촉하지 않아도 스스로 일어나 열심히 모양을 내고 장미여관으로 교리공부를 하러 다녔다. 신학생 선생님의 어머니이자 장미여관 주인이신 할머니가 만들어주는 멸치국수 맛 또한 기가 막혔다. 그런데도 나는 시골뜨기처럼 보이지 않게 예쁘게 먹으려고 국수 가닥을 한 올 한 올 세듯 먹었다. 그러자 할머니는 내가 국수를 좋아하지 않는 줄 알고 "애야! 양을 덜어주랴?" 하시는 바람에 깜짝 놀라 뜨거운 국수 그릇을 와락 끌어안았던 기억도 생생하다. 그해 여름은 내 유년의 기억 중 가장 아름답고 풍성하고 행복한 시절이었다. 방학이 끝나갈 무렵 방학 숙제를 하나도 하지 않았다는 사실을 각성하기 전까지만 말이다.

지금도 현실에서 벗어나고 싶을 땐 유년의 기억 속 장미여관으로 간다. 흙 마당에 두엄더미가 있던 우리 집과는 달리 깨끗한 시멘트 마당과 장미 울타리, 농사지은 밀로 뽑은 거칠고 누런 국수가 아닌 가늘고 흰 소면, 기도문을 잘 외었을 때마다 신학생 선생님이 그윽한 미소를 지으며 길고 하얀 손가락으로 머리를 쓰다듬어주시던 그 아뜩하고 달큼한 기분까지 박제되어 있는 그곳으로 퇴행한다. 어른 노릇을 하며 세월의 질곡을 힘겹게 넘던 어느 날 까마득히 잊고 살던 성당에 내 발로 찾아가 무릎을 꿇고 펑펑 회한의 눈물을 쏟아낼 때 나는 마치 장미여관으로 돌아온 듯 처음으로 성전이 평화로웠다.

장미여관은 내 기억의 유토피아다. 분노가 사라지고 입가에 미소가 번지며 행복한 마음이 든다. 굴곡진 세월을 돌고 돌아서 결국은 가 닿는 어머니의 품 같은 피안의 지대. 내 기억 속 장미여관에는 아직도 그 신학생 선생님이 "괜찮다 다 괜찮다!"라며 머리를 쓰다듬어 주고 계신다. 나는 누구에게 그런 기억이 되어주며 살아가고 있는가?

얘야, 거기서 나오너라!

내가 아무것도 아닐까 봐 두려웠다. 이대로 주저앉게 될까 봐 너무나 무서웠다. 이혼 후 6개월째 칩거 중이었다. 밖으로 나가는 일도 사람을 만나는 일도 내 사전에 없었던 것처럼 꼭꼭 방문을 닫아걸었다. 방문만 닫은 것이 아니라 마음 문도 굳게 빗장을 질렀다. 바닥에 내려앉은 먼지처럼 나는 아무것도 아닌 것 같았다. 어떤 위로도 와 닿지 않았고 세상이 온통 암흑천지로 깜깜했다.

그런 어느 날 10여 년 전 돌아가신 어머니가 꿈에 나타나 "얘야! 성당에 가거라!" 하는 게 아닌가? 밑도 끝도 없이 딱 한 마디였다. 그 목소리는 나지막했으나 천둥 같아서 벌떡 일어나 앉았다.

"성당? 성당이라고?"

성당이라는 단어가 처음 듣는 것처럼 생경했다. 성당에 가 본 지가 언제였던가? 결혼 이후 거의 없었으니 20수 년은 족히 되었을 터. 지인의 결혼식 혼인미사나 친정 부모님 기일 때 전 가족이 함께하는 연미사에 참례하는 게 고작이었다. 그것은 다만 갔을 뿐 간 것이 아니었다.

"아, 성당~ 그래 성당이 거기 있었지!"

어머니가 성당에 가라고 이르신 의미가 의심 없이 전해져왔다. 시계를 보니 새벽 네 시가 조금 지난 시간, 목요일이었다. 성당에 가려면 아직 사흘이나 남았구나. 어쩌나…. 그때까지만 해도 나는 미사가 일요일에만 있는 줄 알았다. 남은 사흘이 몇 년처럼 까마득하게 느껴졌다. 내 일생 가장 긴 시간이 있다면 그 기다림이 아닐까 싶을 만큼.

사흘 후 평생 처음 내 발로, 내 진심으로, 온 마음으로 성당에 갔다. 성당 마당으로 들어서면서부터 나는 벌써 울고 있었다. '잘못했습니다, 잘못했습니다!' 흐느끼며 무릎걸음을 걷고 있었다. 미사를 어떻게 마쳤는지 아무것도 기억나지 않았다. 울음소리가 새어 나갈까 봐 입술을 짓깨물며 돌아온 탕자를 받아주시라 애원만 했을 뿐…. 몸속의 수분이 다 빠져나간 듯 눈물을 쏟고도 해소되지 않은 발걸음으로 터벅터벅 계단을 내려오는데 저만치에 신부님이 서 계시는 게 아닌가. 마치 나를 기다려주기라도 하신 것처럼. 나는 무엇에 이끌리듯 한 치의 주저함도 없이 신부님 앞으로 다가갔다.

"신부님, 드릴 말씀이…."

이미 내 눈에는 또다시 눈물보가 터질 듯이 그렁했으니 사태를 짐작하신 듯 신부님은 성당 한쪽 조용한 자리로 나를 인도해 주셨다.

"저는 하느님이 필요해요. 그런데 저는 지금 이혼을…. 저는 하느님이 간절히…." 복받치는 울음을 참느라 자꾸 말이 끊겼다. 절실한 마음은 말이 되지 않고 가슴에서 자꾸 꺽꺽 신음소리만 올라왔다.

"자매님 걱정 마세요. 하느님은 자매님을 사랑하십니다. 이혼은 하느님의 자녀가 되는 데 결격사유가 되지 않습니다!"

이혼하면 성당에 갈 자격이 없는 줄 알고 있었던 나의 무지가 다행스럽고 부끄럽고 서럽고 감사해서 땅바닥에 앉아 다리를 뻗대며 울고 싶었다. 치받치는 울음 때문에 얼굴 근육을 씰룩이며 그간의 일들을 간신히 설명하면서 몇 번이나 "저는 지금 하느님이 필요해요!"를 부르짖었는지 모른다.

신부님은 내게 앞으로 신앙생활을 어떻게 해야 할지에 대해 차분히 알려주셨다. 공동체 활동에 참여하는 것도 좋지만 우선은 자신의 마음을 돌보며 미사에 빠지지 않는 것으로 시작하라고 일러주셨다. 나는 눈물을 그친 말간 얼굴로 초등학교에 갓 입학한 어린아이처럼 신부님의 모든 이끄심에 네! 네! 하고 깊이 끄덕였다. 자리에서 일어서는 내게 "자매님을 위해 기도드리겠습니다." 하는 신부님의 음성이 천상의 소리로 들렸다. 주님의 음성으로 들렸다. 나는 지금껏 그보다 아름다운 사람의 음성을 들어본 적이 없었다. 비로소 보잘것없는 내 영혼이 위로로 차오르는 것이 느껴졌다.

어머니의 깊은 신앙으로 유아세례를 받은 나는 늘 어머니의 아침기도 소리를 들으며 잠에서 깨어났다. 하지만 어린 나에게 그것은 그저 백색소음 같은 일상일 뿐 아무런 감흥이 일진 않았다. 식구 중 유일한 신자였던 어머니가 육 남매 막내인 나만 주일미사에 데리고 다니셨던 게 내 신앙의 첫걸음이었다. 첫영성체는 초등학교 4학년 때 했으나 유아세례는 몇 살 때 받았는지 나는 기억하지 못한다. 비록 어머니 손에 이끌려 억지로 된 신자였지만 학교에서 가정조사를 할 때면 종교란에 주저함 없이 '천주교'라 적었고 내가 신자라는 것에 한 번도 의구심을 가진 적은 없었다. 고등학교 때는 학생회에도 이름을 올리고 드문드문 참여했지만, 크리스마스 송년 파티엔 빠지지 않고 참석했다. 여고를 다니던 내가 부모님 허락하에 남학생들과 밤새도록 파티를 즐길 유일한 기회였으니까.

그나마 '신자' 직분도 스스로 버리는 날이 찾아왔다. 결혼적령기가 되었을 때 소위 마담뚜라는 아주머니에 의해 나는 어느 가문에 소개됐다. 그 댁에서 나를 마음에 들어 하자 우리 집의 의사와는 상관없이 일사천리로 혼사가 진행되었다. 신랑감도 보여주기 전에 시어머니 되실 분이 먼저 찾아와 종교를 물어보시며 "우리 집에 시집오면 절에 다녀야 한다."라고 말씀하시는 데 이상하게 거부감이 들지 않았다. 미사 때마다 몇 구절씩 들은 성경 말씀은 도무지 무슨 말인지 알아들을 수도, 이해도 되지 않았으나 여행 중 어느 사찰 매점에서 사 온 테이프로 들은 불경 말씀이 구구절절 마음에 와닿았던 기억이라 불교에 대한 동경도 있었던 참이었다. 당시 성경은커녕 주일미사도 안 지키는 냉담자여서 예비시어머니의 말씀에 망설임 없이 그러겠다고 대답했다. 그래도 어머니가 조금 마음에 걸려 집에 가 사실 고백을 했다. 어머니는 한참 말이 없으시더니 "어느 종교든지 다 선하게 살라는 것이니 열심히 섬기거라." 하고는 "그래도 네가 천주교 신자였음을 잊지 말아라!" 하셨다. 어머니의 그 말씀은 내 가슴에 불도장을 찍어주신 것이었다. 그때는 어머니가 화를 안 내서 다행이라고만 생각했는데 지금 생각해보면 나의 신앙이 진정한 세례를 받은 날은 이날이 아니었나 싶다.

결혼 후 나는 한 번도 가톨릭 신자였던 적이 없던 것처럼 열심히 절에 다녔다. 한 달에 한 번만 가고 고해성사의 부담이 없는 자유로움도 좋았고 갈 때마다 맑고 정갈한 음식으로 식사를 하는 즐거움도 컸다. 마음이 혼란스러울 때는 아침에 일어나 108배로 정신을 가다듬으려 애썼고 영혼이 피폐하다고 느껴질 땐 사찰에서 진행되는 템플스테이에 참여했다. 캄캄한 어둠 속에서 혼자 탑돌이를 하며 자신의 마음을 들여다보기도 하고 새벽예불을 앞두고 세상을 깨우려 사물을 두드리는 스님 뒤에 서서 저잣거리에서 상처투성이가 된 마음을 헹궈내기도 했다. 그러나 거기서도 나의 신앙은 끊임없이 흔들렸다. 더는 깊어지지 않았다. 내가 필요할 때만 간절해지는 철저한 기복신앙이었다. 간교한 신앙이었다. 사찰에도 성당에도 나가지 않은 세월이 십수 년이 흐른 듯했다. 태풍이 불 때는 아무것도 보이지 않았다. 태풍이 지나간 자리, 폐허를 바라보고서야 비로소 오 하느님! 이라고 탄식하게 되는가? 가장 낮은 바닥, 절망 속에 나뒹굴 때 하느님은 어머니의 목소리로 내게 이르셨다.

"얘야 왜 그러고 있느냐? 거기서 나오너라!"

너덜거리는 영혼을 안고 성당으로 돌아온 얼마 후 나는 성경공부를 시작했다. 주일 성경반에서 구약 창세기, 탈출기, 신약 마르코, 요한, 사도행전, 이사야서까지 6년에 걸쳐 이어갔다. 그 과정에서 전율이 오는 깨달음은 어머니의 음성이 바로 하느님의 음성이었다는 것이다. 그때 이후 내게 어머니라는 단어는 하느님과 동의어가 됐다. 삶의 길목에서 길을 잃거나 벽에 부딪칠 때마다 내 안의 지혜가 꿈틀거릴 수 있도록 음성이 들리곤 했다. 어머니의 음성은 나를 수렁에서 빛이 있는 곳으로 이끌었다. 바닥에 떨어져 널브러진 내 영혼에 피와 살이 차오르도록 다독이고 지켜보아 주었다. 평화로웠다.

그런데도, 그럼에도 불구하고 끝 간데없는 이 어리석음을 어쩌랴! 고백하건대 지금도 나의 신앙은 수시로 흔들리고 있다. 어떤 핑계로 주일미사를 죄책감 없이 빼먹을 수 있나 궁리하고, 주일미사 좀 빠졌다고 혼내실 쩨쩨한 주님이 아니실 거라고 뺀질거리는, 여전히 날라리 신자다. 6년간이나 주일 성경공부를 이어간 것도 실은 깊어진 신앙심이 아니라 주일미사라도 빠지지 않을 방편이었다. 자신의 의지로 신앙이 굳건해지는 것이 내게는 이리도 요원한 일일까? 얼마나 더 혼쭐이 나야 할까?

그래도 스스로 믿는 구석이 하나 있긴 하다. 흔들릴지언정 절대 부러지진 않을 것이란 것을. 주님의 허리에 묶은 끈이 조금 길어서 좀 멀리까지 나대며 어리광을 부리고 있을 뿐 끊어지진 않을 모태신앙임을….

주님, 이 흔들리는 신앙에서 저를 구원하소서! 저를 당신께 의탁합니다!

주님! 한 잔 받으시지요

내가 당신을 안 건 일곱 살이었지요. 당신과 너무 가깝다 보면 내 의지와 무관하게 형편없이 우스꽝스러워질 수 있다는 걸 안 때이니 참 조숙했지요? 때로 세상을 다 얻은 듯 자신만만해진다는 것은 훨씬 이후이지만요.

주님! 성당에 열심히 다니는 우리 엄마보다 성당 근처에도 안 가는 우리 아버지가 훨씬 당신과 가까이 지내시더이다. 저는 엄마 아버지의 주님과 다 친했다고 생각했는데 지금 생각해보니 엄마의 주님은 읍내 성당에 갈 때 버스를 기다리며 엄마가 사 주는 찐빵을 얻어먹는 재미 정도였고, 아버지의 주님과는 술상 머리맡에서 안주를 축내는 재미를 훨씬 즐겼다는 걸 고백합니다.

일곱 살 되던 해 정월 대보름 저녁, 아버지의 술상에서 쌀알 동동 뜬 동동주에 사카린 몇 알 넣고 단술이라며 홀짝홀짝 마시며 놀았지요. 화장실에 가려고 일어서는데 아차, 세상이 빙글빙글 돌면서 방바닥이 눈앞으로 벌떡 일어서더라고요. 언니 등에 업혀나가 찬바람을 쏘이네, 꿀물을 마시네, 야단법석을 떨고 나서야 정신을 차린 후 어찌나 혼쭐이 났던지 이후 당신 근처에도 가지 않았던 건 아시지요?

근데 주님! 지금 저는 당신을 좋아합니다. 세월의 봉우리를 넘어 내려가는 길에 서고 보니 당신이 더욱 좋아집니다. 지친 퇴근길 몸이 으슬으슬할 때면 복 지느러미 바싹 구워 넣은 따끈한 히레사케 한 잔이 약입니다. 맥주 칠 할에 소주 반 잔 섞은 소맥에는 삼겹살 안주가 최고구요. 마음에 마른 바람 바스락거릴 땐 달달한 복분자주가 좋은 위로지요. 더러는 평화로운 레스토랑에서 와인 리스트를 정독하며 메를로 와인을 병으로 주문할 때 저는 더 부러울 게 없어지기도 한답니다. 역시 술맛은 인생 맛을 좀 알 때가 제격입니다. 굴곡진 인생사 없이 어찌 당신의 깊이를 알겠나이까.

한 잔 받으시지요. 주님!

친구 중에 저는 술친구를 제일로 친답니다. 당신 얘기를 나눌 수 없는 사람과 무슨 속을 터놓고 이야기할 수 있겠어요. 그래 비정기 주당 집회, 소위 번개 소집령을 가끔 발령합니다. 어느 날은 공돈이 생겨서, 어느 날은 안주가 좋아서, 어느 날은 자꾸 가슴에서 먹먹한 것이 넘어와서…. 뭐 꼭 이유가 있어야 하나요? 주님, 그냥 당신이 몹시 그리운 날인 게지요. 기껍게 달려오는 나의 주벗들, 그들은 언제나 정겹고 따듯하고 친절합니다.

가끔은 혼자 당신과 독대하지요. 어깨의 짐이 버거워 잠시 부려놓으며 그래도 여기까지 꿋꿋하게 잘 버텨준 내가 대견해서 스스로 제 어깨를 토닥이며 잔을 채웁니다. 알코올 중독이 아니냐고요? 글쎄요, 저의 주량은 와인 반병이거나 소맥 두세 잔 정도, 이거 마시고 가끔 당신한테 푸념을 주저리주저리 늘어놓긴 하는데 이거 문젠가요? 주를 마시고 주님께 투정을 부린다, 이거 주정인가요? 당신은 친구라면서요? 제 친구라면서요? 다 받아주기로 했잖아요. 털어놓는 것만으로도 가벼워진다고, 드러내지 못하는 것이 문제지 발설은 이미 구원이라고 당신이 그랬잖아요?

술을 놓고 사람과 만나는 법은 어려서 아버지에게 배웠습니다. 아버지는 비신자였지만 누구보다 어머니의 신앙을 응원했던 분으로 기억합니다. 당시 시골 살림으로 주일마다 성당에 가는 일이 쉬운 게 아니었고 더욱이 농사 일거리를 밀쳐놓고 성당에 가는 엄마를 보며 마을 사람들이 쑤군대기까지 한다는 걸 아버지는 알고 계셨지요. 그래도 아버지는 조금도 개의치 않으셨지요.

아버지는 진정한 애주가였는데 제 기억에 우리 집에는 언제나 술이 있었던 것 같아요. 대개 어머니가 담근 동동주이거나 더러는 손님이 사 온 됫병의 백화수복 정종, 금복주라는 막소주가 있었지요. 손님이 오시면 솜씨 좋은 엄마가 뚝딱 만들어내는 안주 맛에 막내인 저는 아버지 술상 앞에 껌딱지처럼 붙어 앉아 안주를 축내곤 하였지요. 우리 집에는 손님이 많은 편이었어요. 집에 술이 있으면 아버지가 동네 이웃들을 집으로 부르는 걸 좋아하셨고, 더러는 술 생각이 나거나 고민거리가 있는 사람들이 찾아와 아버지에게 조언을 청하기도 하는 것 같았지요. 제 기억에 아버지는 그저 귀 기울여 들어줄 뿐 딱히 해결방도를 찾아주지도 않은 것 같은데 신기하게도 사람들은 속이 후련해졌다며 가고 다시 술병을 안고 찾아오곤 하였지요. 아버지는 하느님도 성경도 모르는 그저 농사꾼에 불과하였지만 깊이 고개를 끄덕여줄 줄 알았고 같이 아파해주는 정 깊은 친구였던 것 같습니다.

그런데 주님, 어려서 아버지를 통해 배운 술맛은 이제 좀 알겠는데, 어머니를 통해 알게 된 당신을 저는 아직 잘 모르겠습니다. 어머니가 평생 당신께 매달리며 온갖 바람들을 소망할 때도 그저 무심히 지나왔습니다. 인도의 어느 수녀님은 당신을 "베스트프랜드"라고 했다지요? 주님! 당신은 제게 무엇입니까? 제 이야기를 들어주는 친구입니까? 고개를 끄덕여주는 아버지입니까? 솔직히 제게 당신은 이제 겨우 술 한 잔의 위로만큼 따뜻할 뿐입니다. 여전히 저 멀리 계신 다다를 수 없는 길입니다. 그래도 이젠 당신을 좀 알고 싶다는 생각은 듭니다. 좀 깊이 알고 싶어졌습니다. 하지만 너무 멀리 있는 당신은 마음에 안 듭니다. 제 곁에 있는 당신을 사랑하고 싶습니다. 저잣거리의 시름을 당신 아닌 그 누구와 이토록 시원하게 터놓을 수 있겠어요? 누구 앞에서 아이처럼 다리 뻗고 앉아 목 놓아 울 수 있겠어요? 떼쓸 수 있겠어요? 억울하면 당신도 울고 싶을 때 제 앞에서 우십시오. 너무 근엄하기만 한 당신과는 친구가 될 수 없으니 말이지요. 그때쯤이면 저도 당신 고통의 깊이를 조금은 가늠할 수 있게 되지 않을까요? 서로 괜찮다, 다 괜찮다며 등을 쓸어줄 수 있지 않을까요?

자! 주님, 친구 주님! 제 잔 한 잔 받으시지요! 제 잔도 채워주십시오. 당신의 사랑으로 제 잔을 넘치도록 채워주십시오. 주님, 나의 주님! 제 사랑도 당신 잔에 넘칠 수 있도록 저를 도와주소서! 교만한 저를 당신께 온전히 의탁할 수 있게 도와주소서!

마음 길 끝에서 풍경을 만나다

책에서 만난 그가 배낭을 짊어지고 800킬로미터의 길을 걸으러 간다고 했을 때 사람들은 모두 콧방귀를 뀌었다. 세상이 다 알만큼 잘 나가던 그가 스스로 고통의 순례 길로 떠나겠다고 했을 때 허영 섞인 호기쯤으로 여겼다. 그런데 정말로 그가 훌쩍 떠났다. 자신의 무게보다 더 무거운 배낭을 꾸려 산티아고 데 콤포스텔라를 향해 떠났던 그가 평생 흘릴 눈물을 그 길 위에 다 쏟아놓고 왔다고 했다. 처음 한 달여의 계획보다 더 긴 43일간 800킬로미터를 걷고 돌아와 가장 소중한 것은 밑바닥에 있더라고 일성을 냈다. 얼마나 울어야 밑바닥이 드러날까? 그가 말했다. “마지막 한 걸음은 혼자서 가야 한다”라고.

어째서 마지막 한 걸음만 혼자서 가는 것일까, 인생은 결국 혼자 가는 길이 아닌가? 책을 덮고 나는 오랫동안 동경했던 여행의 결행을 계획했다. 그가 흘렸던 눈물의 길 위에 무엇이 있는지, 나도 삶의 밭고랑을 갈아엎고 밑바닥을 볼 수 있을지 알고 싶었다. 도달하였음으로 다시 시작하지 않으면 안 되는, 나의 절박함은 그것이었다. 산티아고를 걸을 수 있는 내게 주어진 일정은 닷새. 그가 소비한 43일에는 턱없는 일정이지만 그 구간만큼 충실히 걸으면 138킬로미터 이상을 걸을 수 있고 하루 걷는 양은 비슷했다. 그는 프랑스의 생장 피데포르에서 시작했지만 나는 스페인의 갈라시아에서부터 시작했다. 이어달리기로 치면 800킬로미터 마라톤 계주를 마지막 138킬로미터 지점에서부터 뛰는 셈이었다. 철저히 자신과 대화하고 싶어서 혼자서 갔다. 단체 속의 혼자, 혼자로 이뤄진 단체팀이었다.

첫날은 가볍게 23여킬로미터를 걸었다. 걸을 만했다. 아무 생각 없이 걸었다. 아무 생각도 안 났다는 게 맞다. 둘째 날은 25킬로미터 정도를 걸었다. 별 감흥이 안 났다. 셋째 날은 좀 더 걸었다. 그토록 바랐던 산티아고 순례 길을 걷고 있는데 이 밋밋한 감정은 뭐지? 뭔가 특별한 무엇이 있어야 할 것 같은 의무감으로 초조해지기까지 했다. 넷째 날은 비가 와 비옷을 입고 걸었다. 발걸음을 옮길 때마다 발에 약간의 통증은 따랐지만 견딜 만했다. 산티아고 순례 길을 걷기만 해도 뭔가 많은 것이 느껴져 삶의 성찰이 되고 자신과 깊이 만나질 줄 알았던 기대와는 달리 나흘째까지도 참으로 무덤덤했다. 기대는 점점 실망으로 이어져갔다. 숲속 길을 걸을 땐 이곳이 스페인인지 강원도 어느 숲길인지 분간도 안 되었다. 노란 화살표가 가리키는 대로만 걷고 또 걷는 일정, 지금 나는 여기 뭣 하러 왔지? 나흘 동안 내가 줄곧 가진 생각은 그것이었다. 마음이 비워지지 않았다.

화살표만을 따라 앞으로 걷기만 하는 일정이 단조로워 슬쩍 방향을 비켜나 숲으로 난 길로 들어서 보았다. 길에서 멀어지면 누군가 나를 불러주겠지 하는 객기의 발동이었다. 걸으면서 메모를 할 수 없으니 녹음기를 주머니에 넣고 그때그때의 생각을 녹음하며 걸었다. 오후가 되자 비바람이 세차졌다. 얄궂은 갈라시아 지방의 날씨는 갖고 온 비옷으로는 감당이 안 돼 전신을 덮는 군용 판초를 하나 사 입었다. 녹음된 소리를 돌려보니 판초 위로 떨어지는 빗소리가 꼭 함석 처마 위로 떨어지는 빗소리처럼 경쾌했다. 아, 이 소리, 기와 추녀에 달아낸 함석 처마, 그 끝에 비둘기 모양 홈통으로 콸콸 쏟아지던 물줄기를 내다보며 가족들과 찐 감자와 뜨거운 정구지 부침개를 먹던 어린 시절이 따뜻하게 피어올랐다. 나의 기억은 단번에 유년의 그곳으로 퇴행했다. 그리움에 콧잔등이 시큰해져 왔다. 그 순간 "이것아! 어디로 가는 것이냐?" 천둥 같은 어머니의 목소리가 들려왔다. 아뿔싸, 정신을 차리고 보니 사방이 빽빽한 숲속에 혼자 서 있는 것이 아닌가. 하늘도 잘 보이지 않을 만큼 울울창창 음침한 숲속. 그것을 인식하는 순간 모든 것은 두려움으로 바뀌었다. 돌아서서 허둥지둥 온 길을 되짚었으나 갈 땐 외길 같았는데 돌아서 나오려니 너무나 여러 갈래 길이었다. 아무 데로나 가기란 쉬웠으나 온 곳으로 되짚는 것은 쉬운 일이 아니었다. 인생길 같았다. 그만 길을 잃고 말았다. 이토록 깊이 올 때까지 그 누구도 나를 불러주지 않았다. 찾아주지도 않았다. 어머니의 목소리가 등짝을 후려쳐줄 때까지.

인생은 장난이 아니었다. 아무렇게나 갔다가 쉬이 돌아올 수도, 주저앉을 수도 없는 길인 것을. 심심하다고 객기를 부릴 나이도 아닌, 평화로움의 진리를 알았어야 할 나이에 이 무슨 응석이었나…. 비바람 치는 낯선 숲길을 헤매며 두려움에 떠는 동안 무모한 어리석음을 뼈저리게 후회했다. 허기지고 지치고 길 잃은 나그네가 되어 자포자기한 심경으로 길가에 털썩 주저앉았다. 이제 어디로 가야 하나….

막막함으로 올려다본 그곳에 포도나무 한 그루가 눈에 띄었다. 캠벨 포도알보다는 조금 작고 머루보단 조금 굵은 청포도가 주렁주렁 달려 있었다. 튕기듯 일어나 송이째 걸신처럼 입안으로 욱여넣으며 먹었던 그 포도는 처절하고도 황홀한 맛이었다. 당분이 채워지자 앞이 보였다. 정신도 들었다. 그사이 비바람도 그쳐 하늘이 환하게 밝아져 있었다. 숲 사이로 올려다보이는 하늘이 참으로 맑고 청명했다. 저 평화로움을 밋밋하다 했나? 고요하게 난 이 길을 심심하다고 했나? 어떤 특별한 것을 기대했었나? 일상의 단조로움이란 얼마나 감사한 일인가. 어리석은 마음이 부끄럽고 부끄러웠다.

나는 늘 혼자 걸었다고 생각했다. 돌아보니 혼자가 아니었다.

나의 욕망과 걸었고 치기와 걸었고, 허영과 걸었고 또한 의무와 함께 걸었다. 도달하기 전까진 절대로 자유로워질 수가 없는 것들과 함께. 어쩌면 이것들이 지금껏 나를 지치지 않고 걸을 수 있도록 손잡아준 마중물이기도 했다는 생각이 들었다. 직장을 접고 후반기 인생 설계를 다시 짜려고 스페인까지 산티아고 순례 길을 걸으러 온 나에게 다 내려놓는 것만이 가벼운 삶은 아니라는 걸, 그림같이 화려한 삶만이 행복이 아니란 걸 어렴풋하게나마 짐작하게 했다. 모두가 알 것 같은 이치를 나는 이리도 어려웠나 싶어 허탈하기도 했다. 늘 팽팽한 긴장 속에 살아왔던 그간의 세월이 내 감성을 이토록 경직되게 만들었나? 비로소 마음 밭을 다 갈아엎었다는 그의 말에 조금씩 수긍이 가기 시작했다.

나는 다시 길을 잃지 않으려 풍경을 눈에 꼭꼭 담으며 걸었다. 아까는 보지 못했던 풍경이 보이기 시작했다. 밭둑에 아무렇게나 심어진 사과나무, 볼품없는 열매들이 익어가고 키 큰 말들이 한가롭게 목초를 뜯고 있는 풍경이 이어지고 있었다. 나그네의 짐은 가벼워야 하나 마음의 허기를 채우듯 풍경들을 마구마구 집어넣었다. 그는 마지막 길은 혼자서 간다 했지만 나는 마지막 길도 함께 가야지 생각했다. 빗소리와 청포도 빛깔과 못난 과실들이 익어가는 저 풍경들과 함께….

어느새 노란 화살표 방향들이 산티아고 대성당을 향해 맹렬히 이어지고 있었다.

산티아고 데 콤포스텔라 대성당은 순례객들로 가득했다. 138킬로미터 순례를 증명하는 크리덴셜 카드를 받았으나 졸업장이 아닌 구간 수료증을 받은 미진한 기분은 어쩔 수 없었다. 대성전에서 순례객들을 위한 미사가 거행돼 우리 일행은 마지막 일정으로 미사에 참석했다. 그런데 미사 도중 바로 앞에 앉은 중년의 외국인 여인이 나뭇등걸처럼 옆으로 쓰러지는 게 아닌가. 여인과 함께 온 가족들이 여인을 부축해 밖으로 나가는데 우리 일행 중 한 사람이 즉시 따라 나갔다. 그는 한의사였다. 모두의 걱정 속에 미사를 마치고 나가니 쓰러졌던 여인이 일어나 의자에 앉아있었다. 한의사의 응급조치를 받고 깨어났다며 가족들이 연신 그에게 고맙다는 인사를 하고 있었다. 이 또한 하느님이 마련하신 풍경일까? 인생은 혼자 가는 길이 아니라 함께 가는 것이란 것을 보여주려 하심일까?

나의 순례 길은 끝이 아니었다. 아니 이제부터 시작이라는 생각이 들며 내 마음속에서 노란 화살표가 끝없이 이어지고 있었다. 모두 놓고 걸어야 할 마지막 한 걸음을 향해서….

*그때부터 하느님은 내 든든한 백이었다.
매사 소심하여 귓불부터 발개지던
내가 무모하리만큼 겁이 없어졌다.
무엇이든 그분께 맡기기만 하면
그만이었다.*

조한금

하느님과의 조우 / 냉담의 벌칙 / 낮아져라 / 시나이산을 오르다

프로필 조한금(카타리나)
숭실대학교 중소기업대학원 WAMP과정 수료
체신공무원
㈜정산생명공학 상인천지사장
㈜바네스 대표이사
1993년 창작수필 신인상 등단
창작수필 문인회 회장 역임
창작수필 동인문학상 수상
2004년 여성 경제인 국무총리상 수상
2011년 유네스코 세계기록 유산 등재(5.18 일기장)
한국문인협회. 한국가톨릭 문인회 회원, 창작수필 문인회
에세이스트 감사

저서: 『눈으로 가고 발로 보고』, 『멋지게 베팅하라』
이메일: banescho@hanmail.net

하느님과의 조우

잠결에 들려온 성가는 천상의 노래처럼 성스러웠다. 자리에서 일어나 그 소리를 좇아 긴 골목을 빠져나갔다. 행인의 발길이 뚝 끊긴 캄캄한 새벽. 한 길을 유난히 밝게 비춰주는 집이 있어 그 집 앞에 걸음을 멈췄다. 거실엔 아름답게 꾸며진 크리스마스트리가 서 있고, 안방에는 신자들의 집집을 돌며 새벽송을 부른 성가대가 빙 둘러앉아 다과를 나누고 있었다. 그 모습이 더없이 정겹고 친근해 보여 한참을 바라보았다. 그때 멀리 안방에서 누군가가 나를 발견하고 '가라'는 손짓을 하는 것이다. 그러잖아도 겸연쩍던 나는 엉뚱한 생각을 하고 돌아섰다. 누가 불러낸 것 같은데 알아보지 못한다는….

스스로 무안함을 달래면서 집으로 돌아와 다시 잠자리에 들었다. 그것은 식구들 아무도 모르는 어린 날의 비밀이다. 알 수 없는 이끌림으로 성스러운 소리를 찾아 나섰던 그때, 하느님이 나를 불러낸 건 아니었을까?

초등학교 때 친구 따라 교회에 나간 적이 있었는데 그때 부른 찬송가 몇 소절은 지금도 가끔씩 흥얼거려진다.

"공중 나는 새를 보라 농사하지 않아도/곡식 모아 곳간 안에 들인 것이 없으되/세상 주관하신 천부 새를 먹여주시니 / 너희 먹을 것 위하여 근심하지 말아라."

공중 나는 새도 먹이는 분이시니 하물며 너희야 무얼 먹을까, 무얼 입을까 걱정하지 말라는 하느님의 말씀과 함께 그 새벽이 기억 저편에서 딸려 나오곤 한다.

6,25 종전 후 완도에는 큰 흉년이 들었다. 그것은 보릿고개로 이어져 식구가 많은 농가에선 가을에 추수하면 갚기로 하고 장리 빚을 내어 먹는 가난의 악순환이 한동안 계속되었다. 우리 집은 환갑 넘은 아버지의 날품에 의지해서 세 식구가 살아야 했으므로 일찍 철든 나는 뻔한 형편에 중학교에 진학하겠다고 조를 수가 없었다. 초등학교를 우등으로 졸업했지만 할 수 있는 일은 오로지 어머니의 빈자리를 메꾸는 주부 역할과 독서뿐이었다. 그나마 오빠가 우체국에 입사한 후론 세 식구 먹고사는 문제는 해결되었지만 내 학비까진 무리였다. 오빠는 내년에 학교 보내주겠다고 달랬지만 나는 그러기 싫어 두문불출하면서 사람들을 꺼렸다.

중등과정을 통신강의록으로 공부하면서 천자와 씨름하는 한편 밤을 새워가며 오빠가 사 놓은 책을 읽었다. 헤밍웨이의 『노인과 바다』를 비롯하여 도스토엡스키와 카뮈, 스탕달, 에밀리 브론테

등 세계명작을 섭렵했다. 이광수의 『흙』을 비롯하여 김동인, 염상섭, 황순원 이효석 등등 국내외 작가들의 작품을 해면처럼 빨아들였다. 그런 내가 딱해 보였던지 오빠가 성당에나 다녀보라고 권유했다.

하지만 천주교에 입문하기를 꺼렸다. 성당에 가면 구호물자를 가난한 신자들에게 나눠준다는 소문이 돌았고 개중에는 그걸 타려고 성당에 나가는 사람들도 더러 있는 성싶었다. 세간에선 천주교인들을 싸잡아 "밀가루 신자"라고 헐뜯었다. 가뜩이나 열등감으로 주눅 들어 사는데 밀가루 신자까지는 되기 싫었었다. 그런데도 오빠는 친구이자 동료인 시몬 오빠가 성당 일을 어찌나 열심히 하던지 그 모습을 보며 성당에 한번 가보기나 하란다. 자신은 다니지도 않으면서 나보고만 가란다고 불평하며 억지 입문하고 보니 차츰 닫힌 마음의 문이 열렸다.

그때부터 하느님은 내 든든한 백이었다. 매사 소심하여 귓불부터 빨개지던 내가 무모하리만큼 겁이 없어졌다. 무엇이든 그분께 맡기기만 하면 그만이었다. 어떤 날은 공소예절을 마치고 밤늦게 귀가하다 또래들 몇이 비 오는 들판으로 몰려가 도깨비불을 좇아 반짝이는 발광체를 확인하는 객기도 부렸다. 또 어떤 날은 아버지의 노안이 밝아진다는 효심 하나로 백정을 아버지로 둔 친구 집을 찾아가서 갓 잡은 돼지 생간을 사들고는 칠흑 같은 밤길을 걷는 호기도 부렸다. 그런 밤에는 옛날에 들었던 귀신 이야기로 머릿속이 쭈뼛해져 마치 귀신이, 생간을 좇아서 나를 따라오는 것 같은 무서움에 온몸에 소름이 돋았다. 밤중에 그걸 들고 집에 가려면 초등학교 넓은 운동장을 가로질러야만 했는데 1,500명이 뛰어놀고도 남는 운동장이 예전에 공동묘지였다고 들어 될 수 있으면 피해서 갔다. 마을에서 새어 나오는 희미한 불빛을 이정표 삼아 시커먼 밤바다의 철썩거리는 파도 소리를 들으며 학교의 긴긴 뒷담 길을 따라 걸었다. 마을 어귀 우리 집으로 휘어드는 두 갈래 골목길에 이를 때까지 두려움을 떨쳐내려 고장난 테이프처럼 성가를 되풀이해 읊조렸다. 심장의 고동 소리만큼이나 발과 입은 정신없이 빨랐다.

어쩌면 그 청소년기가 나의 신심과 효심의 절정기가 아니었을까. 1960년 3월 21일 나는 성당에서 부여받은 시에나의 성녀 카타리나를 세례명으로 성세를 받았다. 완도공소 마당엔 하얀 목련이 흐드러지게 피어 새 신자들에게 축복을 보내주는 것만 같았다.

냉담의 벌칙

1963년 10월의 어느 날 나는 광주 서석고등학교 운동장에 서 있었다. 광전 274 수험번호를 가슴에 달고 줄을 맞춰 수험장 입실을 기다리는 중이었다. 앞뒤 옆을 보니 교복을 입었거나 예쁜 옷을 차려입은 아가씨들이 끝이 안 보일 만큼 늘어서 있었다. 체신공무원 기능직공채 1기 시험을 보려는 남녀응시생들로 운동장이 넘쳐났다. 고작 110여 명 뽑는데 3천여 명이나 모여들었으니 시험도 보기 전에 주눅이 든 채로 시험지를 받아들었다. 대부분이 한자로 된 문제였다. 우리 때부터 중학교 과정에서 한자 교육을 축소했던 터라 문제 자체를 못 읽는 사람들이 태반이었고 지문을 읽어달라고 교실 여기저기서 수험감독을 불러댔다. 그러나 그 자체가 시험이라며 감독은 일축했다. 나는 어렵지 않게 시험문제를 읽고 이해했다. 시사 부분은 미국의 36대 대통령 케네디가 암살되고 부통령 존슨이 남은 임기 동안 미국을 다스리던 때의 문제가 출제되어 날마다 신문을 읽은 내게는 비교적 쉬웠다.

그러나 정규학교에 다니지 못한 나로선 처음부터 합격에 대한 기대를 접어야 했다. 두 달 전부터 임시직원으로 완도 우체국에 근무하면서, 시험 며칠 전 오빠가 사다 준 5급 공무원 시험문제집을 3일간, 그것도 저녁 시간을 이용해서 오빠와 문답식으로 풀어 본 게 전부였다. 합격자 발표가 한 달가량 연기되었지만, 일찌감치 마음을 접은 나와는 상관없는 일이었다.

아침에 아버지가 머리띠를 두르고 누워 계신 걸 보고 출근했다가 점심시간을 이용해 약국에 들렀다. 아버지의 감기몸살약을 짓는 동안에 거기 있는 신문을 펼쳤다. 있었다. 내 수험번호가 그것도 중간쯤에 어엿하게 나와 있었다. 정규학교에서 공부한 그들과 늘 학벌에 기죽어 열등감으로 살아온 독학의 내가 겨뤄서 밀리지 않았다는 사실이 비로소 기뻤다.

오빠가 아버지께 신문을 내밀며 합격 소식을 전하니 아버지가 벌떡 일어나 앉으시며 "니 어미가 지금까지 살아있었으면 얼마나 좋았겠냐" 하시며 눈물을 훔쳤다. 여섯 살에 어미 잃은 딸을 홀로 키워낸 아버지로서는 만감이 교차했으리라. 소문은 삽시간에 읍내로 퍼져 다음날부터 거리에서 만나는 모르는 사람들도 축하해 주어 한동안 인사받기가 쑥스러웠다.

1964년 2월, 담양우체국으로 발령을 받고 창구의 민원업무를 맡았다. 오빠가 광주체신청에 근무하고 있을 때여서 우리는 완도에서 광주로 이사했다. 통근버스 안은 늘 초만원이었다. 오일장인 담양 장날이면 죽제품을 팔러 가는 장꾼들이 부락마다 승차하여 송곳처럼 꽂혀서 갔다. 광주에서부터 자리 잡고 앉아가는 나는 출퇴근 시간도 손에서 책을 놓지 않았다. 현대문학, 자유문학, 사상계와 여원, 여상을 매월 정기구독했다. 그런 어느 날 사무실에서 잠시 휴식하는데 문득 머릿속에서 뭔가 가벼운 막이 탁 터지는 느낌이 들었다. 도가 튼다는 득도의 뜻을 어렴풋이나마 그때 이해하게 되었다. 주말이면 직장동료와 광주 시내의 개봉관을 순회하며 명화를 섭렵했다.

스무 살 청춘은 화장품에 무신경한 채 허한 지식 채우기에 급급했다. 돌이켜보면 광주에서의 3년은 내 일생에서 가장 화려한 시기였다. 그때까지 읽고 감상한 수많은 책과 영화 속 주인공의 이름은 잊었지만 그나마 낱말 몇 개 머릿속에 남아있어 그 밑천으로나마 글을 조금 쓰고 있지 않을까.

1966년 10월 목포 전신전화국으로 전근발령을 받았다. 오빠가 광주 체신청에서 목포우체국으로 자리를 옮겼기 때문이다. 목포에 자리 잡은 지 얼마 되지 않아 호남매일 독자 투고란에 시를 발표했는데 그 일을 계기로 그 신문사의 문화부에 근무하던 남편을 만나 8개월의 열애 끝에 결혼했다. 그의 해맑은 웃음과 풍부한 음악 지식에 매료되어서였다.

남편은 결혼하고 4개월 후 동아일보사의 지방 주재 기자 4명을 뽑는 공채시험에 300여 명 응시생 중 1등으로 합격해서 동아일보로 자리를 옮겨 앉았다. 우리는 결혼식 전날 관면혼배로 혼인서약을 했다. 결혼하기 위해 억지 신자가 된 남편은 처음부터 신앙에는 별로 관심이 없는 사람이었다. 주일엔 성당에 가는 나를 같이 있자고 붙잡기 일쑤였으니. 그 무렵에 수녀님들의 수도복이 발목 위 10cm로 올라갔고 주모경 등 주요 기도문이 대폭 수정되었다.

하느님을 경외하는 신앙인들이 왜 인간에게 초점을 맞춰 편리한 대로 바꿔야만 하는지가 내 냉담의 실마리였다. 남편이 성당을 못 가게 붙드는 핑계에 슬쩍 편승해버린 하찮은 트집이었다. 그렇게 시작된 10년의 냉담 속에 온갖 풍상을 다 겪으면서도 성당에 나갈 생각을 하지 못했다. 그저 마음속에만 모셔진 하느님일 뿐이었다. 둘째 아이를 출산하고 전화국에 사표를 냈다. 직장과 육아를 병행할 수 없다는 핑계를 댔지만 실은 퇴직금으로 전셋집을 얻어 시부모님을 모셔야 했기 때문이다. 직장을 그만둔 처음에는 홀가분하고 편했다. 그러나 일 년이 채 못가 뭔가를 해야 할 만큼 답답했고 무엇보다 시부모와 시누이까지 우리 일곱 식구의 생활비가 빠듯했다.

<미키마우스>의 간판으로 장난감 가게를 개점한 지 일 년 후엔 상호를 <꽃동네>로 개명하여 아동복을 추가해서 가게를 넓혀 갔다. 그런 와중에 남편이 논산으로 발령이 났다. 여관에서 하숙하던 남편은 딸꾹질이 멈추지 않는다며 고통을 호소해왔다. 약 먹을 때만 잠시 멈출 뿐 온종일 딸꾹질이 계속된다는 것이다. 할 수 없이 논산에 방 한 칸을 세 얻어놓고 네 살짜리 아들은 시부모님께, 가게는 시누이에게 맡기고 두 살 된 어린 딸만 데리고 논산으로 갔다.

그때부터 두 집 살림이 시작되었다. 목포에서 논산으로, 논산에서 다시 서울 남대문 시장으로 가서 아동복을 떼어와 목포로 내려갔다. 그렇게 동분서주하면서 셋째를 낳았는데 그 한 달 후에 내 정신의 지주이신 친정아버지가 노환으로 돌아가셨다. 하늘이 무너져 내리는 충격이었다. 열두 살까지도 만지작거리며 잠들었던 아버지의 젖꼭지! 그 가슴을 더듬으며 울었다. 아버지가 안 계신 세상은 너무도 쓸쓸했다. 그나마 남편이 1년 2개월 만에 다시 목포로 발령받아 집으로 복귀하니 고생이 조금은 덜어진 셈이다.

병원에서 넷째를 출산하면서 유착태반으로 인해 심한 하혈을 했는데 퇴원한 지 5일 후 요강에 피를 한가득 쏟고 죽음 직전에 다시 병원으로 실려 갔다. 결국엔 아기집을 들어내고야 하혈이 멎었다. 그때 생사의 갈림길에 선 아내의 수술동의서에 사인하면서 남편은 급히 하느님을 불러 아내를 살려주면 성당에 나가겠노라고 약속했다며 앞장섰다. 냉담한지 십 년째 되던 해에 하느님이 우리를 다시 불러내 남편과 아이들이 모두 영세를 받은 것이다.

그런데 나는 10년 동안 잘못한 죄에 대해 성사 볼 일이 난감했다. 주일 빠진 건 문제가 안 될 만큼의 대죄를 지었었다. 당시는 국가시책으로 산아제한을 독려했던 때라 "둘만 낳아 잘 기르자, 잘 키운 딸 하나 열 아들 안 부럽다"라는 현수막이 거리에 내걸렸다. 항간에는 셋 낳으면 미개인, 넷 낳으면 원시인이라고 놀렸으니 넷째를 임신하자 주저 없이 낙태 수술을 받았다. 그런데 수술대에서 내려오는 순간 아차, 큰 죄를 지었구나 하고 후회했다. 그리고 두 달 뒤에 또다시 임신이 되었으니 무조건 아이를 낳아야만 했다.

나는 10년 동안의 죄를 고했다. "성사 본 지 10년 됐습니다. 임신중절수술 한번 했습니다." 죄를 더 고백하려는데 신부님이 소리를 꽥 지르며 화를 내셨다. 살인하고도 그보다 더 큰 죄가 어디 있다고 더 하려느냐며 야단치셨다. 냉담 중에 별 죄책감 없이 저질렀던 잘못으로 혼쭐이 나고 고해소를 나왔다. 그때부터 하느님에 관해, 묻거나 따지거나 분석하지 말고 무조건 믿기로 마음을 다잡았다. 세상의 모든 훌륭한 분들도 순종하는 하느님을 나 같은 하찮은 것이 감히…. 생각이 여기에 미치자 내가 하느님을 선택한 것이 아니라 하느님이 못난 나를 선택해 주신 것에 감사했다.

1978년 꾸르실료에 입소해 3박 4일의 교육을 받고 모든 인간적인 고뇌와 갈등을 해소하는, 마치 배설의 시원함 같은 간절한 고백성사를 봤다. 그리고 다음 날 새벽에 천상의 음악 소리와 함께 내 영혼에 찾아오신 예수님의 발에 입 맞췄다.

낮아져라

전국에 계엄령이 선포된 1980년 5월 17일 저녁. 목포역 광장에는 3만여 명의 시민이 모여 촛불시위를 한 후 평화롭게 시가를 행진했다. 5월 18일 광주에선 시위하는 대학생들을 군인들이 과잉진압하면서 인명피해가 발생했다. 같은 날 목포에서도 시위대의 행렬이 "전두환이 물러가라 울라울라" 복창하며 시가지를 뛰었다. 나는 혹 있을 장기전에 대비해 생필품을 구해두려고 마트에 갔다가 이 광경을 목격했다. 그리고 5월 20일 오후에 광주전화국 통신 과장인 오빠와 통화하다가 "지금 공수부대가 이리로 오고 있으니 다음에 통화하자."라는 말을 끝으로 광주와의 통신이 완전 두절 되었다. 이때부터 광주에선 무장군인들이 몽둥이와 대검으로 시위대를 강제 해산시켜 인명피해가 커졌고, 이를 본 시민들은 격노하여 시위에 합류했다.

국영방송에선 연일 폭도들의 폭동이라며 유언비어에 속지 말라고 오도했다. 모든 교통수단이 차단된 광주는 완전히 고립무원이었다. 나는 그 열흘 동안의 모든 정황을 보고 들은 대로 하느님께 호소하는 일기로 썼다. 남편은 거리의 실상을 취재해 시시각각 목포시청의 행정 전화로 본사로 송고하다가 결국엔 그마저 차단되자 불발된 기사 내용이 취재 수첩에 그대로 남아있었다. 계엄군의 진압 작전이 펼쳐진 27일 새벽, 500발의 총성을 세다가 더는 못 세고 중단했다는 어느 노부부의 진술이 있던 다음날, 남편은 본사에서 내려온 지방부 차장과 함께 취재차에 깃발을 꽂고 광주 상무대 현장을 방문해 늘비한 시체를 확인하고 돌아왔다.

그 후 남편은 우리 집에도 도청장치가 되어있을지 모르니 말조심하라고 내 입단속을 시키고는 기록물은 모두 태워 없애라고 했다. 하지만 나는 오히려 내 일기장을 장롱 밑 깊숙이 던져 넣었다. 남편은 보안사에 여러 차례 불려 다녔고 보안사는 친정 오빠까지도 불러다 뒷조사했다. 남편은 6개월의 대기발령을 끝으로 '80년 11월 강제해직 당했다. 기자들에게 일괄사표를 받아놓고 밉보인 사람에게는 돌려주지 않은 형식이었으니 그렇게 잘린 기자가 무려 칠팔백여 명, 전무후무한 일이었다. 하루아침에 직장을 잃고 남편이 5년을 방황하는 동안 나는 오락실을 운영하여 아이들의 코 묻은 돈으로 생계를 꾸려나갔다.

그 무렵 매일 오전 성당의 감실 앞에 나가 무릎을 꿇었다. 날마다 기도하고 묵상했다. 더러는 제가 뭘 잘못했느냐고 하느님께 따지며 울기도 했다. 감실을 바라보고 한 달을 묵상하던 중에 '낮아져라' 하는 말씀이 들려왔다. 그랬다. 쥐뿔도 없는 게 교만했다.

남편은 복직될 기미가 보이지 않자 기대를 접고 1985년 4월, 서울 종로에 있는 삼양사의 편찬실 차장으로 구직하여 목포를 떠났다.

낯선 인천의 스산한 겨울이 가고 3월이 되자 날마다 신문의 구인란을 뒤적거리다 찾아간 곳이 화장품 외판원이었다. 콧대가 높던 내 사고의 대반전이 필요했다. 낯선 곳이니 아무도 몰라본다는 배짱 하나로 3일간의 교육을 받고 외판원 일을 시작한 첫날, 큰딸 아이를 목포에서 데려오는 뺑뺑이를 돌리려고 학교 추첨장으로 갔다. 인천 소재 중고등학교의 결원된 숫자만큼만 비집고 들어갈 수 있는 좁은 문이었다. 교실은 학부모들로 넘쳐났다. 그중에서도 여고 1학년 대기자는 열세 명인데 두 명만이 행운을 잡는 일이다. 순간 하느님께 화살을 쏘아 올렸다. 저보다도 아이를 맡아준 댁의 사정을 봐서라도 데려오게 해주십사고 간청했다.

일곱 번째 순서로 나가 뺑뺑이를 돌렸다. 세 번 만에 내 눈앞에서 핑크색 알이 튕겨나갔다. 당첨이었다. 순간 나도 모르게 눈물이 주르륵 쏟아졌다. 여고 1학년 신학기가 시작된 지 한 달도 채 안 됐는데 당첨이 되니 1년을 기다렸다는 어떤 어머니는 몹시도 나를 부러워했다. 그날은 아파트단지의 집집이 벨을 눌러 문을 열어준 댁에 들어가 난생처음 화장품 두 개를 팔고, 아파트 문을 닫고 돌아서는 순간 뒤통수가 불을 담아 부은 듯 후끈거렸다. 나도 할 수 있다는 자신감의 희열이었다. 점심도 거른 채 추첨장으로 갔는데 뺑뺑이까지 추첨이 되었으니 하느님의 은혜를 실감하는 날이기도 했다. 집에 오기 바쁘게 고상 앞에 서서 거푸 다섯

번 큰절을 올렸다.

영업사원 입사 3개월 만에 판매실적 1위에게 주는 금배지를 달았다. 그러나 그렇게 수입을 올리기보다는 내가 직접 운영하여 나처럼 갑자기 힘든 과정을 지나는 사람들을 도와주고 싶었다. 내근으로 업무 전반을 익히고 1987년 3월, 1년 만에 자력으로 내 사무실을 열었다. 남편도 그해 가을 삼양사를 퇴직하고 동아일보 인천 주재 기자로 복직했다.

우리 본사에서 시행하는 교육은 세뇌 교육이 전부였다. 장사와 사업은 많이 다른 데다 사장의 역할이란 게 밑천 없이 맨몸으로 부딪혀 돈 버는 방법을 가르치는 일이니 애로가 많았다. 쫄딱 망하고 빈손으로 찾아드는 완전 생배추 같은 스스로 잘난 여인들을, 자존심 내려놓는 정신교육으로 숨죽여 겨우 겉절이로 일선에 내보내는 일이니 나만 잘한다고 될 일이 아니었다. 많이 부족했다. 늘 목말라했던 공부, 1992년에 숭실대학교 중소기업 대학원의 WAMP 여성 최고경영자 과정을 수료했다. 그렇게라도 경영을 배우고 싶었다. 인천에서 승용차를 몰고 학교 가는 시간이 늘 설레었고 강의를 듣는 내내 행복하고 뿌듯했다. 그때 강사로 출강하신 전 이한빈 국무총리가 앞으로 10년 후엔 운전, 컴퓨터, 영어 못하면 '물렀거라' 하는 뒷방늙은이 대접받는다면서 그 세 가지는 꼭 배우라고 하셨다. 나 역시 공부하기 싫어하는 젊은이들에게 그 말을 내려 일러 준다.

"여인아! 내가 네 의중을 보노라." 하신 말씀처럼 하느님은 그대로 행하셨다. 사업을 시작한 후, 이젠 몸으로 봉사할 시간이 없으니 작지만 물질로 봉사하겠다고 하느님께 약속드리고, 목포에서 수녀님들이 운영하는 경애원에 매달 10만 원씩 14개월을 보내다가 중단했다. 매출 부진이 이유였지만 실은 사업자금 1천만 원을 빼내 울진 영덕에 3천 평의 임야를 샀기 때문이다. 금방 팔아주겠다던 중개업자가 3년 만에야 나타나 산을 처분해 주었다. 그날 받은 계약금 220만 원을 그대로 목포 경애원으로 송금했다. 계좌번호를 묻는 내게, 수녀님은 어려우면 안 해도 된다 했지만 나는 하느님께 진 빚이라며 갚았다. 그와 때를 같이해 본사가 부도 위기에 몰려 전국의 지사장들에게 상을 걸었다. 선입금을 해주면 액수에 따라 물품을 상으로 주겠다는 것이니 내겐 기회였다. 잔금으로 받은 2천만 원을 몽땅 본사로 입금해 상으로 받은 물품이 운영에 많은 보탬이 되었다.

사업이 어느 정도 안정되자 마침 강화도에 짓는 신학교 건축헌금으로 2평 값 오백만 원을 신립 했다. 그리고 대덕연구단지에 고층아파트 48평도 분양받았다. 살고 있던 인천의 아파트를 처분하고 대전으로 이사할 계획을 하고 있었기 때문이다. 인천 사무실은 그대로 운영하면서 대덕단지에 전문마사지실 '스킨프라자'를 오픈, 15명의 미혼여성을 채용하여 마사지기술을 가르쳤다. 그때부턴 인천과 대전을 운전하며 오르내리느라 소득 없이 몸만 분주해졌다. 한데 난데없이 스킨프라자에 도둑이 들었고 일찍 출근했던 사원을 겁탈하려다 미수에 그친 사건이 발생했다. 이어서 경리가 금전 사고를 친 게 발각되었다. 범인을 잡고 보니 경리가 남자 친구를 시켜 저지른 범행이었다.

하느님의 뜻이 아니라고 판단한 나는 대전사업장을 완전 정리하고 다시 원점으로 되돌렸다. 그때까지 신립만 해놓고 불입 하지 못했던 건축헌금을 둘째 딸아이 결혼자금으로 들어둔 곗돈을 타서 완납하고서야 마음이 홀가분해졌다. 세월이 한참 흐른 뒤 당시의 손해액을 계산해보니 매달 500만 원씩 3년분이었다. 와, 무서운 하느님! 웃음이 나왔다. 하느님께 약속한 것은 뭐든지, 그 어떤 것이든 꼭 지켜야만 한다는 것을 그때 깨달았다.

콜롬비아 보고타로 어학연수를 보냈던 막내딸의 귀국 일정에 맞춰 1993년 12월 31일 남미 5개국의 23일간 일정의 여행을 떠났다. 막내 마중을 나간 것이다. 새해 벽두에 브라질과 아르헨티나 칠레를 거쳐 페루공항에서 1년 만에 숙녀가 된 막내를 얼싸안았다. 여행객들의 보조 가이드가 되어준 막내와 페루의 유적지며 멕시코의 과달루페 성당, 칸쿤까지 추억을 만들고 귀국했다. 그 후 매출실적 우수상으로 뉴질랜드와 호주를 다녀오기도 했다. 남편의 실직에 한이 맺힌 나는 오로지 고용 창출에 전력을 다한 보람으로 1997년에 닥친 초유의 IMF도 웃으며 넘길 수 있었다.

시나이산을 오르다

은혼 때부터 결혼기념일을 전후해서 시작한 구혼 여행은 반드시 해외로 나갔다. 하느님 지으신 아름다운 경관을 보고 쓸 수 있도록 날씨를 축복해 주시라고 기도했다. 캐나다의 아름다운 자연을 예찬한 기행수필 「로키표 빙수」로 1993년 여름 창작수필 신인상을 받고 등단했다. 그 후 신기하게도 가는 곳마다 날씨가 쾌청해서 자연을 가슴 벅차게 볼 수 있게 해주셨는데, 버스에서 내리면 오던 비도 그치고 버스를 타면 다시 비가 오는 경험도 했다.

열아홉 살에야 난생처음 버스를 타고 공무원 시험을 보러 갔던 촌뜨기가 심하게 게워내며 시작한 탈것의 단련은, 비행기를 타고도 거뜬해서 50여 개 나라의 멋진 풍광과 문화를 접할 수 있었다. 유서 깊은 유럽의 성당들을 돌아보며 견문을 넓힐 수 있도록 해주신 것은 오로지 하느님의 특별한 은총이었다고 밖에는 달리 설명할 길이 없다. 인천 남동공단에 입주해 있는 중소기업 대표들과는 판문각을 넘어 개성공단으로 투자 상담차 가기도 했다. 남한의 한사람 인건비면 북한에선 30명을 고용할 수 있다는 차이도 알게 되었다. 중소기업 중앙회 회장인 P 의원과 취재기자들과 전국중소기업 CEO들 40여 명이 중국 철령铁岭에 갔을 때는 투자 상담 후 당서기장과 휘하의 관료들과 함께 자라 쓸개 술의 초록빛에 반했고, 상다리가 부러질 만큼 융숭한 대접도 받았다. 연변의 중소기업 백화점 개점식에도 참석했는데 중국어 연설을 우리말로 통역하는 지루한 기념식을 치르고 우리 상품이 진열된 매장을 둘러도 보았다. 그때 윤동주 시인의 용정중학교와 독립군들이 마셨던 용두레 우물터며 말달리던 선구자들의 말발굽 소리가 들리는 듯한 일송정에도 가 보았다.

2000년 11월에 상재한 첫 작품집 『눈으로 가고 발로 보고』는 국내외를 여행하며 느낀 얘기를 묶은 기행수필이다. 인천의 여성 CEO들과 중국 쪽으로 백두산을 오르면서는 하느님이 반드시 천지를 보여줄 것이라는 내기도 했다. 사흘을 기다려도 못 보고 간 사람들이 많다는 천지를, 하느님은 단 30분 머무르는 동안에 환하게 보여주셨다. 이다음에도 국외여행 땐 반드시 조 사장을 대동해 오자고 농담할 정도였지만 나는 안다. 하느님이 당신 지으신 아름다운 세계를 보여주신 이유를.

2001년 ㈜바네스 법인을 설립하고 우리 부부는 구혼 여행을 요르단으로 떠났다. 이스라엘을 돌아오는 성지순례다. 시나이산을 오르기 위해 새벽 2시에 쌍봉낙타 등에 올라앉아 두 시간을 올라갔다. 낙타에서 내려 잠시 휴게소에 들러 따끈한 차 한 잔으로 고산의 한기를 달랜 다음 헬퍼의 도움을 요청했다. 구불구불한 산길을 오르는 동안 숨이 막혀 심장이 멎을 것 같은 상황에서, 헬퍼는 내 손을 잡아끌거나 엉덩이를 받쳐 밀어 올리면서 두 시간을 함께 걸어 올라갔다. 그런데 잠시 숨을 고르고 서 있을 그때였다. "아직 멀었다. 내게로 오는 길이 그리 쉬운 줄 알았더냐?" 하는 말씀이 들려왔다. 순간 이곳에서 심장마비로 죽는 일은 없겠구나 하고 안심이 되면서 아직 할 일이 더 남아있다는 뜻으로 받아들였다. 회사를 설립하면서 하느님을 사장님으로 모시고 나는 지배인으로 일하겠다고 했으니 그동안 수고했다는 상급으로 시나이산으로 불러주신 것으로 생각했는데, 되레 야단맞은 기분이었다. 그렇게 가파른 산길을 올라 드디어 모세가 십계명을 받은 시나이산 정상에 섰다. 붉게 물든 새벽하늘의 여명이 너무도 휘황하고 찬란하여 황홀했다. 해맞이할 자리를 잡고 헬퍼를 찾으니 그는 오간 데가 없었다. 사방을 두리번거려도 보이지 않았다. 기이했다. 날이 밝은 후 내려오는 하산 길에서도, 하산 후에 다 모이는 카타리나수녀원 앞에서도 그는 끝내 나타나지 않았다. 요르단 사람으로 보였던 콧대가 오뚝하고 큰 눈에 눈빛이 강한 가무잡잡한 30대쯤의 젊은 남자, 그는 정녕 뉘셨을까?

2011년 5월 25일 영국 맨체스터에서 열린 유네스코 세계기록유산 심사위원들은 만장일치로 5.18 광주민주화운동기록물 전체를 유네스코 세계기록유산으로 등재한다고 발표했다. 꿈같은 현실에 가슴이 벅차올랐다. 1980년 5월 18일부터 5월 28일까지 목포에서 광주사태를 겪으면서 쓴 내 일기장과 남편 최건(알폰소)의 취재수첩이 유네스코 세계기록유산으로 등재되다니 꿈만 같았다. 그뿐만 아니라 오빠 조한유(베드로)의 일기장도 함께 유네스코 세계기록유산이 되었으니 우리 집안의 큰 경사였다. 그동안 정부도 모르게 뜻있는 분들이 추진한 일의 결실이었다. 유네스코 심사위 측에서는 인쇄물이 아닌 생생한 육필기록을 보강자료로 요구해 왔고, 그 기증자를 수소문하느라 사무국장 홍세현(크리스터 퍼) 씨가 백방으로 애를 쓴 끝에 주이택 씨(윤공희 대주교님 기사)와 동아일보 광주주재 기자 김영택 씨 등의 30년간 보관된 육필기록물을 6명에게서 기증받아 영문으로 번역하여 유네스코 세계기록유산심사위에 보냈었다. 그리고 이듬해에 드디어 심사위를 통과해 등재되기에 이른 것이다.

유네스코세계기록유산이 되기까지의 비화는 접어두고라도 우리의 육필기록이 5.18 광주민주화운동기록물 전체를 유네스코 세계기록유산으로 등재하는 데 일조했다니 그 얼마나 다행한 일인가. 그런데 더 신비로운 것은 일기장 4권과 취재수첩 2권의 기증자 6명 중, 5명이 가톨릭 신자라는 사실이다. 30년이 흐르는 동안 육필기록물이 거의 소멸한 시점에서, 우리 부부가 장수로 귀촌한 지 3년 후 우리 집까지 방문하여 육필기록물을 가져간 것 또한 설명하기 어려운 아이러니다. 이는 무학으로도 성서학자 1호가 되신 카타리나 성녀의 기질이 결코 나와 무관하지 않은 것 같기도 하고, 어쩌면 하느님의 뜻과도 무관하지 않았을 것이라 견강부회

해본다. 우리 남매의 일기는 2016년 광주평화방송에서 <남매의 5월 일기>라는 60분짜리 다큐멘터리로 제작하여 전파를 탔다. 그 기획으로 제작자 김선균(라파엘) PD는 언론인 대상을 수상했다. 늘 주눅 들어 살아왔던 나의 부족함도 때로는 하느님의 도구로 쓰일 데가 있었다는 것을 위안으로 삼는다. 보잘것없는 낮은 나를 높여주신 하느님, 나의 하느님께 찬미와 영광 흠숭을 바친다.

오, 거룩하신 성체여!

아무 말씀 하시지 않아도 저는 당신이 좋습니다.

지금 제 앞의 당신이 그 어떤 모습으로 계셔도

한 조각 작은 밀떡으로 계셔도

저는 너무나 좋습니다.

참으로 행복합니다!

유영숙

혼자 하는 동행 / 어머니의 기도 / 비움 / 성체조배 /
할머니의 남자친구 / 지옥을 다녀오다

프로필 유영숙(헬레나)
시인. 수필가
1997년 ≪창작수필≫로 등단
제5회 동서문학상 수필부문 금상 수상
(사)창작수필 동인문학상 수상
천주교 서울대교구 재능나눔학교 인문학강사
(사)창작수필문인회 전임강사
한국가톨릭문인협회. 심상시인협회. 한국문인협회, 국제PEN클럽 회원

저서: 수필집『세상의 모든 희망들』
시집:『맵고도 매운 꽃』
공저:『바람의 무게』,『먼바다의 숨비소리』등 다수
이메일: helenrew@hanmail.net

혼자 하는 동행

미지나 다름없는 길을 동료와 같이 갈 수도 있었지만 혼자 가기로 했습니다. 지하철을 세 번 갈아타고 다시 버스를 갈아타고 버스에서 내려서도 물어 물어서 찾아가야 할 길이었습니다.

사실 그 길을 가기 전 갈등을 하지 않은 것은 아닙니다. 첫 번째는 참석할까 말까 망설였고, 둘째는 누구에게 그곳까지 데려다 달라고 부탁해볼까 했고, 세 번째는 동료와 함께 동행을 하면 심심하지도 않고 길을 찾는데도 혼자보다는 낫겠지 하는 생각을 했습니다. 그러나 결론은 혼자 가기로 했습니다. 그것은 그분을 나 혼자 온전히 차지하고 싶어서였습니다.

주일 아침 평소보다 일찍 일어나 마음 단정하게 준비를 했습니다. 그런데 참 이상한 일입니다. 멀고 복잡한 길을 나서는데 기분이 왜 그렇게 설레던지요. 그분이 현관에 먼저 나서시어 기다리고 계셨고, 내가 그분을 따라나섰습니다. 지하철을 탔습니다. 이른 아침이라 열차 안엔 사람이 별로 없었습니다. 그분과 함께 넉넉하게 자리를 잡고 앉았습니다. 언제나처럼 기도를 합니다. 오늘은 어떤 사람들과 만나 함께하게 하실지 상상하면서 마음의 편견을 버리게 해달라고. 캘커타의 성녀 마더 테레사는 "기도는 우리가 스스로 하느님의 은총을 담을 수 있을 만큼 마음을 넓혀준다."라고 했습니다. 내가 기도하는 동안 그분은 가만히 지켜만 보고 계셨습니다. 로사리오기도 5단이 끝나고 차 안의 사람들을 이 사람 저 사람을 보면 그분도 함께 그 사람들을 바라보셨습니다. 짓궂은 아이들의 장난스러운 동작을 보고 내가 웃으면 그분도 따라 웃으셨습니다.

그리고 차를 갈아타면 그분도 얼른 내려서 차를 갈아타시는데 내가 뛰면 그분도 함께 뛰어주시고, 느긋하게 걸으면 그분도 내 보폭에 맞추어 걸어주셨습니다. 내가 책을 꺼내 읽으면 그분께서 내가 무슨 책을 읽는지 바라봐 주셨고, 깜빡 고개를 떨어뜨리며 졸 때엔 아마도 모른 척 시치미를 떼고 딴 데를 보셨겠지요?! 그리고 바깥 풍경을 보면 그분도 내 시선을 따라 바깥을 바라보셨습니다.

드디어 마지막 코스. 마을버스로 갈아탔습니다. 버스는 가파른 언덕 주택가 골목을 구불구불, 구석구석 들러서 갑니다. 참 낯설고 지루할 만도 한 길이었지만 그분이 함께하시니 볼거리도 많고 나름 할 말(기도)도 많았습니다. 그분은 내가 속으로 말해도 무슨 말인지 다 알아채시고 대답해주셨습니다. 어디서 내려야 할지 몰라 창밖을 두리번거리면 그분도 내가 어디서 내려야 하는지 살펴

봐 주셨습니다.

인천의 어느 수녀원. 피정의 집 가까이 다다라 마을버스에서 내리기 직전에서야 나는 성당에서 같은 봉사를 하는 동료가 그 버스에 함께 탄 사실을 알았습니다. 내가 동료와 반갑게 인사를 하는 사이 그분은 그녀에게 저의 옆자리를 양보하시고 한 발자국 물러서셨습니다.

때로는 혼자 있는 시간이 필요합니다. "혼자일 수 없는 사람은 진정한 자기 존재를 찾을 수 없다."라고 토마스 머튼은 그의 영적 일기에서 말했습니다. 혼자만의 시간, 그분과의 친밀한 만남이 영육의 진정한 휴식이 됨을 체험합니다. 가깝지도 않은 초행길 혼자 찾아가는 여정이었지만 참으로 행복하고 오붓한 그분과의 동행이 되었습니다.

어머니의 기도

어머니의 입술이 제어기능을 잃은 지 오래다. 그런 어머니의 입술, 어머니는 주인의 의도를 따라주지 않고 제멋대로 움직이는 입술을 힘겹게 다잡으며 연신 뭔가를 되뇌고 있다.

벚꽃 만발한 봄밤, 어머니는 혼자 약을 사러 나갔다가 교통사고를 당했다. 사고 후 두 시간이 훨씬 지난 밤 열한 시가 넘어서야 간신히 의식을 찾아 가족이 연락을 받고 달려갔다. 어머니는 대수술을 하고 중환자실에서 일주일 넘게 사선을 넘나들었고, 병원에서 꼬박 1년을 지냈다. 치료 중 어머니는 틀니를 빼놓을 수밖에 없었는데 치료 기간이 오래 걸리다 보니 그동안 잇몸이 주저앉아서 새로 틀니를 할 수 없게 되었다. 원래부터 식사를 적게 하시는데 그나마 잇몸으로만 가능한 음식만을 드실 수 있으니 맛있는 음식은커녕 당신이 원하시는 음식도 그저 바라보고 침만 삼켜야 한다. 하지만 더 안타까운 것은 그게 문제가 아니다. 이가 없어서 힘을 주어 입을 앙다물지 못하니 입술은 필요할 때 움직여 주지 않고 시도 때도 없이 제멋대로 움직여 어머니를 당황케 한다. 사고의 후유증은 육체만 제 기능을 잃게 하는 게 아니라, 정신력 또한 쇠퇴의 길로 치닫게 한다.

어머니는 외할머니로부터 물려받은 모태 불교도다. 시집와서 3년 동안 아기가 들어서지 않자 지극정성으로 불공을 드렸고, 겨우 얻은 첫 아이. 하지만 안타깝게도 어렵게 얻은 아기를 유아기도 채 넘기기 전에 잃었다. 그 담부터 어머니는 자녀들의 명줄을 지키기 위해 태어나는 아이마다 절에 이름을 팔았다. 내 어렸을 적 어머니의 유일한 외출은 정갈한 한복을 차려입고 머리에 쌀을 이고 절로 향하는 것이었다. 그리곤 절에서 돌아오실 때는 하얀 한지로 싼 백설기를 가져오셨는데 오시자마자 아이들부터 불러 모아 불공드린 떡을 떼어 한 입씩 물려주시고야 다른 일을 하셨다.

그랬던 어머니의 신심이, 물론 흔들린 것은 아니겠지만 예전 같지 않게 열심을 잃어가게 했던 것은 주변 환경의 변화 때문이다. 고향을 떠나 도시로 온 것도 한 원인이겠지만 그 주된 원인은 바로 내가 제공한 셈이다. 나는 성년이 되면서 종교에 관심을 두게 되었고 최종결정을 가톨릭으로 택했다. 물론 내 선택에 앞서 하느님의 계획이 훨씬 먼저였겠지만. 가톨릭 교리와 엄숙한 전례가 내 정서와 잘 맞아서였다. 처음엔 어머니가 반대를 하지 않을까 해서 한동안 말씀드리지 못했었는데 어머니의 반응은 의외였다. 어머니는 기왕에 선택한 종교이니 열심히 다니라고 격려하며 딸의 선택을 존중해 주셨다. 그리곤 다른 자녀들에게도 "너희가 좋다면 어미의 종교를 상관치 말고 성당에 다니는 것도 좋겠다." 라고 하셨다. 지금은 육 남매 중 오빠를 빼곤 모두 성당엘 다니고 있다.

벌써 오래전 일이 되었지만 어머니가 가톨릭에 대해 호감을 갖고 계시는 것 같기에 몇 번 개종을 권유해 보기도 했다. 하지만 당신 살아생전엔 친정어머니. 시어머니가 물려준 신앙을 지킬 터이니 너희들이나 열심히 다니라고 점잖게 사양했다.

그렇게 모든 일에 사리판단이 분명했던 어머니였는데 교통사고 후 정신력이 극도로 쇠퇴하고 단순해진 어머니는 믿음의 의식이나 개념조차도 거의 무의 상태인 것 같아 매우 안타깝다. 자꾸만 정신력을 잃어가는 어머니를 지켜보며 나는 어머니가 예전의 불심佛心이라도 되찾았으면! 아니 그래서 정신을 놓치지 않았으면 하는 바람으로 수차례 염주를 쥐여주며 기도 좀 해보시라고 권했다. 하지만 어머니는 거기에도 집중을 못했다. 그런데 며칠 사이 어머니의 모습이 달라졌다.

요즘 경기가 워낙 불황이다 보니 자본금 넉넉지 않게 사업을 시작한 남동생이 경제적 어려움을 겪다 결국 파산지경에 이른 것 같다. 어머니는 매일 시도 때도 없이 자녀들 집집이 전화해 둘째 아들이 전화를 받지 않는다며, 그렇지 않아도 편치 않은 마음을 더 편치 않게 한다. 사고가 단순해져서 당신 생각대로만 한다.

그러던 어머니가 요즘 손에 염주를 쥐고 있다. 전에는 쥐여드리면 금방 놓아버리던 염주를 꼭 쥐고는 말 안 듣는 입술을 힘겹게 다잡아 "나무 관세음보살"을 한다. "내 아들 살려주세요!"를 수도 없이 반복한다.

며칠 전이었다. 또 둘째 아들에 대한 뻔한 것을 묻고 또 물으시기에 "어머니, 아들 일이 궁금해질 때마다 어머니가 '나무 관세음보살!' 하고 기도를 해야 아들이 잘 살아요."라고 했더니 그담부터 전화도 하지 않고 대신 염주를 연신 굴리며 기도에 열중하는 것이다. 그토록 권유해도 절제가 안 되고 어떤 일에 집중도 못하던 어머니였는데 기도에만 집중한다.

제어되지 않는 입술을 힘겹게 다잡아 "나아무 관세음보~살!" 하는 어머니를 지켜보면서 세상 어디에 어머니의 자식 위한 기도만큼 절절한 간구가 있을까 하는 생각이 든다. 희미한 정신 줄을 다잡아 오직 자식 잘 되길 구하는 간절한 모성! 옆에서 지켜보자니 코허리가 시큰하다.

비움

5월 31일 늦은 밤 로마공항에 내려 아슬아슬하게 테르미니Termini역으로 가는 마지막 열차를 탔다. 인적도 뜸해진 밤 인터넷으로 예약한 역 부근 숙소를 찾지 못해 뱅뱅 돌고 헤매다 도착하니 자정이 넘었다. 긴 탑승으로 몸은 피곤했지만 설레는 마음에 얼른 잠이 들지 않는다.

자는 둥 마는 둥 하고 아침 일찍 일어나 잔뜩 기대하면서 호텔 문을 나선다. 아뿔싸! "하필이면 주룩주룩 비가 내린다." 이 말은 같이 간 동료의 말이고, 나는 얼른 동료의 말을 받아 "와~하느님께서 귀한 로마의 비를 경험하게 하시네!"로 응답한다. 동료가 의아해하며 눈을 껌뻑인다. 햇살도 비도 다 그분이 내려주신다. 나를 속속들이 너무나 잘 아시는 분. 성지순례로 첫손 꼽았던 이탈리아 로마로 나를 불러주신 하느님이시다. 여기서 그분을 제대로 뵈려면 우선 마음부터 비워야 진정한 성지순례가 될 것이다.

순례 첫날 비가 오는 바람에 멀리 가지 않고 비가 그칠 때까지 숙소 주변을 돌아보기로 했다. 그런데 뜻밖에도 미처 계획에 넣지 못한 산타마리아 마조레 대성당에서 미사를 드리게 되었다. 말은 통하지 않아도 미사 전례를 꿰고 있으니 그들은 그들 말로, 나는 우리말로 해도 앉을 때 앉고 일어설 때 같이 일어서며 별 어색함이 없다. 평화의 인사를 나누라고 누가 통역해 주지 않아도 서로 환한 미소로 평화의 인사를 나눈다. 오순절에 사도들이 "성령으로 가득 차, 성령께서 표현의 능력을 주시는 대로 다른 언어들로 말"해도 세계 모든 나라에서 온 독실한 사람들은 저마다 자기 지방 말로 알아듣고 어리둥절해 했다는 성경 말씀이 비로소 마음에 와닿는다. (사도 2,1-4 참조)

미사헌금을 봉헌할 때였다. 파란 눈의 미소년 복사가 헌금 바구니를 내밀기에 맘먹고 준비한 빳빳한 지폐를 한 장 넣었다. 소년이 바구니를 살짝 들어 올리며 나를 본다. 말은 통하지 않으니 나도 몸짓으로 왜냐고 어깨를 추키며 눈을 크게 떴다. 소년이 지폐를 한번 보고 나를 또 본다. 그러고 보니 헌금 바구니엔 모두 동전만 있다. 가끔 신부님들이 교회 재정을 얘기하다 농담으로 "우리 교회는 천주교라서 헌금을 천 원만 낸다."라고 하는데 이탈리아도 우리와 별반 다르지 않은가보다 생각하니 '쿡' 웃음이 터진다.

굵은 비는 좀 잦아들었지만 부슬부슬, 끈적끈적 비가 쉬 그치지 않는다. 산타마리아 마조레 성당을 나와 그냥 발길 닿는 대로 걸었다. 로마거리는 보이는 것이 다 보물이다. 교회 종소리가 그침

없이 울리고 곳곳에 달력에서나 보았던 성당이 있다.

카보우르 거리를 천천히 걷다 보니 금세 지하철역 한 정류장 거리를 걸었다. 카보우르Cavour역 부근 큰길을 조금 비켜선 골목 깊숙이 낡고 초라한 성당이 보인다. 무슨 성당인지도 모르고 그냥 호기심에 들어갔다. 그런데 들어와 보니 뜻밖의 '산 피에트로 인 빈콜리 교회'다. 이 성당은 성 베드로 대성당과 라떼라노 대성당, 산타마리아 마조레 대성당과 함께 로마를 대표하는 성당이다. 이곳에 뜻깊은 역사의 산물이 전시되어 있다. 사도 베드로의 쇠사슬이다. 유리 진열장에 전시된 사슬은 사도 베드로가 로마에서 감금되었을 때, 그리고 예루살렘에서 감금되었을 때 그를 포박했던 각각의 사슬이었다고 한다. 그런데 신기하게도 각각의 사슬이 서로 닿자마자 하나로 붙었다는 설이 전해진다. 이 신비의 쇠사슬은 제대 바로 아래 전시되어 있다. 나는 그 앞에 무릎을 꿇고 기도를 하다 두 손목을 X자로 겹쳐 앞으로 내밀어 본다. 손목에 거칠고 묵직한 것이 감기는 듯한 느낌이 들자 나도 모르게 소스라치며 얼른 손목을 푼다. 말로는 주님 고통을 함께 나눌 수 있게 해달라면서 잠시 잠깐 상상만으로도 진저리를 치는 속물을 본다.

산 피에트로 인 빈콜리 성당은 이 쇠사슬을 보존하기 위해서 440년에 세워졌다고 한다. 낡은 성당의 내부와 외벽 그리고 녹슨 쇠사슬. 그 오랜 역사 속 살아있는 산물은 2000여 년의 세월을 거슬러 먼 길 달려온 순례자를 깊은 묵상에 잠기게 한다. 나는 쇠사슬을 하염없이 바라보며 마음속으로 성경을 펼쳐 사도들의 발자취를 따라가 본다. 예수님이 잡히시던 날 밤 헤롯의 군사들 앞에서 겁에 질려 세 번이나 스승을 모른다고 했던, 나약했던 아니 비참함이 더 컸을 베드로! 그랬던 그가 예수님의 죽음과 부활을 목격한 후 얼마나 용감하고 담대해졌는가.

"사랑하는 여러분, 시련의 불길이 여러분 가운데 일어나더라도 무슨 이상한 일이나 생긴 것처럼 놀라지 마십시오. 오히려 그리스도의 고난에 동참하는 것이니 기뻐하십시오. 그러면 그분의 영광이 나타날 때 여러분은 기뻐하며 즐거워하게 될 것입니다. 그리스도의 이름 때문에 모욕을 당하면 여러분은 행복합니다."(1베드 4,12-14)라고 선언했던 그의 담대한 믿음과 선교를 과연 나도 언젠가는 닮아 실천할 수 있을까. 장궤에서 일어서려다 다시 손목을 X자로 겹쳐 앞으로 뻗어 본다. 마음이 또 언제 어떻게 바뀔지 장담할 수 없지만 지금 이 순간만은 "주님, 저는 주님께 꽁꽁 묶이고 싶습니다. 저를 당신 안에 꽁꽁 묶어주십시오!"라고 혼잣말을 하며 일어선다.

순례 첫날 '비가 오면 어떠랴. 해도 비도 나도 그분의 것인데….'라는 생각으로 모든 걸 그분께 맡기니 뜻밖의 은혜로운 체험을 한다. 아마도 날씨가 좋았더라면 이토록 귀한 역사와 보물을 간직한 성당을 숙소 가까이에 두고도 그냥 지나치고 귀국했을지도 모른다.

성체조배

그분을 뵈러 가는 길, 내딛는 발걸음이 가볍습니다. 아직은 바람 끝이 싸~ 하지만 가슴엔 설렘이 일고 뭔가 꽉 차오르는 느낌입니다.

성체께 큰절 올리고 가까이 다가가 마주 앉습니다. 달려올 때의 성체께 대한 벅찬 마음을 진정시키고 아무 생각도 하지 않으려 합니다. 그저 무심으로 바라봅니다. 충만함에서 넘쳐 올라오는 찬미와 감사의 기도도 '잠깐만!' 하고 가만히 누릅니다.

내가 먼저 그분께 말(기도) 걸지 않고 그분께서 내게 무슨 말씀을 하실지…. 그분이 말 걸어오실 때까지 그냥 무념무상으로 그분 앞에 앉아있습니다. 머릿속은 하얗게 비어 뭉게구름처럼 가벼워지고 가슴은 보름달처럼 꽉 차오릅니다. 그러곤 '지금 이 순간 세상에서 나보다 더 행복한 사람이 있을까!' 하는 생각이 들면서 나도 모르게 그분께 대한 고백이 터져 나옵니다. "오, 거룩하신 성체여! 아무 말씀 하시지 않아도 저는 당신이 좋습니다. 지금 제 앞의 당신이 그 어떤 모습으로 계셔도, 한 조각 작은 밀떡으로 계셔도 저는 너무나 좋습니다. 참으로 행복합니다!"라고. 그냥 바라만 보는데 어쩌면 저 조그만 밀떡 안에서 하느님 창조하신 우주 만물이, 시공을 초월한 오묘한 신비가 생생하게 살아 다가옵니다. 내가 당신께 말 걸지도 않고 당신 또한 아무 말씀 없이 그저 바라만 보시는데 뜨거운 눈물이 주체할 수 없이 흘러내립니다. 지금 이 순간 보이는 대로만 당신(성체)을 바라보았을 뿐인데 말입니다.

"대부분 사람이 자기가 생각하는 하느님의 모습들images에 사로잡혀 있다. 이것이 하느님께로 가서 닿는 데 가장 큰 장애물이다. …그분을 아는 유일한 길은 모름unknowing이 바로 그것! 당신 머리mind와 생각을 넘어서야 비로소 그분을 가슴heart으로 알게 될 것." 이라고 앤소니 드 멜로 ≪행복하기란 얼마나 쉬운가≫에서 말합니다.

맞습니다. 머리(생각)를 비우니 가슴으로 말씀이 들어옵니다. 나의 어설픈 말로는 감히 형용할 수 없을 만큼 꽉 차게 그분이 들어옵니다. 이렇게 성체 앞에 다가앉으면 어쩌면 이토록 귀한 시간을 내게 허락하시는지 마치 기적을 체험하는 것 같습니다. 그렇습니다. 주님 사랑, 기적의 힘이 아니라면 내가 어떻게 세상의 편안함과 삶의 모든 유혹을 따돌리고 침묵으로 일관하시는 당신 앞으로 달려오겠습니까.

지금 이 방(조배실)에는 당신(성체) 말고는 아무도, 아무것도 없습니다. 어찌 그 많은 시간 중에 이 시간, 오직 저만을 부르시어 함께 하시고자 하시는지…. 자칫 이 귀한 고요의 충만이 깨질까 봐 아무 말 하지 않고 앉아있습니다. 당신께서 말 걸어오실 때까지. 당신께서 오랜 시간 침묵하시니 저도 그냥 무심으로, 무심으로 당신을 바라봅니다. 그런데 참 아이러니하게도 텅 빈 고요가 나를 벅차게 합니다. 왈칵 눈물이 납니다.

그렇게 얼마의 시간이 흘렀을까요. 밖이 매우 소란스럽습니다. 그리곤 몇몇 사람이 조배실로 들어옵니다. 고요가 깨지면서 자꾸만 잡념이 따라붙습니다. 책장을 넘기는 소리도 들리고, 들리지 않던 온갖 소음들이 귀를 어지럽힙니다. 눈에 띄지도 않던 조배실 벽면 오톨도톨 하얀 돌 블록이 쌀강정처럼 보이기도 합니다. 잡념을 떨치려 고개를 절레절레 흔들고 눈을 꼬~옥 감았다 떠도 소용이 없습니다. "주님, 잡념을 떨칠 수 있도록 해주세요!"라고 청합니다. 그러나 여전히 잡념의 잡념이 꼬리를 물고 이어집니다. 안 되겠다 싶어 그만 일어나려는데 내내 침묵하시던 예수님께서 한 말씀 하십니다.

'아버지께서 네게 들을 귀를 주시지 않았느냐? 볼 수 있는 눈을 주시지 않았느냐?'라고. 맞습니다! 하느님께서는 내게 들을 귀를 주셨고, 볼 수 있는 눈을 주셨습니다. 그분께서 주신 귀한 귀와 눈이 그야말로 제 기능을 하고 있는데 나는 그걸 잡념이라고 고개를 흔들었습니다. 수많은 군중을 뚫고 예수님께로 나아가 당신의 손가락을 내 귀에 넣어 달라고, 침을 발라 내 눈에도 혀에도 대고

"에파타!"를 외쳐달라고 할 치열함조차 갖추지 못한 내게 하느님께서 눈과 귀를 열어주셨으니 이 얼마나 감사할 일인데 말입니다. (마르7, 33-34 참조)

관상이 안 된다고 고개를 흔드는 대신에 들을 귀를 주신 그분께, 볼 수 있도록 눈을 열어주신 하느님께 감사의 기도를 드리다 보니 쌀과자처럼 보이던 벽면의 작은 장식 블록도 제대로 보이며 다시 고요가 찾아옵니다. 관상을 방해한다고 여겼던 온갖 소음과 잡념까지 은혜로 바뀝니다. 내가 그분과 함께하고자 성체조배를 하러 왔다면 그것은 다 그분께 맡겨진 시간일 것입니다. "나는 최선을 다해 그분께 사랑을 돌려드리려 하면서 나에 대한 그분의 사랑을 인정하고, 나는 그분이 이끄시도록 내버려둔다."《예수께 대한 관상》 중에서.

그렇습니다! 그분께 드리고자 하는 시간이니 힘을 빼고 그분께 다 맡기면 되는 것을 억지로 마음을 다잡으려 하니 오히려 생각의 생각이 꼬리를 물며 나를 가만 놓아두질 않았던 것입니다.

할머니의 남자친구

여행을 다녀와서 보니 현관 문고리에 묵직한 비닐봉지 하나가 걸려 있다. 봉지 가득 탐스러운 단감이 족히 3kg이 넘음 직하다. 웬 단감일까. 누가 걸어놓고 갔을까. 이리저리 살피다 보니 한쪽 면에 작은 글씨로 '404호'라고 쓰여 있다. 누가 옆집에 줄 것을 우리 집에 잘못 걸어두고 갔구나 하는 생각에 얼른 옆집 초인종을 눌러 이 댁으로 올 감이 우리 집으로 잘못 온 것 같다고 하니 그렇지 않다며 고향에서 보내온 감이니 맛보라고 한다.

옆집은 입주자가 자주 바뀐다. 이전에 살던 사람은 젊은 여자였는데 2년 동안 거의 인사를 건네지 않고 지냈다. 어쩌다 엘리베이터나 복도에서 마주칠 때 인사를 건네면 매우 불편해하는 눈치여서 그담부터는 나도 그녀와 마주치면 그저 목례만 끄떡하고 마는 정도였다. 현대인의 정서가 개인주의 성향으로 바뀌어서 그렇다고 하지만 아직은 그렇지 않은 이웃도 많다. 자주는 아니지만 1호집 아주머니와는 여름이면 복도에 돗자리를 깔고 앉아서 과일이나 커피를 나누어 마실 때도 있다. 요즘 대부분이 이웃과 단절하고 지내지만, 옛 노랫말처럼 먼 친인척보다 나은 이웃들도 많다.

오늘 모처럼 감자를 쪄서 옆 동 마리아할머니를 찾았다. 언젠가 반모임 때 감자를 쪄서 내놓았더니 할머니는 "내 팔십 핑생 살믄서 이렇게 맛있는 감자는 츰 먹어본데이!"라고 극찬을 하셔서 칭찬에 약한 내가 매년 햇감자가 날 때면 할머니에게 감자를 쪄드린다. 오늘은 벌써 싹이 나고 있는 저장감자를 손질하다가 할머니 생각이 나서 한 대접 쪄서 달려왔다. 때마침 할머니의 친구 두 분이 와 계셨다. 할머니는 친구에게 "하나씩 먹어 보래이~! 얼마나 맛있는지 느그들 핑생 이렇게 맛있는 감자는 몬 먹어봤을끼다."라고 우스갯소리를 하며 생색을 내신다. 감자를 먹고 이런저런 얘기를 하며 놀다 할머니가 내 손을 꼭 쥐더니 질끈 눈을 감고는 "헬레나야, 내 요즘 할배가 읎씨이 심심해 죽겠다."라고 속엣말을 하신다. 마리아할머니에게 이웃이면서 남자친구인 할아버지가 계셨다. 두 분은 늘 손을 꼭 잡고 다니셨다. 그런데 얼마 전 할아버지가 자녀들 때문에 용인으로 이사하는 바람에 두 분이 생이별하고 허전해하시는 것이다.

할머니는 오래전부터 이 아파트에 사셨고, 대구에서 살던 할아버지가 아내와 사별한 후 자식들이 사는 서울로 올라오면서 마리아할머니와 이웃이 되었다. 한 집 건너 옆집으로 이사를 온 할아버지와 할머니는 우연찮게 고향이 같았고, 인정 많은 할머니가 어설프게 살림을 사는 왕초보 독거할아버지가 안쓰러워 가끔 반찬을 만들어 갖다 주다가 친구가 된 것이다. 처음엔 동네에서 "글쎄 1*02호 할머니가 새로 이사 온 옆집 할아버지와 사귄대. 아이고~! 노인들이 맨날 손을 꼭 잡고 다닌다니까."라며 수군덕거렸었다. 어느 날 내 귀에도 그런 소리가 들려왔다. 나는 상대방의 말을 자르며 "아이고~ 형님, 그보다 더 좋은 일이 어디 있어요. 늘그막에 친구가 생긴다는 것은 그분들 능력이고, 복 중의 복 아닌가 싶네요?!"라고 하며 흉보려는 것을 막아버렸다.

그러고 나서 언제부턴가 이 두 할머니 할아버지를 바라보는 동네 사람들의 시선이 달라졌다. 할머니와 할아버지는 양가 자녀들도 다 인정을 하는 가운데 요즘 말로 '절친'이 되었고, 서로 부족한 부분을 도와가며 지냈다. 외출할 때는 다리가 불편해 한 손으론 지팡이를 짚어야 하는 할머니의 핸드백을 할아버지가 대신 들어주셨다. 참 신기한 것은 할머니는 젊어서부터 청력을 잃어 귀가 절벽인데도 두 분이 걸어가는 것을 보면 끊임없이 무슨 대화를 하면서 걷는다.

그런데 할머니의 귀여운(?) 투정에 의하면 할아버지는 자린고비 꽁생원이어서 큰손 할머니의 성을 채워주지 못했다고 한다. 할아버지는 주로 할머니가 하는 음식만 얻어 잡수시다가 어느 땐 좀 미안한 생각이 드는지, 인심 쓰듯 뭘 같이 해먹자고 당신 집 식재료 들고 오신단다. 그런데 그 식재료를 받아보면 혼자 먹기도 넉넉할 것 같지 않은 양을 같이 먹자는 얘긴지?! 당신 혼자 드실 것을 해달라는 것인지 도대체 모르겠다고. 그래도 할머니의 큰손으로 넉넉하게 음식을 만들어 나누어 드시면서 좋은 이웃이며 친구로 지내셨다. 옆에서 맞장구를 치며 할머니의 얘기를 듣던 내가 할머니의 옆구리를 살짝 찌르며 "할머니, 옆집으로 또 멋진 할배가 이사를 와야 할 텐데~용." 하자 할머니는 멋쩍게 웃으시며 "됐다, 고마! 이제 영감탱이는 안 사귈란다."라고 하신다. 매일같이 서로 의지하면서 지내던 할머니와 할아버지는 이제 한 주에 한 번 씩만 시니어문화교실에서 만날 수 있다고 한다. 그나마 아주 못 만나는 것은 아니어서 참 다행이다.

그야말로 100세 시대다. 만약 70세 넘어 사별한다고 해도 30년 가까이 혼자 지내야 한다. 핵가족이 되어 자녀들도 각자의 삶을 살아가느라 부모를 챙겨 모시지 않는다. 그러니 서로 외로운 삶을 살아가면서 좋은 이웃이 되고 친구가 되어 노후를 외롭지 않게, 나름 즐겁게 살아가는 것이 장수시대 양질의 삶을 살아갈 지혜일 것이다.

옆집에서 단감을 받고 아직 답례하지 못했다. 조만간 감자 찌는 실력을 발휘하여 김 모락모락 나는 감자를 들고 찾아봬야겠다.

지옥을 다녀오다

일본 나가사키 평화공원에서 과거 원폭투하 생지옥의 참상을 살펴본 후 또 다른 지옥을 찾아간다. 활화산 지역인 "운젠 지옥"은 땅속에서 연신 유황 가스와 수증기가 하얗게 올라와 마치 지옥을 연상케 하는 곳이다. 나가사키 시내에서 운젠으로 가는 길은 마치 우리나라의 강원도 산골 어디쯤을 달리고 있는 듯 구불구불 좁은 산길이며 계속 고지로만 치달아 오른다. 출발하기 전 한국에서는 막 벚꽃이 피기 시작했는데 이곳은 초여름 기후다. 시내에선 입고 갔던 트렌치코트를 벗어들고도 더워서 워크북으로 연신 부채질을 했을 정도였으니까. 하지만 운젠에 가까워질수록 차가운 공기가 어깨를 움츠리게 한다. 운젠은 일본에서도 청정지역에 속하며 원시림으로 둘러싸여 숲 여기저기서 야생동물들이 막 튀어나올 것만 같다.

운젠 온천 밀집 지역으로 들어서니 땅속에서 연신 수증기가 올라와 마을을 하얗게 덮고 유황 냄새가 코를 찌른다. 호텔에 여장을 풀고 밍밍한 일본 정식으로 식사를 한다. 같은 단무지라도 우리나라 단무지는 너무나 칼칼하고 맛있다는 걸 알았다. 일본 음식은 단무지마저도 왜 그렇게 달고 밍밍한지….

성지순례인 만큼 저녁 식사 후엔 저마다 촛불을 밝혀 들고 과거 순교의 현장으로 향했다. 불빛 하나 없는 밤. 로사리오 기도를 바치면서 산으로 오르는 촛불 행진이다.

일본은 우리나라보다 200여 년 앞서, 그러니까 1549년 8월 15일 예수회의 프란체스코 하비에르 신부에 의해 가톨릭교가 전파되기 시작했다. 그만큼 서구문물 또한 우리나라보다 먼저 유입된 셈이기도 하다. 선교사들에 의해 가톨릭교가 전파되기 시작한 직후에는 급속도로 교세가 확장되어 신자 수가 65만여 명을 넘었으며, 신자 가운데는 귀족 가문과 영주들도 꽤 많았었다고 한다. 하지만 1587년 도요토미 히데요시 시대에 금교령이 내려지면서 박해가 시작되고, 선교사(스페인 신부) 6명과 일본인 20명이 처형되면서 박해는 아주 격렬해졌다. 하지만 그런 박해에도 불구하고 세미나리오(신학원)와 콜리지오(신학교)가 선교사들에 의해 설립되는 등 놀라운 발전을 보게 된다. 한편 도쿠가와 이에야스의 에도막부는 일본 정국의 안정도모를 구실로 외국과의 통교를 전면 금지하고 외국과의 무역도 나가사키에만 한정 허락한다. 그런 가운데 1636년 나가사키현 시마바라에서 가톨릭교도를 중심으로 대규모 농민봉기가 일어난다. 이를 계기로 박해는 더욱 심해져 가톨릭 신앙은 지하로 잠복하기에 이른다.

일본의 천주교 박해는 우리나라의 신유박해나 병인박해 때보다도 더 야비한 방법으로 신자들을 배교케 하고 극도로 잔인한 방법들을 동원해 신자들을 고문했다고 전해진다. 우리나라에서도 박해를 피해 신자들이 산속으로 숨어들었듯이 일본 또한 천주교 신자들이 숨어들었던 곳이 산골 오지 바로 이곳 운젠이었다고 한다. 하지만 악령 높은 박해의 끈질김은 이곳까지 쫓아와 신자들을 붙잡아 펄펄 끓는 유황탕에 거꾸로 처넣었다, 꺼냈다를 반복하며 배교를 종용했다. 그리고 끝까지 배교하지 않으면 그대로 유황탕 속으로 밀어 넣어 처형했단다.

일본은 하늘의 아들이라 자칭하는 명치 천황이 정권을 잡은 후 마치 그가 신인 양 신도神道를 국교로 정하고 그에 대한 신봉이 거의 절대적이라고 한다. 그래서 그들만의 토템, 다신문화의 영향도 적지는 않지만 천황에 대한 충성심 때문에 외부에서 들어온 종교가 쉽게 범접을 못 하는 곳이다. 가톨릭교도 지금은 오히려 1500년대의 도입 당시 직후보다 크게 위축되어 정부에서 보조하지 않으면 교회 재정유지가 어려울 정도라고 한다. 그러니 같이 박해를 당하고도 꾸준히 발전하는 우리나라 교회의 모습을 바라보며 감탄과 부러움을 금치 못하는 것은 물론이요, 선교 정신을 배우겠다고 교회 관계자들이 우리나라를 찾아오기도 한다.

유황온천수가 분노처럼 불쑥불쑥 치솟고 유황 가스가 코를 찌르는, 그야말로 지옥을 가로질러 순교의 동산에 이르니 순교기념비로 십자가 하나 달랑 서 있다. 그조차 아무런 표적도 없이 방치

되다가 1984년 교황 요한 바오로 2세가 그곳을 다녀간 후 세웠다는 기념비다. 사방이 어둠에 둘러싸인 거룩한 순교의 땅에서 그분들의 장한 넋을 기리려 달려온 이국 신자들의 기도 소리가 정적을 깬다. 칠흑 같은 어둠. 저마다 받쳐 든 촛불만이 오롯이 하늘을 향해 반짝일 뿐 아무 군더더기도 보이지 않는다. 다만 하늘에선 탱글탱글 여문 별빛이 마치 그분들의 기쁜 웃음인 양 환하게 쏟아져 내린다.

신앙이란 인간에게 어떤 희망을 주기에 그토록 모진 고문을 당하면서도 의연하게 장렬한 죽음을 맞을 수 있는가. 또한, 가슴 속 오래 묵은 민족 간의 반감마저 삭이며 이국인 이곳, 지옥까지 달려와 어둠을 밟고 순교의 넋을 기리는가. 내 안에 존재하는 그분의 섭리에 대해 깊이 묵상해 본다.

뭔지는 모르지만 유치원에 갈 때마다
마리아님께 습관적으로 성호를 긋곤 했다.
높은 곳에 앉아계신
금빛 찬란한 부처님보다
하얗고 가냘프면서 정원 옆에
서 계신 석고상 성모님이
더 친근했고 그분에게 서서히
어떤 동경마저 품게 되었던 것
같다.

배영숙

간절한 기도 / 정치인의 아내 / 쿨 한 시어미 / 정호경 신부님 / 서성거림

프로필 배영숙(카타리나)
연세대학교 지질학과 졸업
고향에서 잠시 교사생활.
2000년 창작수필로 등단.
2018년 제10회 정경문학상 수상.
안동교구 가톨릭문인회 회원.

저서: 『그대의 명함』
이메일: 57bys@hanmail.net

간절한 기도

내 고향 안동은 종교적으로 특수한 곳이다. 시내 중심에 주교좌인 목성동 성당이 있는데 그 바로 밑은 대원사 사찰이다. 조금 떨어진 곳에는 경안노회의 본산인 안동교회가 자리하고 있다. 최근엔 종교타운이라는 것이 조성되어 근처에 유림회관까지 자리잡았다. 조금 외곽으로 나가면 성주의 본산인 제비원도 있으니 이른바 유교, 불교, 개신교와 가톨릭, 그리고 민간신앙까지 공존하는 도시다.

어린 시절, 친정어머니는 부엌에다 신줏단지를 모셔놓고 무언가를 항상 빌었다. 그리고 사월초파일이 되면 집 가까이 있는 대원사에 우리 가족의 이름을 모두 적은 등을 달고 축원을 하였다. 친정아버지는 사대 봉제사를 중요시하고 틈만 나면 자식들에게 유교적인 이야기만 하셨다.

안팎으로 다종교성이 공존하는 환경에서 나는 대원사 바로 옆에 있는 목성동 성당의 부속 유치원을 다녔다. 뭔지는 모르지만 유치원에 갈 때마다 마리아님께 습관적으로 성호를 긋곤 했다. 높은 곳에 앉아계신 금빛 찬란한 부처님보다 하얗고 가냘프면서 정원 옆에 서 계신 석고상 성모님이 더 친근했고 그분에게 서서히 어떤 동경마저 품게 되었던 것 같다. 여고졸업식 날 학교에서 내려와 가족과 기념사진을 찍은 곳도 목성동 성당이다.

서울서 처음 대학 생활을 시작할 때는 마리스타 수사님의 도움으로 서강대학교 후문에 있는 <착한 목자 수녀원>에서 1년 동안 지냈다. 주로 필리핀과 캐나다에서 온 외국 수녀님들과 함께 생활했다. 수녀원에서 일 년간 생활하는 동안 교리공부를 해서 영세를 받기로 한 날이었다. 그런데 나는 아침 일찍 도망을 쳐버리고 말았다. 온종일 학교서 숨어 지내다가 밤이 늦어서야 수녀원으로 돌아왔다. 수녀님은 아무 말씀도 없이 예전처럼 식탁에 앉아 '가나스타' 카드놀이를 할 뿐이었다. 왜 도망을 쳤는지? 그때의 심정을 지금도 뭐라 설명할 수가 없다.

사람은 살면서 다급해지면 의지 처를 찾기 마련이다. 그것이 거대 종교든 촌부들의 비손이든 크게 다를 바 없을 것이다. 결혼하고 8~9년이 되었을 때, 남편이 정치한다면서 다니던 직장을 그만두겠다고 했다. 그의 뜻에 반대할 입장은 못 되고 어딘가 의지할 곳이 필요했다. 아이 낳고 사는 동안 까마득히 잊고 지낸 종교에 대한 갈증이 나를 못 견디게 했다. 당시 수유리 화계사 근처에 살고 있었던 나는 화계사를 몇 번이나 배회했는지 모른다. 다시 수유동 성당 근처를 서성댔다. 새로운 인생의 시작에 대한 두려움으로 갈팡질팡했다. 이때 주님이 나를 다시 불러주셨다. 신부님을 아들로 둔 분을 대모로 모시고 수유 5동 성당에서 그제야 주님의 딸 카타리나로 다시 태어날 수 있었다. 대학 1학년 때 영세 받는 날 도망쳐버린 후로 결국 10여 년이란 긴 세월이 지나고서야 영세를 받게 된 것이다.

고향 안동에 내려와 찾아간 태화동 본당에서의 첫 미사 때는 주체할 수 없이 눈물을 흘렸다. 옆 사람을 의식해 처음엔 손수건으로 훔치다가 나중에는 아무 생각 없이 미사 내내 아예 울면서 앉아있었다. 대학 졸업 후 고향에서 겨우 1년간 직장생활하고는 떠나서 돌고 돌아 다시 찾아온 내 고향 안동. 이곳에서 정치인 아내로 살아갈 것에 대한 두려움이었을까? 난 태화동 본당의 첫 미사에서 마음껏 눈물을 쏟아낸 후 후련함과 동시에 고향이 나를 받아준다는 편안함을 느꼈다. 신앙인으로서 주일미사만은 꼭 지키려 노력했다. 두 아이는 태화 본당에서 첫영성체를 하고 반 모임의 서기 일을 하며 신앙의 걸음마를 시작했다.

당시 나는 두 번의 선거를 치르느라 여러 가지 무게에 짓눌려 있었다. 그때 <안동교구 여성 제20차 꾸르실료 교육>이 있었는데 망설임 없이 신청했다. 나에게 있어 꾸르실료와의 첫 만남은 경이 그 자체다. 눈물로 시작해 눈물로 마친 꾸르실료 교육이었다. 긴 터널을 빠져나온 듯 꾸르실료 교육이 주는 감흥이 너무나 벅차고 크기에 겁 없이 당장 봉사자 신청을 했다. 봉사자 교육을 하는 첫날 묵주기도를 하면서 울고, 양팔 기도를 하면서 울고, 꾸르실료 노래를 부르면서 울었다. 꾸르실료 봉사자 생활 몇 년 동안 계속 눈물 속에서 산 셈이다. 주님은 매년 다른 모습으로 나를 일깨워주었다. 수강자의 모습에서 또 다른 나를 발견하고 같이 마음 아파하고, 나에게 주어진 십자가를 가슴 깊이 새기면서 겸손하게 살아가겠다고 기도하고 또 다짐했다.

4년마다 치러지는 국회의원선거에서 버틸 힘을 꾸르실료 봉사를 통해 얻는다고 믿고 맹목적으로 매달렸다. 실제로 9년간 꾸르실료 봉사를 하는 동안 많이 위로받고 또 많이 행복했다. 그러나 종교 속에도 정치인의 아내는 설 자리가 없었다. 순수한 봉사보다 다른 목적이 있을 것이라는 미심쩍은 시선들. 단지 주님께 기대고 싶어 그 자리에 있었건만 주위 시선은 그게 아니었다. 가장 힘들고 어려울 때 의지한 꾸르실료 봉사자의 길. 10년을 꼭 채우고 싶었지만 그것 또한 내 뜻대로 되지 않았다. 2008년 공천을 못 받고 힘들어할 때 꾸르실료 봉사자를 그만하라는 통고를 받았다. 나는 남편이 공천 못 받은 것보다 꾸르실료 봉사자를 못하게 된 것이 더 가슴 아팠다. 꾸르실료! 그 단어만 들어도 아직 눈물이 핑 돌곤 한다.

그토록 매달린 신앙 속에서 나의 간절한 기도는 무엇이었을까? 나의 절실한 갈망은 또 무엇이었는지? 4년마다 힘겨운 선거를 치르면서도 실은 단 한 번도 주님께 직접 남편만을 위한 기도를 하지 못했다. 그저 아이들이 바르고 건강하게 잘 자라 주기를 간구했고, 이런저런 구설에서 살아남을 힘을 달라는 기도가 전부였다.

많은 시간이 수많은 사건을 묻고 흘러갔다. 무엇에 매달려야 하나. '제 남편 한 번만 더 당선시켜 주십시오.'라는 간절한 기도를? 아님 자식을 위한 간곡한 기도를? 그런데 실은 빌 게 별로 없다. 아무것도 빌지 않는 이 시간이 예전처럼 답답하거나 지치거나 가슴 아프지 않다. 그저 담담할 뿐이다. 그런데 야인생활 10년 만에 남편에게 큰 병이 찾아들었다. 주님! 전 어찌해야 하는지요?

정치인의 아내

남편은 서른네 살에 도의원이 되고 서른아홉 살에 국회의원이 되었다. 남편은 자신의 갈 길에 대해 마음이 급한 사람이었다. 그런 그에게서 가족에 대한 알뜰한 보살핌은 애초부터 기대하기 어려웠다. 국회의원이 된 남편은 서울에서 활동하다 주말에나 안동을 오지만 얼굴 보기가 힘들었다. 나는 언제나 그랬듯 두 아들을 혼자 키우다시피 했다. 낮엔 멀쩡하게 남편을 대신해서 지역구 활동을 하다가도 해만 지면 무너지듯 허전함에 빠져들어 허우적댔다. 예전처럼 친구를 만나 시시콜콜 하소연할 수도 없고, 남편과는 전화통화도 잘 안 되고 지역 사람들은 어렵고, 모든 것이 힘에 부쳤다. 하루 일정을 끝내고 집으로 돌아와 어린 두 아들과 식탁에 앉아 숙제점검을 하면서 맥주 한잔으로 하루를 마감하기 일쑤였다. 그럴 때 아이들은 물끄러미 나를 바라보다 합창하듯 말하곤 했다.

"엄마, 이렇게 살라고 외할아버지와 할머니가 그렇게 공들여

키우신 것은 아닐 텐데….”

눈치 빠른 아이들이 내가 할 넋두리를 지들이 먼저 해주어 어미가 시작할 지청구를 차단했다. 그런 가운데 사춘기의 중학생이 된 큰아이가 학교에서 돌아오는 시간이 늦어지고 말수가 줄어들고, 조금씩 이상한 낌새를 보이기 시작했다.

“왜 이렇게 늦었어?”

난감한 표정으로 머뭇거리던 아이가 털어놓은 말.

“교문 앞에서 형들이 기다리고 섰다가 자꾸 물어봐요. 너 아버지 ㅇㅇ 맞지? 아버지 집에 계시니? 자꾸 따라 다니며 이것저것 물어요. 그래서 형들 안 보이는 뒷산으로 해서 집으로 왔어요.”

가슴이 철렁 내려앉았다. 순간 수영코치로부터 전해 들은 얘기가 떠올랐다. 수영장 선생님이 “너희 아버지 직업이 뭐니?” 하고 아이에게 물으니 하도 대답을 안 해서 “똥 푸는 사람이니?” 하니까 “네” 했다는 것이다.

작은 소도시에서 중학교 1학년 학생의 아버지가 국회의원이니 학생들 사이에 충분히 관심거리가 될 수도 있지만, 큰아이가 이미 남의 시선에 부담을 느낀다는 사실이 당황스러웠다. 몇 날 며칠을 고민에 빠져 지내다 일단 시댁 식구들에게 아이들을 전학시키겠다고 알렸다. 시댁에선 야단이 났다. 아이들이 전학 가면 모두가 이사한 것이 되고 만다. 이제 겨우 초선으로 당선되었는데 아이들을 전학시키다니 말이 되느냐는 원성이 들려왔고 마침내 아버님이 부르셨다. 당신께서 아이들은 돌볼 테니 놔두고 나만 올라가서 남편과 지내다 주말에 내려오라고 하셨다. 웬 말씀을, 어찌 아이들만 볼모로 지역에 남겨두고 나만 가라 하시는가. 아이들이 지역에 있는데 내가 어찌 서울에서 하루인들 편히 지낼 수 있는가. 시댁 어른들과 남편의 반대에도 불구하고 2월 봄방학을 맞아 담임선생님을 찾아가서 3월에 전학을 시키겠다고 말은 했지만, 그때까지도 편치 않은 마음으로 갈팡질팡했다.

그즈음 본당에서 성령 세미나가 있었다. 온종일 계속되는 기도 속에 마음이 편안해짐을 느꼈다. '이건 아닌데, 이대로 서울로 가버리면 남편은 지역민들과 함께 살겠다는 약속을 저버리는 허언이 되는 것인데. 이젠 참고 지낼 수도 있을 것 같기는 한데….' 나는 주님께 매달렸다.

"안동에서 살 수 있게 붙잡아 주세요."

이대로 안동에서 눌러살까? 그럴 용기도 솟았다. 그런데 아이들이 자꾸 눈에 밟혔다. 저 아이들이 무슨 죄가 있다고 어린 나이에 어딜 가나 남의 시선을 의식하고 살아야 하나. 두 아이의 전학 절차를 밟으면서도 계속 갈등은 이어졌다. 문제는 작은아이였다. 섬세하고 정이 많은 아이라 5년 동안 정든 학교와 친구들을 떠나는 일이 쉽지 않은 모양이었다. 내심 5학년 때의 부회장에 이어 6학년 때는 회장도 해보고 싶다고 했다. 그렇다고 큰아이만 전학시킬 수는 없는 노릇이었다.

기어이 서울로 전학 온 아이들은 아이들대로 학군이 세기로 유명한 목동의 중학교에서 적응하느라 힘들어했다. 반면 나는 주말마다 정신없이 안동과 서울을 오르내리느라고 아이들 상태를 살필 여유가 없었다. 주중을 서울에서 지내며 장을 보러 가도, 학부모 모임에 가도, 문화센터에 무엇을 배우러 가도 낯설기만 했다. 이런 데 쏟는 모든 시간이 아깝고 내 정성도 아까웠다.

안동이라면 이게 다 사람을 사귀는 일이고 지역구 활동일 텐데 내가 지금 여기서 뭘 하는 거지? 때때로 엄습하는 자책과 꼭 집어 말할 수 없는 어떤 부채감과 미안함, 그리고 안동에 대한 그리움이었다. 정치인 아내가 아닌 자연인으로 보냈던 유년 시절의 친구와 친척들, 교사 시절의 지인들, 이젠 저만큼 멀어져 보이는 내 고향 안동 사람들과의 거리 때문에 아팠다. 그리워서 찾아가면 또 의례적인 그 거리가 나를 쓰리게 했다.

이제 아이들은 다 결혼하고 집을 떠났다. 혼자 집을 지키고 있으면 아이들 데리고 서울로 도망치듯 올라왔던 때가 부쩍 생각난다. 그때 내가 너무 철이 없었던가? 나의 신앙심이 부족했었나? 좀 더 주님에게 꽉 매달려 볼 걸 그랬나? 결국, 난 그렇게 하질 못했다.

쿨한 시어미

스물일곱 살 먹은 작은아들이 결혼하겠다고 한다. 세 살 위인 제 형은 아직 결혼할 생각이 없다는데. 염치없는지 작은아들은 대놓고는 결혼 얘기를 입 밖에 못 내지만 남편이 오히려 서두른다. 남편은 아이들이 스무 살 넘어서부터 입버릇처럼 "누구라도 좋은 사람만 생기면 결혼하거라." 수시로 말하곤 했다. 그래도 그렇지. 지금 이런저런 일로 집안 형편도 안 좋은데 큰아이부터 결혼시키고 나서 작은아이 보내면 좋으련만 남편의 주장이 워낙 완강하다. 내가 미적거리니 시어미 질투심이냐고 핀잔하기까지 한다. 본인이 스물여섯 살 이른 나이에 결혼하여 후회할 법도 한데 말이다.

집을 자주 비우는 남편과 뚱한 큰아들 사이에서 유난히 작은아들과 더 정을 많이 나누며 살았는데. 그리고 작은 애는 아직 해야 할 공부도 남았는데. 곁에 두고 이때까지 못 해준 밥 좀 더 먹이다가 장가를 보내고 싶었는데, 그게 어미 마음대로 되지 않나 보다.

허전한 마음에 뒷산에 올라가 바위에 자리 잡고 묵주기도를 올린다. 혼자서 몇 시간씩 산을 헤매며 화살기도를 계속한다. 어제는 향로봉 쪽으로, 오늘은 족두리봉 쪽으로, 묵묵하게 병풍을 치고 있는 북한산과 새로 조성된 뉴타운을 바라보며 마음을 가다듬어 본다.

'그래 잘 가거라. 어디 어미가 그리워하나 봐라.'

일단 식을 올릴 장소를 정하고 비어 있는 날을 잡았다. 아무리 예식절차를 생략한다고 해도 신랑 쪽 처지에선 신혼집이 제일 큰 문제였다. 작은아들에게 집에 들어와 사는 것이 어떠냐고 넌지시 운을 떼 봤지만 굳이 나가서 살겠단다. 여기저기 싼 집을 찾아 헤매다가 다행히 홍은동에 적당한 집을 찾아 계약하고 나니 그대로 힘이 쫙 빠져버렸다. 집을 구하러 다니는 내내 작은아들은 미안해하며 월세가 아닌 것만으로도 만족해하는 눈치였다. 이제 예식장도 정했고 집도 구했으니 간소하게 식만 치르면 될 것 같은데도 '최소한 이것만은, 이것만은…,' 하면서 신경이 쓰이는 품목이 한둘이 아니었다.

결혼식 바로 전날. 비는 부슬부슬 내리는데 정신없이 장을 보러 몇 번을 왔다 갔다 했는지 모른다. 그런데 동네 슈퍼마켓에서 차를 주차하며 옆의 차를 스르륵 긁어버리고 말았다. 그것도 주차를 도와주는 아저씨가 "아줌마 뭐 하시는 거예요!" 하고 소리를 지른 뒤에야 옆 차를 긁었다는 사실을 알아차렸다.

결혼식 날은 작은아들의 표정만큼이나 쾌청했다. 비록 스튜디

오 촬영 사진 하나 없이 치루는 결혼식이지만 신부는 빛났고, 내 아들 새신랑은 천하를 얻었는지 너무도 신나 보였다. 그리고 신랑·신부의 친구들이 시끌벅적 화사한 그런 결혼식 장면이 연출되었다. 30년 전 오랫동안 친구 사이였던 동갑내기 남편과 결혼을 하겠다고 했을 때 나의 부모님은 "다 좋다" 말 한마디 못하시고 끌려가듯 딸을 시집보내셨을 것이다. 나 역시 작은아들이 대학에서 사귄 1년 선배와 결혼하겠다고 통보를 해왔을 때 가타부타 말 한마디도 못 하고 그냥 끌려갔다. 그렇게 살갑던 작은아들은 제 둥지를 찾아 스스로 어미 품을 떠나갔다.

아직 작은아들의 체취가 남아 있는 방을 정리했다. 마음이 뒤숭숭하다. 신혼여행에서 돌아오면 하룻밤 묵을 방인데 애가 덮던 이불을 세탁하여 신혼부부를 맞을까 하다가 남대문시장으로 이불을 사러 나가는 길이었다. 청와대를 지나 삼청동 길로 내려가 빨간 신호에 정차하고 있다가 무슨 생각을 하고 있었는지 브레이크를 놓아 그만 앞차를 '쿵' 하고 박아버렸다. 그것도 겁 없이 외제 차를 박다니. 보험수가 올라가는 소리가 쿵덕쿵덕 들려왔다. 20년 무사고 운전경력인데 작은아들을 결혼시키면서 남의 차를 두 번씩이나 박은 걸 보면 대범한 척은 하지만 꽤 마음이 허했던가 보다. 난 요즘 요가를 하다가도, 길을 걷다가도 습관처럼 화살기도를 올린다.

'좋은 시어머니!, 좋은 시어머니!'

남 보기에 극성스러운 나에게 고향 친구들조차도 시어미가 별나 너와는 사돈을 안 맺을 거라고 농담을 했었다. 내 성질이 급하고 잔소리도 많으니 못된 시어미의 조건은 넘치도록 갖추고 있어 길을 걷다가도 화살기도를 한다.

'쿨한 시어미, 쿨한 시어미 되게 해 달라고.'

난 정말이지 좋은 시어머니는 못 될망정 쿨한 시어미는 될 자신이 있다. 그러니 자식한테서 연락이 없어도, 뭘 먹고 어떻게 지내는지 걱정이 돼도 신경을 쓰지 말자 다짐하건만 밥 먹을 때마다 생각나는 것은 어쩔 수 없는 모정 탓 같기만 하다.

'절대로 음식을 만들어서 나르는 배달꾼은 되지 않겠다. 저것들이 제 발로 오도록 해야지.' 그러나 그것도 잠시 잠깐. '차도 없는 아이들이 집에 들러 음식을 갖고 간다는 게 쉬운 일은 아니겠더군.' 우리 집은 버스에서 내려 한참을 올라와야 하는 산속에 있고, 작은아이 집도 산꼭대기에 있으니 말이다. 결국, 수시로 음식을 퍼 나르는 흥본 어미가 되었다. 찬거리를 매번 나르다가도 어느 날은 또 해묵은 결심을 한다.

'뭐 해달라는 소리를 하기 전에는 절대로 내가 먼저는 해주지 말자.'

아이들은 미안해선지, 아니면 정말로 필요치가 않아서인지 별 요구도 없다. 결국, 어미는 일주일도 못 버티고 된장찌개라도 들고 달려간다. 그저 쿨한 시어미인 척, 매번 아파트 앞에서 음식만을 전달하고 돌아선다. 실은 아이들 사는 걸 보면 눈물이 날 것만 같아서 애들 집에 아직 한 번도 들어가 보지 않았다.

내가 결혼한 자식 반찬이나 챙겨 문 앞까지 나르는 신세가 될 줄을 누가 알았겠나? 라면만 먹어도 둘이 있는 그 자체만으로 행복할 아이들에게 괜한 참견이 될지도 모를 일이건만 그래도 먹을 것으로나마 시어미의 존재를 확인시키고 싶은 천생 나는 약자 시어머니 꼴인가 보다.

그런데 두 달 전, 며느리가 결혼한 지 8개월 만에 4년간 다니던 그 좋은 직장을 그만두었다. 대학 시절 준비하다가 포기한 국립외교원 고시 공부를 계속해 보겠단다. 며느리가 회사를 그만둔 요즈음 나는 할 일이 한 가지 더 생겼다. 주책없이 이번엔 먹을 것을 싸 들고 며느리가 공부하는 도서관에까지 출두하기 때문이다. 오늘도 이 삼복더위에 뭘 먹고 공부하나 걱정스러워 시장에서 미꾸라지를 한 소쿠리 사다가 추어탕을 끓이고 있다.

'에고, 철없는 녀석들 같으니. 각자 집밥 먹어가며 따로 공부할 일이지 결혼은 왜 서둘러 해서 어미 생고생시키느냐.'

설설 끓어대는 추어탕처럼 내 속도 부글부글 끓어댄다. 하지만 이때도 놓치지 않고 화살기도를 한다.

'쿨한 시어머니, 쿨한 시어머니!'

정호경 신부님

봉화군 명호면 비나리 마을은 정호경 신부님이 살던 곳이다. 시댁인 도산면의 태자리에서는 10분 거리. 10여 년 전 봄날 부석사 가는 길에 동행한 보살이 정호경 신부님께 들렀다 가자고 했다. 무심코 따라간 비나리 정호경 신부님의 통나무집. 먼저 세 발뿐인 개 반달이가 절룩거리며 맞아주었다. 저만치서 밭일을 하던 신부님이 허리를 펴고 바라보셨다. 그러더니 새참을 드실 양으로 느긋이 걸어오셨다. 우리는 수돗가 옆에 정자 흉내를 낸 엉성한 지붕 아래서 가져간 음식 몇 가지를 펴놓았다.

"토마토가 다 익어서 어서 따야 하는데 같이 좀 거들어줘요."

신부님은 찾아오는 손님이 누구든 일을 시키는 것으로도 유명한 사람이었다. 식사 후 예외 없이 우리도 토마토 따는 일을 도왔다. 그것이 비나리 정호경 신부님의 통나무집을 처음 방문했던 날의 풍경이다.

1979년 안동 가톨릭농민회 오원춘 씨 납치사건으로 안동은 전국적으로 떠들썩한 고을이 되었다. 대학생이던 나는 내 고향 안동의 일이고 또 가톨릭 쪽의 일이어서 관심을 두고 신문과 TV 보도를 지켜봤다. 아담한 체격의 미소년 같은 정호경 신부님이 안동교구청 사무국장으로서 오원춘 사건으로 연금되는 장면을, 또 정의구현사제단으로 활동하시는 모습 등을 유심히 봤다. 그 사건 이후 신부님은 "입품 그만 팔고 몸으로 살련다"며 1993년 류강하 신부와 함께 집터를 구하러 다니다가 청량산 근처의 비나리 마을에 터를 잡고 집을 짓기 시작했다. 우리가 다시 안동으로 내려가 생활할 때는 이미 신부님은 사목활동을 그만두고 고향 봉화 비나리에 자리를 잡고 계셨다. 두 번 정도 안동의 가톨릭 행사장에서 뵐 수가 있었지만 이미 세상사에 무심한 듯 머리는 헝클어지고 전설 속의 신부처럼 보였다.

정호경 신부(1941-2012)는 고등학교 때 봉화성당에서 류강하 신부(1939-2010)를 만났다. 류강하의 아버지가 정호경이 다니던 농업고등학교 교장이었다. 두 사람은 평생 가장 절친한 친구로 지내면서 서로에게 영향을 미쳤다. 여기에 권정생(1937-2007) 선생이 합류하면서 세 사람은 안동의 정신문화에 지대한 영향을 미치게 된다. 낮에 농사짓고 밤이나 농한기에는 책을 쓰며 지내는 정 신부님의 삶이 세상에 알려진 것은 권정생의 동화 <비나리 달이네 집>을 통해서다. 달이는 정 신부가 기르던 개 이름이다. 마을 사람들이 산짐승을 잡으려고 놓은 덫에 앞다리 한쪽을 잃어 "삼족 선사"로도 불렸다.

내가 간혹 갈 때면 세 발로 절룩거리며 삼족 선사 달이가 마중을 나와 주었다. 권정생 선생은 정 신부가 손수 지은 통나무집에서 간혹 하룻밤씩 묵어가곤 했다. 권 선생은 유언장에 "정호경 신부, 봉화군 명호면 비나리. 이 사람은 잔소리가 심하지만 신부이고 정직하기 때문에 믿을 만하다."라고 써놓고, 사후 재산관리인으로 결정한 3인 중의 한 사람으로 정호경 신부를 지목했다. 그럴 만큼 두 사람은 교류가 빈번했고 그에 따른 신뢰가 깊었다.

그 후부터 시댁인 태자리에 갈 때면 먹을거리를 싸 들고서 정호경 신부님의 목조 집에 들르곤 했다. 수돗가 옆 지붕 아래서 싸 들고 간 음식을 펴놓고 신부님과 함께 먹고 오곤 했지만, 신부님은 그냥 지나는 객이 들렀구나 하는 정도였다.

그러던 어느 날 신부님께 드릴 음식과 그리고 내 글이 실린 에세이스트 잡지를 차에 싣고 봉화로 가는 길이었다. 신부님께 먼저 들려야 하는 데도 다른 생각 하다 비나리를 지나고 말았다. 돌아오는 길, 해는 지는데 그래도 잡지와 준비해온 먹거리를 전하고 싶은 마음에 비나리에 들렀다.

이미 어둑해진 시각이었다. 통나무집 문을 두드렸다. 아무 기척이 없다. 다시 두드려 보았다. 그제야 신부님이 안에서 누구냐고 물었다. "책과 음식을 갖고 왔습니다. 신부님!" 하였더니, "해진 뒤에는 숙녀를 안 만납니다. 문 앞에 두고 가세요." 하는 건조한 목소리만 흘러나왔다.

"음식이라 짐승이 물어 갈지 몰라요." 그래도 아무 대답이 없었다. 나는 책과 음식 그릇을 문 앞에 두고는 내 차로 돌아갔다. 한참 후에야 문이 열리더니 그 물건들을 가지고 들어가시는 걸 확인하고서야 차의 시동을 걸었다. 나는 비나리 밤길을 돌아 나오는 내내 신부님의 귀여운? 자기방어술에 나오는 웃음을 참을 수가 없었다.

정 신부님의 건강을 염려하던 류강하 신부님이 케냐에서 5년간의 선교 활동을 하다가 똑같은 폐섬유증에 걸려 한국으로 돌아오게 되었다. 정 신부의 건강을 걱정하던 류강하 신부님이 투병하다 되레 먼저 가셨다. 2010년 11월 류강하 신부님의 장례미사가 거행되고 있었다. 정호경 신부님은 느릿느릿 제대로 올라가시더니 고별사를 하면서 "나의 장례를 성대히 치러주겠다고 장담하더니만, 나에게 추도문을 시키는구려. 괘씸한지고. 머지않아 다시 만나자."며 슬픔 속에서도 웃음을 자아내게 하던 모습이 아직 기억에 생생하다.

류강하 신부님이 가신 지 1년을 조금 넘긴 2012년 4월. 안동교구에서 한국인 첫 사제였던 정호경 신부님과 이승과 작별을 고했다. 이제는 삼족 선사 반달이도 없고 정호경 신부님도 떠나고 안 계신 <비나리 달이네 집>을 시댁 가는 길이면 한 번씩 들러본다. 아직 다 비우지 못해 서성거리는 나에게 비움의 삶이 무엇인지를 들려주는 듯 신부님의 통나무집은 예전 그대로이다.

서성거림

2018년 6월 도지사선거를 혹독하게 치르고 일상으로 돌아와 서성인다. 젊은 시절 느꼈던 외로움은 미래에 대한 불안에서 오는 우울이었다면 60이 넘은 지금의 외로움은 편안한 수준의 허전함인 것 같다. 손주의 미소에 웃고 따뜻한 햇볕에 감사하고 수다를 떨 수 있는 친구가 있음에 감사하고 책을 읽을 수 있음에 감사하면서 이제 일상의 그리움을 찾아 서성인다. 천천히 소소한 것들의 소중함과 그것들이 주는 행복을 찾아서 서성거린다.

안동에 학가산 온천이 생긴 지 10년이 넘었지만, 이제껏 가보지 못했다. 용기를 내어 맘먹고 가보았다. 넓고 좋다. 온탕에 있다가 냉탕에 가서 폭포를 맞기도 하고, 노천탕으로 나가 자연의 공기를 듬뿍 마시며 하늘을 본다. 누가 힐끗 보든 상관하지 않는다. 그냥 온천탕 여기저기를 활보한다. 그리고 장터에 가서 국밥을 사 먹고. 가까운 계곡을 찾아 바위에 누워 멍하니 하늘을 바라다본다.

그는 남편이기 이전에 초등학교 동창으로 만나 가장 긴 세월을 함께 해온 친구다. 그가 가는 길이 무엇이든 나는 존중해줄 수밖에 없었다. 서른네 살의 젊은 나이에 겁 없이 민주당 도의원으로 시작하여 1996년 우리가 선택한 민주당 국회의원으로 당선되었을 때는 참말 당당하고 떳떳했었다. 그리고 한나라당 삼선 국회의원이 되고 국회 사무총장을 거쳐 야인으로 보낸 10년. 이래저래 정치에 입문한 지 30년 가까운 세월이 흘러갔다. 따지고 보면 이제 와 더 찾을 것도 없는 현역 정치인이었으며 정치 복학생이었다.

선거판에선 명함을 일명 총알이라고 한다. 이번 선거에서 나는 매일 총알을 5000개도 넘게 쏘았다. 어떤 총알은 살짝 관심을 불러일으키고, 어떤 총알은 적중하기도 하지만 어떤 총알은 의미 없이 눈앞에서 땅에 밟히기도 한다. 흥미로운 것은 대체로 어르신들은 명함을 순하게 거부하지 않고 소중히 받는다는 사실이다. 그럴 때는 얼마나 고마운지. 그러던 어느 날 딱 한 분이 본인이 손을 내밀어 명함을 달라 하더니 보란 듯 땅에다가 탁 던졌다. 그래도 상냥하게 웃어넘겨야만 하는 게 선거운동원의 자세다. 더욱이 명함을 돌릴 수 있는 자격을 부여받은 자(직계 존비속)로서 나는 당연히 이 직무에 백 번이고 천 번이고 충실할 수밖에 없었다.

선거홍보물을 부착하고 경북 전역을 달렸던 나의 산타페. 테이프 자국이 지워지지 않아 하루살이가 덕지덕지 붙어 있던 차. 이 차를 타고 또 걸으며 13일 아니 60여 일의 대장정을 원도 없이 달렸다. 그때를 되새겨 볼 추억의 사진과 동영상들이 많다. 미련이 남지 않는 내 삶의 자취일 것이다. 그러니 이젠 다시 이런 일은 안 하고 살았으면 한다.

남편 고등학교 동기들 100여 명이 전국에서 모여 골프모임이 있는 날이다. 남편이 공을 치는 동안 문경새재도 걷고 온천도 할 요량으로 따라나섰다. 남편을 골프장에 내려주고 그 주변을 서성거린다. 근처 전원주택을 구경하다가 발길 닿은 곳이 <고요 1리 경로당>의 정자였다. 지나가던 할머니께 마루를 사용해도 되는지 물었더니 괜찮다고 한다. 아예 돗자리를 깔고 누워서 하늘을 올려다보았다. 살짝 잠이 든 것 같았는데 어떤 할머니가 "어디서 왔느냐"고 말을 걸어온다. 마루에 선거홍보물이 보였다. 얼른 일어나 웃으면서 물어보았다. "할머니 도지사 누구 찍었어요?" 하니 "도지사 찍었지." 하신다. 갖고 간 참외 몇 개를 할머니께 드렸다. 그 할머니가 노인정에 들어가시더니 감자 넣고 끓인 콩죽을 한 그릇 퍼다 주셨다. 참외에 대한 푸짐한 답례인 셈이다. 오랜만에 먹어보는 콩죽이 정말로 맛이 있었다.

잠시 더 휴식을 취하고 천한봉 선생의 <도천 도자미술관>을 방문했다. 따님인 천경희 관장이 무더위 속에 찾아간 손님을 따뜻이 맞아주었다. 정갈하고 군더더기 없는 도자미술관이다. 이제 좀 햇살이 누그러진 듯하다. 문경새재로 향했다. 적당한 곳에 차를 세우고 걸었다. 맨발로 걷는 사람들이 보인다. 나도 맨발로 걷는다. 발의 촉감이 따뜻했다. 마음을 비우고 느릿느릿 자연의 소리를 느끼며 걸었다. 땀이 약간씩 나기 시작하여 가던 길을 되돌아와 문경온천 유황 물에 몸을 담그고 잠시 휴식을 취했다. 그리고 혼자서 쌈밥정식을 시켜 먹었다. 혼자서 참 잘 논 것 같은 하루다. 남편을 픽업하기 위해 다시 골프장으로 갔는데 골프장에는 라이트가 켜져 있고 아름다웠다. 남편과 함께 골프를 칠 수 있으면 더 좋았겠지만, 이 변방의 서성거림 또한 낯설지 않았고 행복한 날이었다.

오랫동안 세상사에도 종교 속에서도 냉담중이다. 그래도 주일만 되면 마음이 불편하다. 이제는 추억이 되었지만 두 아들이 모두 군에 가 있고 남편은 집을 자주 비우던 때, 어느 날 무작정 우곡성지로 향한 적이 있었다. 예약하지 않았던 탓에 도착하여 보일러를 올렸더니 요 밑에서 물이 나올 정도로 냉기가 가시지 않았었다. 밤새도록 그 추운 방에서 주님께 매달리며 나는 무슨 기도를 했던가?

그날이 생각나 순교자 현양 대회 날 우곡성지를 들렀다. 언젠가 "자매님 기도 속에서 만납시다." 하시던 주교님도 뵙고, 계곡을 가로지르는 작은 철제다리를 건너서 쉬엄쉬엄 칠극의 길을 걸어본다. 집으로 돌아오는 길에는 청량산의 익숙한 정경을 차창 너머로 바라보고, 이제는 주인이 안 계신 정호경 신부님이 살았던 비나리 마을의 통나무집에도 들러본다. 저만치 태자리 시댁도 보인다. 짜릿한 그리움으로 차를 멈추고 다시 서성거려본다.

평생 거듭되었던 선거의 후유증인가? 남편이 매우 아프다. 병원 생활 석 달째 입원과 퇴원을 반복하는 날들이 계속되고 있다. 대림 3주일 병원 성당에서 남편 토마스 아퀴나스와 내가 함께 모처럼 주님 앞에 앉았다. 남편이 신부님께 고해성사를 보고 싶다고 한다. 멀찌감치 떨어져서 나는 또 서성거린다. 아주 오랜만에 묵주를 들고.

당신께서는 어디에 계시는 분인지 궁금합니다.
언제나 궁금한 주제였지요. 어떤 이는 "하느님을 보았다"
하고 어느 신부님은 "아직도 뵙지 못했다." 라고 하니
저 같은 무지렁이야 꿈이나 꾸겠습니까.
개인적으로 성당의 제단 앞에서 경건하게
두 손을 모으고
고개를 숙이는 신자들을 보면
뭉클 감명을 받습니다.

김종길

작은 기도 / 하느님 어디에 계세요? / 혹시 하느님을 파세요? /
나약해도 좋으리 / 사격장의 아이들

프로필 김종길(분도)
가톨릭대학교 의과대학졸업. 의학박사.
2002년 창작수필 신인상으로 등단
2010년 에세이스트 올해의 작품상
정경문학상 수상
문예시대 작가상 수상
에세이스트 작가회의 고문
부산 의사문우회장
김종길신경정신과의원
대한신경정신과학회 회장(2010)

저서: 『정신분석이 뭣고』, 『속죄』 외 학술논문 다수
이메일: jgk4728@hanmail.net

작은 기도

십 년도 넘은 기억이 살아난다. 서울 학회에 갔다가 부산으로 돌아오는 길이었다. 늦은 저녁 시간에 김해공항에 내릴 걸 생각해보니 공항에서 집까지는 부산의 끝에서 끝인지라 귀갓길이 부담스러웠다. 마침 어느 택시기사가 뽕을 먹고 운행을 하다가 구속됐다는 기사가 떠올랐다. 언젠가 아침 출근길에 모처럼 택시를 탔는데 어찌나 지그재그로 난폭운전을 하던지 중간에 하차하여 다른 차를 탔던 일도 떠올랐다. 나쁜 기억들이 거듭 꼬리를 물으니 마음이 불편했다. 긍정적 사고로 전환하고자 '별 탈 없이 집에 갈 수 있게 천사의 도움을 주세요.'라고 간절한 마음으로 간구했다.

그런데, 놀랍게도 효험이 있었다. 도착하여 출구 로비로 가는 중에 몇 번 안면이 있는 후배가 인사를 건네며 "혹시 공항에 차를 가져오셨느냐?"고 묻질 않는가. 자기는 남천동으로 간다는 거였다. 알고 보니 서로 같은 동네였다. 바로 이 분이 천사구나 싶어 쾌재의 웃음이 나왔다. 차에 올라, 어찌 그리도 내 심중을 꼭 집었

느냐고 상찬하였다. 쑥스럽지만 내가 화살기도 했던 속사정도 털어놓았다. 그도 교우인지라 함께 기뻐했고 남을 돕는 사마리아인이 되는 즐거움을 누렸다.

얼마 전 어떤 분이 전세로 이사를 해야 하는데 몇백만 원이 부족하여 고민에 빠졌던 사연을 들려주었다. 형편이 어려워 방법이 없었는데 아는 형님이 삼백만 원을 꼭 집어서 쓸 일이 있으면 말하라고 전화를 하더란다. 그 덕에 문제를 잘 해결할 수 있었다는 거였다. 누가 시키지 않고서야 이런 족집게 같은 전화를 해줄 수가 없는 일이다. 나는 "거참 신기하네요, 남의 사정을 그리도 잘 이해하다니."하고 맞장구를 쳤다.

21세기 과학의 시대에도 믿기 어려운 종교적 기적들이 일어난다. 믿어도 되는지를 놓고 시비도 오간다. 언젠가 아내가 유럽여행을 다녀오면서 파티마 성소에서 가져온 작은 성수聖水 병을 보여 준 적이 있었다. "복 받겠네." 했더니 아내는 진지하지 못한 태도라며 뿔이 났다. 어이쿠, 실수다. 역사적인 기적 설명을 듣기는 하지만 나는 왠지 진지하기가 어렵다. 이제는 천지창조설도 웃으며 듣는 시대다. 유럽에선 200년 전에 이미 허구로 인정되었다는 창조설이 한반도 크리스천에게는 아직도 먹히고 있다.

진료실에서 가끔 듣는 신기한 체험들은 과학만으로 읽히지 않는 때도 있다. 가령 빙의 문제도 그렇다. 귀신이 있느냐고 묻는 때도 있는데, "나는 보진 못했다."라고 답한다. 의사 생활 반세기가 되어 가는데 그런 일이 드물게 있었다. 기록이라도 했더라면

요긴하게 글감이 되었을 것인데 후회스럽다. 인간사에는 풀리지 않은 일들이 있다. 현대의 보편적 의학지식으로 볼 때 사소한 기적들은 많은 이들이 체험하는 게 아닐까 생각한다. 신기하게도 자기가 꾸는 꿈이 잘 들어맞는다고, 그래서 자신이 두렵다는 분들도 있다. 주위에서 "멍석 펴라"라는 농을 듣는다고 하는데 귀담아 들어 보면 앞뒤가 설명이 가능해지는 경우가 대부분이다. 나의 결론은 '간구하면 얻으리라'에 귀착된다. 그럴 때 "이왕이면 다홍치마"를 인용한다. 좋은 선택이 중요하지 않나 싶어서다.

한때 긍정사고를 추천하는 인생지침서가 풍미하였다. 이는 독자 중엔 부정적인 사고를 하며 사는 사람들이 많다는 의미이며 그렇게 살고 싶지는 않기에 긍정의 길을 찾는 것이다. 부연하자면, 우리의 성격 내부엔 스스로 원치 않는다고 하면서도 부정적 선택을 하는 사람들이 많다는 뜻이다. 이런 습성을 전문용어로 표현하면 자학성masochism이다. 현대의 대도시 우울증 발병률이 20%에 달하고 보면 꼼꼼하거나 우울한 분들이 생각보다 많다.

그러나 우울한 사람에게 자학성을 말하면 그들은 대체로 부정한다. 이럴 땐 "등잔 밑이 어둡다"라는 말, 소크라테스의 "너 자신을 알라"는 말이 절절해진다. 거듭되는 실수를 하면서도 잘못된 선택을 했다고 이해하는 게 쉽지 않다. 그보다는 남을 탓하기에 십상이다. 버킷리스트를 생각해 보자. 리스트 중에는 후회가 최다수다. 아내에게 좀 더 잘 할 걸, 부모님에게 좀 더 효도하였더라면 좋았을 걸 등. 후회는 잘못 선택했다는 의미다. 좋은 단어를 두고 나쁜 단어를 택하는 잘못은 일상의 일이다. 알면서도 어쩌지 못하는 삶의 슬픈 현실, 만약 간절히 원하는 마음으로 좋은 선택을 한다면 세상의 모습은 달라질 일이건만.

자학은 우울의 속성만이 아니고 누구에게나 널리 퍼져 있는 편재성偏在性이다. 다만 정도 차이뿐인 마음속의 독성곰팡이다. 우리의 장腸 속은 균들을 키우는 목장이어서 무려 60조 몸 세포의 열배나 되는, 500종 이상의 균들이 우글우글 함께 산다. 세균들이 '주인님, 단 것이 댕겨요.' 명령하면 주인은 저도 모르게 '난 단게 좋아' 하면서 단 음식을 밝히게 된다. 그의 삶은 공생하는 기생충의 꼭두각시며 존엄한 자신이 '숙주宿主인간'이란 말이다. 기생충이 우리에게 명령한다는 걸 눈치도 못 채는 삶이니 독성곰팡이가 자학을 명령해도 알 턱이 없다. 우리는 과연 얼마나 자신을 안다고 말할 수가 있을까?

하느님, '삶의 황금 비율'은 어떤 건가요? "세상의 소금이 되어라" 하셨으나 소금의 상징적인 의미를 어찌 풀이하며 살아야 하는지 잘 모르나이다. 욕심에 눈이 먼 회사들은 돈만 된다면 건강에 해로울 지경의 달콤한 제품을 만들고, 음식점들은 더욱더 달고 짭짤하게 만들어서 우리를 병들게 하나이다. 마음을 움직이는 황금 비율도 알려 주소서. 습을 좋아하는 독성곰팡이의 번영을 통제하여 주소서. 원죄로 옥죄인 삶에서 유쾌한 삶도 허용하소서. 간구하오니 고결함도 잃지 않고 살게 하소서. 아멘.

하느님 어디에 계세요?

머리엔 서리가 내렸으나 심령은 어린 신자이니 어리광스러운 호기심과 질문들을 윤허하소서. 성당에 인연을 맺은 건 오래이나 불출석하는 유치원생, 주님께서 관용하실 것이라고 용기를 냅니다.

당신께서는 어디에 계시는 분인지 궁금합니다. 언제나 궁금한 주제였지요. 어떤 이는 "하느님을 보았다." 하고 어느 신부님은 "아직도 뵙지 못했다"라고 하니 저 같은 무지렁이야 꿈이나 꾸겠습니까. 개인적으로 성당의 제단 앞에서 경건하게 두 손을 모으고 고개를 숙이는 신자들을 보면 뭉클 감명을 받습니다. 어린 마음은 기도하는 자세를 너무나 부러워합니다. 믿음은 머리로 믿는 게 아닌데, 세상이 하도 빠르게 변하여 정보가 넘치니 궁금한 게 많습니다. 우습게도 겁은 많아서 신부님 앞에서는 눈치를 살피고 묻지도 못합니다. 그래서 혼자 글로 적으며 당신과 문답을 나눠봅니다.

"네 마음속이 내 현주소란다." 이게 정말인가요? 옛날에는 저 높은 하늘에 사신다고 들었는데요. 그럼 왜 하필이면 전쟁으로 시달리는 작은 땅 이스라엘에 오셨나요? 한 신부님 책에서 옛날의 복잡한 역사를 보았어요. 후세 신학자들은 4천 수백 년 전 근동(중동) 지방의 수메르문명에서 몇 개의 지역적 역사를 통해 하느님의 배경을 설명했더군요. 근동을 이집트, 레반트, 아나톨리아, 바빌론 등으로 나누었는데, 이스라엘은 약소국으로 고전하던 지역이더군요.

고난의 땅 히브리말도 이전 이집트문명의 영향을 받은 알파벳이었고 구약성서도 히브리어로 썼고요. 약소국이고 보면 교역으로 먹고살면서 틈새 삶이 고달팠겠어요. 천년 바빌론의 고난도 그랬고요. 힘없는 이스라엘로서는 자연스럽게 주변 강대국들의 문물을 적잖게 받아들였겠지요. 그런데도 정말 신기한 것은 이스라엘 민족들이 "야훼신앙"을 굳게 지켜서 심화에 성공하고 로마제국으로, 세계로 성장해 나왔다는 거예요. 대단한 역사입니다.

이해가 어려운 건 당시의 수많은 고대신앙 속에서 어떻게 "야훼 하느님"을 지켜냈을까 하는 점입니다. 당신의 이끄심 때문이었다고요? 이웃 일본은 세계에 유례없이 신神이 많은 나라여서 800만이 된답니다. 현대의 원시종교이지요? 인도나 유럽에도 고대의 수많은 신이 살았고 그리스와 로마에도 매우 인간적인 신들의 이야기들이 꽃을 피웠지요. 한데 그 모든 신조차 야훼께서 지으신 작품이라고 봐야 하나요? 안 믿기네요. 또한, 창조설을 믿어야 할 것인데 아둔한 머리로 믿기에는 수많은 주장이 뒤범벅되어 제 믿음은 만성 소화불량 상태입니다.

당신께서는 무소부재無所不在하시며 하늘나라에 계신 것이 맞나요? 고대인들에게는 하늘이 그저 무한한 공간으로 숭배의 대상이 되었을지 몰라도 우주선 시대의 저에게는 그렇게 말해서는 마음에 닿질 않아요. 그러니 당신이 우주인이라고 못을 박는 이들의 주장도 그럴듯하게 여겨지더라고요. 이스라엘 백성들은 고대 신들이 숭앙하는 하늘을 그저 "공간"의 의미로 받아들였다고 하네요. 그저 공간이라고 하면 사람 사이의 공간도 되니까 우리의 "가슴 속"이라고 해도 무방할 것이겠는지요. 지상을 초월한 완전한 존재, 근본적으로 거룩하신 분, 한없이 선하신 분으로 받아들이면 궁금증은 종결입니다.

다른 질문으로 넘어갑니다. 구약성경에 의하면 하느님은 인간을 당신의 모상대로 빚으셨다지요. 인간이 양심과 지성과 자유의지를 지닌 것도 당신의 모상을 닮아 그런 거라고요. 또한, 예수님은 세상에서 가장 보잘것없는 자에게 해준 것이 내게 한 것이라는 말씀을 하셨으니 그렇다면 제가 어느 골목길에서 뵈었을 수도 있겠어요. 심안이 안 뜨였으니 뵈었어도 못 보았겠지만 말입니다.

궁금증이 계속 더 밀려오네요. 양파를 까듯 당신의 모습은 끝없이 같은 모양으로 나타나실 것인가요? 아니면 하얀 속살의 양파 그 자체일까요? 제 안의 당신께서 속삭이시는 듯합니다. "아가야. 너는 고추를 단 남자애지? 내게는 고추도 있고 잠지도 있단다.” 정말로요? 초등학교 시절엔 선생님은 오줌도 안 눈다고 믿었거든요.

어느 것도 다 있는데 제 눈엔 안 보인다고요? 아, 그럼 양성이신가요? 아니 그게 아니라 성을 초월하신 존재이시겠지요. “쯧쯧, 그래, 나를 보려면 너의 마음에 드는 신화 이야기와 과학적인 합리를 합쳐서 함께 말해야 하겠구나. 그렇다면 이해가 빠르겠지?” 그럼요. “나라마다 자기 나라가 시작된 이야기를 만들어서 신화로 포장하는 건 알겠지?” 그럼요. 일본은 우리의 고대 신화를 그대로 이름만 바꾸어서 그럴듯하고도 복잡하게 지어냈더라고요. 그런 건 그리스나 로마나 다 같은 게 아닐까 싶은데요. 침략한 정복자가 자신들을 신격화하고 기존의 원주민들을 노예 취급하고 지배계급이 되어서 흥미로운 이야기로 서사화한 거 아닌가요?

하느님, 또 질문이 생기네요. 구약은 옛날 신화들보다 연대가 후순위인데 왜일까요? “글쎄다. 그걸 설명한다고 네가 알아들을까?” 그럼 말씀 안 하셔도 돼요. 구약 시대 이전의 수메르 신화에는 아담과 이브 이야기 같은 원형 스토리가 있더라고요. 어느 학자는 아담과 이브의 이야기가 약 300년에 걸쳐서 수정 보완되어 만들어진 이야기라고 했어요.

마지막 질문입니다. 이스라엘 성경이 한국어로 번역되면서 원래의 의미 전달에 어려움이 많았겠지요. 범어로 쓰인 불경이 중국을 거쳐 들어오면서 쓸데없이 유식이 가미되어 어려워졌다는 불평이 있거든요. 400년 전 마태오 리치 신부님이 성경을 우리말로 번역할 때 라틴어 주님Deus를 천주天主로 번역했지요. 우리말에는 이미 "하늘님天神"이 있었기에 쉽게 하느님으로 소화되었다고 해요.

우리 선조는 상고시대 제정이 일치된 시대에 제사를 담당하는 부족이었다는 말이 있어요. 고대신앙의 설명에 의하면 흰옷을 사랑하게 된 연유가 거기에 있다고도 해요. 그러니까 제 생각은 한반도 백성들이 신앙심이 준비된 민족이라는 거지요. 지구촌에 교회의 십자가 수가 한국이 제일 많다고 하더군요. 한반도가 고난이 많은 땅이라는 뜻으로 봐야 할까요? 이런 점은 이스라엘과 다르지 않네요.

하느님을 설명하는 신학자들 사이에도 시대의 사상과 흐름의 영향을 받을 터이니 이견들이 있을 것이겠지요. 2차 바티칸공의회 이후에 많은 선교방침도 변화되고 새로워지고 있으나 더 많이 새로워져야 한다는 의견도 있더군요. 진화하지 않으면 퇴화하는 자연의 법칙 말입니다.

저의 냉담을 변명하자면 어느 신부님의 교만 때문이었어요. 하느님을 바라보는 눈 높은 신앙이 부족했기에 목회자의 교만에 집착하여 마음이 식었지요. 그런데 숙고해 보면 어린 시절부터 아버지의 부재로 인한 배신과 신뢰의 문제였지 않을까 생각합니다. 성장기의 부모 역할은 아이의 종교와 매우 밀접한 관계가 있다고 하잖아요. 저는 홀어머니와 외동으로 성장하면서 고민이 많았어요. 예배당, 불교, 가톨릭을 두루 섭렵했지요. 다행히도 신앙의 뿌리가 깊은 민족의 자손이기에 고난의 엄동이 지나면 얼음은 절로 녹게 될 겁니다.

더 솔직하게 말씀드리면 믿어지지 않더라도 '믿음에 의지하는 비이성적 행위'를 자신에게 허락하렵니다. 저는 유한한 존재이고 당신은 인간의 이성을 초월해 계시는 분이니까요. 그리하면 머리에 무서리 내린 이 늙은 소년의 마음에도 평화가 깃들고 삶도 단순화되어 평안에 들게 되겠지요. 하느님, 저는 이제 인간적 판단과 이성의 소리를 버리고 당신을 향한 의탁을 선택하려 하나이다. 어디에 계신지 모를 하느님, 제 믿음의 소화불량을 고쳐주소서. 의존을 선택하는 나약하고 문제 많은 어린 양을 관용해 주소서, 아멘.

혹시 하느님을 파세요?

<아너소사이어티>는 1억 원 이상을 희사하는 사람들의 모임이다. 부자들의 잔치인가? 아니다. 2008년 6명이 시작하여, 2018년에는 10년 만에 회원이 1973명이 되었고, 총 2169억 원이 모금되어 사회에 공헌했다. 창립 초기에는 어렵게 성공한 부자가 통 큰 기부를 하는 회원이 많았으나 지금은 후원을 받은 사람이 성공하여 다시 후원하는 선순환이 늘었다고 한다.

올해의 소식은 돋보였다. 특별한 기사는 26세 청년사업가의 참가를 다룬 내용이었다. 용기 있는 청년의 미담은 내게 반가움과 부끄러움이 교차하게 했다. 살아오면서 소소한 선행은 꾸준히 해왔지만, 거금을 희사하는 일은 아직 못했기 때문이다. 흔히 모교를 후원하는 거금은 많아도 사회를 위해 일금 1억 원을 기부하는 용기는 결코 쉬운 일이 아니다.

감동적인 이야기 하나를 소개하려는데, 아쉽게도 글쓴이를 모르겠다.

미국의 작은 도시에 열 살 정도의 남자아이가 1$를 손에 꼭 쥐고 거리의 상점을 돌면서 이렇게 물었다. “안녕하세요? 혹시 하느님을 파시나요?” 가게 주인들은 안 판다고 말하거나 혹은 장사에 방해된다고 생각해 내쫓기도 했다. 해가 점점 지고 있었지만 아이는 끝까지 포기 않고 69번째 가게에 들어갔다.

"안녕하세요? 혹시 하느님을 파세요?”

그때 60이 넘어 보이는 백발의 주인이 미소를 지으며 “얘야 하느님을 사서 뭐 하려고 그러니?”라고 아이에게 물었다. 자신의 말을 처음 들어주는 사람을 처음 본 아이는 감격의 눈물을 흘리며 사연을 노인에게 털어놨다. 아이의 부모는 오래전 세상을 떠나서 삼촌이랑 같이 산다고 했다.

그 삼촌이 현재 건축현장에서 떨어지는 사고를 당해 현재 혼수상태에 빠졌다. 삼촌을 치료하던 의사는, “삼촌을 구해줄 것은 하느님밖에 없다.”라고 말했다. 그러자 아이는 “제가 하느님을 사와서 삼촌에게 먹일게요, 그러면 꼭 나을 거예요.” 하면서 하느님을 사러 나선 거였다. 아이의 이야기를 들은 노인은 눈시울을 붉히며 돈은 얼마나 갖고 있느냐고 물었다. 아이가 대답했다.

“1달러요.”

“마침 잘 됐구나. 하느님은 딱 1달러거든.”

노인은 아이의 도움을 받아 선반에 있던 ‘하느님의 키스’라는 음료수를 건네주며 말했다. “여기 있단다, 얘야. 이 하느님을 마시면 삼촌이 금방 나을 거야.”

아이는 기뻐하며 음료수를 품에 안고 쏜살같이 병원으로 달려가 “삼촌, 제가 하느님을 사 왔어요. 이제 곧 나으실 거예요.”라고 말했다.

다음날 세계 최고 의료전문가들이 전용기를 타고 이 작은 도시에 몰려왔다…(중략)…. 병에서 회복한 삼촌은 아이와 함께 노인의 가게를 찾아갔지만, 노인은 이미 여행을 떠난 뒤였다. 가게 점원은 “도움 준 걸 크게 담아두지 말라.”는 말과 함께 노인이 쓴 편지를 전해주었다.

“젊은이, 너무 고마워할 필요 없네. 사실 모든 비용은 자네의 조카가 다 낸 것이나 다름없으니 말이네. 자네에게 이런 기특한 조카가 있다는 것이 정말로 행운이라는 걸 말해주고 싶네. 자네를 위해서 1달러를 쥐고 온 거리를 누비며 하느님을 찾아다녔으니 말이야.”

이 글이 왜 마음을 울렸는지 숙고해 보았다. 나는 이 얘기가 천사 같은 아이의 절박한 마음이 담긴 성인동화로 읽혔다. SNS로 받은 글이라 창작인지도 모르나 실화로 믿고 싶었다. 이 글은 내 마음속 천사를 동원하여 나까지 어린이로 동화시켰다. 아이는 돈의 가치를 모른다. 그걸 모르는 마음은 순수 자체다. 예수께서도 우리가 아이와 같지 않으면 하늘나라에 갈 수 없다 하셨으니 순수한 마음은 하느님을 만날 수 있는 전제가 되는 게 아닐까. 지성으로 이해하고자 했다면 건조해진다.

글쓴이는 ‘1$짜리 하느님’과 ‘하느님의 키스’를 연결하게 하는 연상의 트릭을 설정한다. 하느님을 유물적으로 전환하고 독자는 그 암시를 이해하기 때문에 빠져든다. 하느님의 값이 얼마로 설정되든지 간에 중요한 건 아이의 전 재산인 '1$'는 매우 귀한 값이라는 점이다. 아이의 그 1$가 액수와 무관하게 생명을 연결한다. 너그러운 부자 한 사람이 자칫 돈 때문에 치료받지 못할 뻔했던 위급 환자를 도와 부자는 선한 일을 한 사마리아인이 되고 삼촌은 소생한다. 그러나 그 부자는 자선을 드러내지 않는 겸양의 미덕으로 우리에게 감동을 준다.

핵심은 아이의 믿음이다. '계산하지 않는 믿음'이 삼촌을 구했다. 소중한 삼촌을 살려내야 하는 마음뿐이기에 69번째 도전을 감행한다. 드디어 진짜 하느님의 화신을 만난다. 이런 기적은 순수한 믿음으로서만 받을 수 있는 은총이다.

숨어서 선행하는 "키다리 아저씨"는 국내에도 곳곳에 있을 것이다. 이들은 1$짜리 하느님역의 할아버지와 같은 마음을 가진 사람들이다. 다수는 아닐지라도 점차 선행이 증가하고 있는 현상은 우리 사회의 희망이요 어두운 사회의 등불이다. 1$의 1은 귀하다. 어린이의 1$는 누구나의 가슴에 살아있는 진정한 남을 위한 마음이요 배려심이라 할 수 있는 숭고한 상징이다. 송년 시즌에만 듣는 소식이 아니라 자주 듣고픈 좋은 소식이다.

나약해도 좋으리

스무 살 청년이 심한 정서적 불안으로 정상적인 생활을 하지 못하여 병원을 찾아왔다. 면담 중 종교에 대한 의향을 물었더니 교회에 나간 지 두어 달 된다고 한다. 겉으로만 받아들이고 있는 듯했다. 하느님을 믿으려니까 자신이 찌질이가 되는 거 같단다. 기독교 서적들을 봤으나 의문스러운 대목을 이해시켜주려 하진 않고 그냥 무조건 믿으라고만 한다는 것이다. 맹랑하다 싶어 이것저것 물어보니 제법 아는 소리를 했다. 짚이는 게 있어 화제를 돌렸다.

"자네 아버지가 찌질이라고 생각되지는 않나?"

"맞아요."

생활보호대상자인 무능한 아버지를 만날 잠만 자는 찌질이라고 생각한다고 했다. 그는 엄마가 열 살쯤에 집을 나간 뒤 이미 마음의 성장이 멈추었다. 그의 불안은 좌절된 의존심과 억압된 적개심에 기인하고 있었다. 며칠 후에 그가 어머니를 모시고 왔는데 십 년 만에 겨우 두 번째 만남이란다. 그는 엄마가 자기를 미워해서 버림받은 것으로 기억하고 있었지만, 실제는 엄마가 집을 나간 것이 아니라 아버지가 금전적 실수를 한 아내를 용서하지 않고 내쫓은 거였다.

그 실수의 속사정이란 남편이 생활비를 정기적으로 주지 않은 데서 비롯된 거였다. 엄마는 카드 돌려막기를 계속하다가 부채가 부풀어진 거라고 설명했으나 남편은 공연한 변명이라고 간주했다. 어머니를 이해하고 나면 그의 정서도 조금은 위무될 것이나 아들 역시 오해를 풀지 않았다. 내가 그의 손을 잡고 큰 산을 넘어야 하듯 그의 부모가 겪었어야 할 아픔과 절망을 헤아리며 청년에게 말했다.

"백 명의 기독교 신자들에게는 백 개의 기독교가 있단다."

"저도 그런 걸 느꼈어요. 교회에서 사람들이 서로 다른 말을 하더라고요."

"그러니까 네가 찌질이가 된들 어떠니? 누가 뭐라던 네 마음의 평화가 있으면 안 되겠니?"

그는 대답 대신 씨~익 웃었다. 그의 가슴속 밑바닥에는 적개심이 마그마처럼 끓고 있으나 본인은 그 사실을 알 턱이 없다. 나는, 조현병 환자인 그에게도 하느님의 성령이 거하실까 싶었다. 환자에게 성령이라? 물론 그런 분류는 없고 생각도 하지 않는다. 그렇지만 시대에 따라 관점은 다를 수 있다. 가령 이슬람권에서는 한때 간질(뇌전증)환자는 성자로 우대되기도 했다. 지도자가 그런

증상을 가졌기에 우대를 받던 시대가 있었던 것은 발작 현상을 신의 강림으로 보았기 때문이다.

명화 <벤허>에서 나병 환자는 천형으로 간주하여 접촉이 용납되지 않는 천민 이하의 기피 대상으로 나온다. 이렇게 질병관은 시대와 시류에 따라 변화가 있었다. 유전학적으로는 보면 조현병은 바이러스에 강한 체질로 진화한 결과라는 견해가 있다. 그러다 보니 뇌 안의 대사 작용에 오류가 생겨 뇌병이 온 것이다. 진화의 오류일 수가 있는 것이다. 하느님이 모든 인간 안에 계신다면 청년의 본질 안에 거하시는 성령을 논해도 되지 않을까?

사람들은 누구나가 자기의 현상을 자신에게 설명하고자 하는 욕망이 있다. 거기서 고집이 생기고 대립도 생긴다. 때로는 반종교적일 수도 있고 집단으로 성령을 내세워서 사이비 종교가 되기도 한다. 거창한 얘기를 일상으로 돌려보면 환자는 자기의 현상을 나름대로 설명한다.

예를 들어 약을 투약하고 손 떨림 현상이 나타났을 때 그건 약의 부작용인데도 의사가 왜 손을 떠느냐고 물으면 환자는 "글쎄, 내가 어깨가 좀 불편해요."라는 식의 답을 한다. 그는 무의식적으로 자기를 옹호하는 변명을 하는 셈이다. 무의식적으로 자신을 보호하는 방어이다. 대답이 그럴듯할수록 정상에 가깝다. 환자와 의사의 관계 교류는 인간사회의 필수적 요인이다. 특정 종교와 그와 다른 종교의 관계는 어떠한가? 다행히도 한반도는 종교적 논쟁에서 자유롭다. 아마도 홍익인간의 가르침이 남겨준 음덕이 아닐까 싶다. 음양의 조화가 태극 아닌가.

과학과 철학 사이에도 논쟁은 계속된다. 철학적 탐구도 해보지 않은 채 신에게 의지하는 건 어찌 보면 존재의 독립성을 상실한 나약한 일이다. 인간이 약하기에 세상의 사람 중 절반은 어떤 종교든지 믿고 있다. 그 대부분을 기독교와 이슬람 그리고 불교가 점유한다. 얼마나 진지하게 믿는가는 측정할 길이 없지만 어떤 형태로든지 종교는 선한 것을 가르치기에 혼자서 끙끙거리며 사는 것보다 신앙에 의지하며 사는 게 편할 일이다. 신심이 깊어서 흔들리지 않는다면 금상첨화다. 믿음 하나로 얼마나 인생이 수월해지는가. 예수는 "수고하고 무거운 짐 진 자들아, 다 내게로 오라. 내가 너희를 쉬게 하리라."(마태오복음 11,28) 하시지 않았는가.

신앙이 공고하면 마음이 단순화되고 편해진다. 현대화의 흐름은 갈수록 복잡하고 어떤 욕망의 패턴화를 지향하면서 그것을 못 따라가면 불안이 점증한다. 불안을 잠재우려면 타협이 필요하다. 거래deal이다. 비싸게 팔려는 사람과 싸게 사려는 양자 간의 타협이자 속세와 내 양심의 거래이다. 철학을 버린다고? 나약해도 괜찮으니 믿음을 택하는 게 이득이지 싶다. 안녕이 찾아오리니.

사격장의 아이들

유행하는 먹방 프로그램에서 개구리요리가 진행 중이다. TV를 보고 있던 막내딸이 책을 보던 내게 저런 걸 먹어봤냐고 묻는다. 초등학교 시절에 먹어봤다고 하자 딸은 "아빤 저런 거 못 먹었을 거 같은데?" 한다. 내가 그리 보였는가 보다.

개구리요리라, 기억 속의 요리라면 나도 먹어본 적이 있다. 초등부 교회에 다니던 시절이다. 열한 살 여름, 이북의 적진을 마주 보는 최전선, 그때 살았던 곳은 군사도로를 중심으로 발달한 동네다. 잘 닦인 군사도로는 마을의 중심가에서 서쪽으로 죽 뻗어 오다가 육중한 콘크리트 다리를 건너서 서쪽 산모퉁이를 안고 사라진다. 우리 동네는 개천을 가로지르는 다리가 있는 지점에 이르기 전에 왼편으로 두 줄로 들어선 농가들이 사십여 호가 있고 도로변으로 상점들이 군부대 입구에 둘러앉았다. 중심부에는 서울로 나가는 차부(버스 터미널), 옷가게, 다방이 있고 길은 차부에서 동쪽과 북쪽으로 뻗어 나갔다. 북으로는 휘 돌아가면서 서울로 가고 동쪽으로 더 나가면 차로 몇 분이면 휴전선에 이른다. 자그만 교회는 중심가에서 남쪽으로 산에 오르는 중턱에서 마을을 내려다보고 앉았다.

일요일이면 동무들과 어울려서 한 시간도 안 되는 교회에 이른다. 찬송가를 부른다. 동화 같은 성경 얘기도 들었지만 기억에는 없다. 하지만 몇 소절은 아직도 생생하다.

“참 아름다워라, 주님의 세계는/ 저 솔로몬의 옷보다 더 고운 백합화….”

즐거웠던 날들인데 딸에게 얘기하다 보니 부끄러운 기억으로 반전된다. 찬송가를 흥얼거리며 논두렁길을 걸어오면서 저지른 도락 행위가 살생이었기 때문이다. 노래를 부르는 애들은 모두가 순수한 농촌 아이들, 그때 우리가 했던 일은 결코 아름다운 일이 아니었다. 쑥대가 우리의 키만큼 컸으니까 1m는 됐을 것이다. 쑥대를 밑에서 꺾어 들고 신발 밑으로 쑥 잡아 빼면 손가락 굵기의 회초리가 되어 팔딱 튀어 도망을 가는 개구리를 두들겨 잡는 도구가 되었다. 사냥한 개구리 두 다리를 밟고는 몸의 앞부분을 당기면 두 개의 다리만 남는다. 죄도 없는 개구리는 처참한 형벌을 당한다.

얘기를 듣던 딸애는 온 얼굴을 찡그리면서 우우~ 끔찍하다는 반응을 보인다. 그래, 지금 생각하면 잔인한 일이야. 그런데 당시의 우리는 그게 지극히 자연스러운 일이었단다.

교회에서 예배를 마치고 들판에 나선 우리는 악동이 된다. 아이들은 집 근처에서 "헤쳐모여"를 한다. 잠시 후 산에 올라서 쓰일 도구들, 식품을 준비하러 헤어지고, 다시 만났을 때는 각자 손에 점심을 준비할 준비물이 들렸다. 다시 즐거운 산행이다. 신작로를 건너서 산길을 오르면 사격장에 오른다. 사격장의 멀리 아래에는 군 막사들이 있다. 사격장은 잔디로 덮여 있다. 폭은 50m쯤, 길이는 100m가 넘는 경사진 잔디밭은 군인들이 만들었다. 가끔 콩 튀는 총소리가 멀리 학교에서도 들리곤 했다.

산 밑의 밭에서 약간의 채소와 콩을 서리하고 우리는 사격장을 지나서 골짜기로 들어간다. 물가에 밑돌을 앉히고 냄비를 얹는다. 밥과 국을 준비한다. 애들의 뱃속에서 꼬르륵 소리가 진동한다. 서리해온 콩을 구워서 입들이 시커멓게 먹고, 이어서 "개구리탕"으로 맛나게 점심을 먹는다. 달은 휘영청 밝은데 그날 밤은 자다 말고 일어나 고추밭에 앉아 설사를 해대었다.

또래의 형이 지뢰를 밟아서 발이 날아갔다. 소문이 퍼지자 동네 어른들이 경고와 주의를 시켰다. 그래도 우리는 사격장에서 놀이 재료를 얻었다. 탄피나 새 엠-1 총탄을 줍는다. 이것들은 놀이에 매우 중요한 재료들이다. 총알 중에 납탄은 불에 넣어서 빈 껍질로 만들어서 수수깡 끝에 꽂으면 화살촉이 된다. 쇠 총알은 목걸이로 좋았다. 안 터진 엠-1의 총탄은 온전한 어른 손가락보다도 커서 총알을 거꾸로 땅에 묻고 총탄의 꽁무니에 못으로 대고 망치를 친다. 총알은 소리를 내며 터진다. 혹은 돌에다 톡톡 한참을 두들기면 총알과 총집이 분리되고 탄약이 쏟아진다. 화약은 불놀이에 유용하다. 위험천만해 보이는 놀이지만 전혀 위험을 느끼지 못한다. 아이들은 이미 숙달된 솜씨다.

사격장은 내게 남다른 추억을 남겼다. 거기 총탄의 표적용으로 벽을 쌓은 잔디로 된 담 속의 산새 둥지에서 솜털도 없는 발간 새끼를 얻었다. 귀하게 모시고 돌아와서 벌레를 잡아 먹이며 키웠다. 두 주일쯤 키웠더니 새가 방안에서 포르르 날아다니는 모습을 즐기게 되었는데 어느 날 학교에서 돌아오니 새가 죽어 있었다. 엄마가 독성을 가진 벌레를 모르고 먹이로 주었던 모양이다. 나는 울면서 무덤을 만들어 주고 천국에 가라고 두 손을 모아 기도를 했다.

사실은 그때보다 좀 더 어린 8살 여름에 나는 이미 사지를 넘었다. 조무래기 다섯 명이 학교가 파하고 함께 귀가했던 날이다. 내가 집으로 들어오고 점심 밥상머리에 앉을 때, 집이 날아갈 듯 격한 폭발음이 들렸다. 함께 오던 아이 둘이 폭사하고 둘은 심하게 다쳤다. 수십 보 떨어진 변소 앞 반석 위에서 아이 넷은 신기했던 수류탄을 분해하려고 했던가 보다.

지금 생각해 보면 자칫 위기의 순간에서 1/5의 확률로 살아남은 셈이니, 나는 이미 하느님의 은총을 받았던 게 아닐까. 아빠의 성장세계를 딸에게 즐겁게 전하기가 어렵다. 변명을 붙여가며 설명을 해야 한다. 전쟁 탓이라곤 했지만, 결코 아름답지 못한 그 시절이 그립다는 역설 또한 설명하기가 어렵다.

주님, 저는 저 자신이 생각하고 행동하는 주체가 되고
싶습니다. 제가 저지른 행동에 대해서는
제가 책임을 지고 싶습니다.
그러나 하느님은 선한 분이시고
우리가 넘어졌을 때
손을 잡아 주시는 분이라는 것도
믿습니다.

이찬웅

프로필 이찬웅(아오스딩)
2004년 외환은행 본부장 퇴직
2005년 창작수필로 등단
2012년 국선도 유단자 승단
2014년 정경문학상 수상
2018년 아름다운서당 교수 은퇴

저서: 『나는 학생이다』
이메일: cwlee1024@daum.net

기도

-어느 불량 신자의 영성 수련기-

여기는 수녀원에서 운영하는 피정[1]의 집 <메리워드 영신 수련원>이다. 나는 이곳에서 진행되는 9박 10일간의 침묵피정에 참가하려고 왔다. 수련원은 충북 옥천 읍내의 조금 외지고 한적한 곳에 있었다. 폐교된 초등학교(분교)를 개축하여 수련원으로 개원했다고 했다.

이번 수련 참가자는 15명인데 13명은 수녀님이고 일반 신자는 옥천에서 온 여자분과 나, 두 사람이다. 그리고 수련원 안에 남자는 이번 피정을 지도해주기 위해 서울에서 오신 백발의 외국인 신부님과 나, 둘뿐이다. 이곳에서의 일과는 먹고 자는 것, 그리고 매일 아침 미사와 하루 한 번 상담 수녀님과의 면담시간 외에는

---

1) 피정避靜:가톨릭 신자들이 자신들의 영신 생활에 필요한 결정이나 새로운 쇄신을 위해 어느 기간 동안 일상적인 생활의 모든 업무에서 벗어나 묵상과 자기성찰 기도 등 종교적 수련을 할 수 있는 고요한 곳으로 물러남을 말함. [이하, 가톨릭 용어사전]

혼자서 기도하고 기도 후에 수련원 주변을 홀로 산책하는 것이 전부다. 면담시간을 제외하고는 일체의 대화가 허용되지 않는다. 침묵 속에서 기도하고 산책하며, 모두가 함께하는 식사시간에도 침묵은 지켜져야 한다.

나를 상담해주실 수녀님(여기서는 동반자라고 했다)은 P수녀님이었다. 첫날 면담에서 수녀님은 내가 이번 피정에 참가하게 된 이유를 물었다. 나는 내가 정말 가톨릭 신자인가를 알고 싶다고 했다. 성당에서 영세만 받았을 뿐, 겉으로만 신자인 내가 안을 채울 수 있을까에 대한 의문이 있는데 그 의문에 대한 실마리를 찾고 싶다고 했다. 수녀님은 자신이 구하고자 하는 것에 대해 주님의 은총을 간절히 청하되, 반드시 무엇을 얻어야 한다는 생각은 내려놓으라고 했다.

묵상기도 1

첫 묵상[2] 주제로 받은 루카복음 24장을 펼쳤다. 엠마오로 가는 두 제자를 읽던 중 "그리스도는 그러한 고난을 겪고서 자기의 영광 속에 들어가야 하는 것이 아니냐?" 하는 대목이 가시처럼 목에 걸렸다. 부활을 믿지 못하는 제자들에게 하신 말씀이다.

예수님이 십자가에 못 박혀 돌아가신 것이 세상에 대한 연민과 사랑이 아니라 예언자들이 말한 바를 이룸으로써 자기의 영광에

2) 묵상默想: 마음과 정신을 하느님께 몰두시켜 하느님의 현존 속에 하느님과 관련된 일에 대하여 생각함

들어가고자 함이었단 말인가? 자신의 영광을 위해서 죽음을 선택했단 말인가? 한 시간을 채우느라 애를 쓰며 그에 대한 어떤 답이 들려오기를 기도했다.

상담 수녀님과의 면담시간에, 묵상기도 도중 목에 가시가 걸린 것처럼 불편하게 느껴졌던 대목을 얘기했다.

"거기에 대해서 예수님께서는 뭐라고 말씀하시던가요?"

"……."

오후 기도시간에는 그 문제를 예수님께 담화를 통해서 물어보라고 했다. 담화란 묵상기도 과정의 일부로써 특정한 대상(이 경우는 예수님)과 대화하듯이 기도하는 것을 말한다. 대답을 안 주시면 간절하게 묻고 늘어져 보라고 했다.

"끝까지 응답이 없는 때도 있나요?"

"그런 경우는 매우 드뭅니다. 질문이 간절하면 대부분 답이 나옵니다. 응답은 소리로 오기도 하고 환시로 오기도 하고 생각으로 오기도 합니다."

오후 기도시간.

'예수님, 예수님 말씀대로라면 이기적인 생각이 아닌가요? 정녕 예수님은 예언자의 말씀을 이루기 위해서, 자신의 영광에 들어가기 위해서 십자가에 못 박히셨나요?' 수녀님이 말하기를, "예수님은 자신의 영광을 위해서가 아니라 하느님의 영광을 위해서 그 길을 택하신 것"이라고 하던데, 성부와 성자와 성령이 삼위일체이니 결국 그게 그거 아닌가요?

집중을 방해하는 잡념을 떨쳐내느라 애를 쓰면서 응답을 달라고 매달렸으나 답은 없었다. 그렇겠지. 이렇게 응답이 금방 온다면 그것이 무슨 답이겠는가. 시간과 간절함과 몰입이 어우러져야 뭔가 오더라도 올 수 있겠지. 이번 피정 기간에는 동심으로 돌아가서, 선생님의 말씀을 믿고 따르는 초등학생으로 돌아가서 모든 과정을 충실하게 따라가리라.

#묵상기도 2

오늘의 묵상 주제(요한복음 4:34, 5:30, 6:38, 8:28~29)에서 예수님은 "스스로는 아무것도 할 수 없다. 오로지 하느님께서 시키신 일을 그대로 하셨다"라는 말씀을 했다. 당시 유대인들은 구약의 예언을 믿고 있었지만, 예수님이 하느님의 아들이라는 것은 믿지 않았으므로 예수님은 "내가 하는 것은 모두 아버지 하느님의 뜻이다. 나를 믿고 따르라"라고 말할 수밖에 없지 않았을까? 그리고 그러한 유대인 사회에서 "내가 하느님의 아들이다!"라고 주장한 사람은 아마도 예수님만이 아니었을 것이다. 그러니 아버지 하느님이 나를 보내셨다고 말씀을 해도 사람들이 믿지 못했을 것이다.

하느님은 왜, 천사들을 보내 "심판의 날이 가까이 왔다. 회개하라!"라고 직접 메시지를 전하지 않고 굳이 예수님을 보내서 하느님의 뜻을 전하게 하셨을까? 유대인들이 이미 하느님의 뜻을 저버렸기 때문에 그들을 벌할 의지를 갖고 있었기 때문일까? 그래서 사랑의 하느님은 마지막으로 예수님을 보내어 그들에게 한 번

더 기회를 주시려고 한 것일까? 하느님의 뜻을 안 예수님은 그들을 대신하여 죽음으로써 하느님께 용서를 구하고 인간들에게 깨우침을 주려고 한 것이 아닐까.

면담시간에 수녀님은 "하느님은 벌을 주시는 분이 아닙니다. 사랑, 그 자체이신 분입니다. 하느님을 벌 주시는 분으로 알았다면 성경을 부분만 보았거나 오독한 결과입니다."라고 했다. 그러면서 교리공부를 제대로 해 볼 것과 여건이 허락되면 40일 피정을 해보라고 권했다. 따지려고 하지 말고 이해하려고 노력하라, 무의식의 심연에 깔린 것이 무엇인지를 찾아보라고 했다. 논리적으로 판단하지 말라고 했는데, 내겐 그것이 참으로 어렵다.

#묵상기도 3

오늘부터는 묵상에 들어가기 전에 주님께 은총을 구하는 기도에 집중했다. '주님, 껍데기만 가톨릭 신자인 제게 하느님에 대한 믿음을 주소서, 동심으로 돌아가게 해주소서.' 열 번쯤 은총을 구하는 기도를 하고 묵상의 주제로 들어갔다.

"아직 하나도 시작하지 않았을 때 당신 책에 그 모든 것이 쓰여 있었습니다." (시편 139:16) 나의 출생도 하느님의 책에 미리 쓰여 있었고 내가 어디서 무엇을 하든지 하느님이 정해주신다는 말씀이 운명론적으로 들렸다. 나의 운명은 내가 생기기도 전에 이미 정해져 있고 나의 삶은 하느님 책에 모두 적혀 있다는 말씀이다. 성서적으로 받아들이면 나의 삶을 주관하시는 분은 하느님이니 모든 것을 하느님께 맡기고 순종하라는 의미이겠지만, 그러면 나는 꼭두각시란 말인가. 하느님을 믿고 받들겠지만 내 삶은 내가 선택해서 살고 싶다.

성서의 가르침과 내 생각의 간극을 어떻게 해야 메울 수 있을지 모르겠다. 성직자의 길을 택한 분들도 이런 고민이 분명 있었을 텐데 그분들은 어떻게 그 간극을 해소했을까. 의심과 의문을 접고 가르침대로 받아들이고 따르라지만 어떻게 해야 그렇게 되는가? 그동안의 지식과 경험이 오히려 걸림돌이 되고 있는가? 그것들이 어설프고 알량한 것이라면 어떻게 해야 버릴 수 있는가? 나의 의지로 버려질 수 있는 것인가?

#묵상기도 4

이번 묵상 주제는 유대인과 이스라엘에 관하여 본 환시를 적은 이사야 예언서 43:1~5인데 그중 43:5 "내가 너와 함께 있으니 두려워 마라."를 마음에 두고 묵상에 들어갔다. 그런데 갑자기 부활에 대한 생각이 불쑥 떠올랐다. 묵상하다 보면 어떤 흐름을 타게 되는데 그 흐름을 거스르면 마음이 흐트러지고 온갖 잡념이 끼어든다. 그래서 그 흐름에 생각을 맡기고 따라가 보곤 한다. 예수님의 육신이 부활했다는 성경 말씀을 그대로 믿는가? 교리에서 배운 대로 말하는 답변이 아니라 가슴에 손을 얹고 진실로, 진실로 말하라고 하면 나는 믿지 않는다. 육신의 부활이 아니라 예수님의 가르침이 부활한 것으로 생각한다. 성경은 비유와 은유로 가득 차있지 않은가. 예수님의 부활도 이러한 은유로 받아들인다.

예수님이 십자가에 못 박혀 돌아가시자 제자들은 자신들의 잘못을 크게 뉘우치고 다시 뭉쳐서 예수님의 가르침을 세상에 전파하기 시작하였다. 세상 사람들도 예수님의 죽음에 대하여 죄책감을 느끼고 되었고 점차 많은 사람이 예수님의 가르침을 따르게 되었다. 이것을 은유적으로 표현한 것이라고 나는 생각한다. 이것은 오늘 갑자기 생각난 것이 아니라 오래전부터 그렇게 생각해왔다. 솔직히 말하면 나는 육신의 부활을 진실이라고 믿는 사람을 속으로 경계한다. 그는 맹신하는 사람일 것 같다. 지하철에서 "예수 천국! 불신 지옥!"을 외치는 사람들도 경멸한다.

주님, 제가 또 잘못을 저지르고 있는 것이지요? 성경의 말씀은 자구 하나라도 그대로 믿고 받아들여야 하는데 말이지요.

#묵상기도 5

어제부터 은총을 구하는 기도에 먼저 집중하고 묵상에 들어가는데 그렇게 하는 것이 조금이나마 마음을 편하게 해주는 것 같다. 오늘은 이사야서 43:1 "내가 너를 지명하여 불렀으니 너는 나의 것이다."를 묵상했다. 네, 저는 주님에게서 왔으니 온전히 주님의 것이옵니다. 내가 생각하는 모든 것은 주님에게서 왔고 내가 행하는 모든 것은 주님이 시키신 것입니다. 저는 아무것도 아닙니다. 주님, 이렇게 말할 수 있어야 제가 그리스도를 믿는 사람이 되는 것입니까? 그러나 주님, 저는 저 자신이 생각하고 행동하는 주체가 되고 싶습니다. 제가 저지른 행동에 대해서는 제가 책임을 지고 싶습니다. 그러나 하느님은 선한 분이시고 우리가 넘어졌을 때 손을 잡아 주시는 분이라는 것도 믿습니다.

나의 묵상기도가 번번이 궤도를 이탈한 느낌이 들어 묵상 중간에 은총을 구하는 기도를 여러 번 소리 내어 바쳤다. 그러고 나서 다시 성서의 가르침과 내 생각에 대한 간극을 생각했다. 간극이 메워진 사람은 성직자의 길을 가는 것이고 그 간극이 메워지지 않은 사람은 일반 신자로 남는 것일까? 나처럼 간극이 크게 벌어진 사람도 신자라고 할 수 있을까.

면담시간.

하느님은 인간을 당신의 뜻대로 만들지 않고 인간에게 자유의지를 주셨다. 인간들이 죄를 저지르고 악인도 있는 것은 인간에게 자유의지를 주셨기 때문이다. 왜 인간들에게만 자유의지를 주셨는지 묵상해 보라. 묵상 과정에서 마지막 정리를 형제님이 스스로 하지 말고 주님이 해주시기를 기다려라. 묵상기도 중에 담화를 통해 주님께 말씀드렸으면 거기서 오래 머무르며 응답을 기다려 보라고 했다.

#묵상기도 6

<욥기>에 대한 묵상에 들어갔다. 부귀도 영화도, 가족도 건강도 모두 하느님이 주신 것이므로 하느님은 언제든지 거두어 가실 수도 있다. 하느님의 보호를 벗어나면 모든 것이 허망하니 헛된

것들에 마음을 두지 말고 오직 하느님의 영광을 위하여 살아라, 하는 말씀일까?

욥기가 하느님의 가르침을 전하기 위한 가공의 메시지라면 지어낸 얘기니 그러려니 하겠지만, 실제로 일어난 사건이라면 욥의 죄악에 대한 하느님의 잣대가 너무 엄격하다는 생각이 들었다. 자비의 하느님과는 거리가 멀다는 느낌이었다. 주님은 왜 욥에게 사탄의 시험을 두 번씩이나 받게 하신 것일까? 약탈당한 재산이야 그렇다고 치더라도 죽어버린 자식들은 무슨 죄가 있어서 죽게 내버려 두셨는가? 그리고 이교도들의 습격과 불덩이로 인하여 죽어버린 머슴들은 그렇게 죽어도 되는 것일까? 그들은 영화의 엑스트라처럼 의미 없이 죽어도 되는 존재들인가? 욥의 참회도 진정성이 느껴지지 않았는데 하느님은 왜 용서하신 것일까? 욥은 하느님의 용서를 받아 재산이 곱절로 늘었고 다시 일곱 아들과 아름다운 세 딸을 얻었으니 정말 행복해졌을까?

욥기 전체 중에서 7:19~21 욥의 탄원 기도, "언제면 제게서 눈을 돌리시렵니까? 어찌하여 저를 당신의 과녁으로 삼으셨습니까? 어찌하여 제가 당신께 짐이 되었습니까? 당신께서 찾으셔도 저는 이미 없을 것입니다."가 가장 마음에 와닿았다. 욥기를 통해서 주님께서 전하고자 하는 메시지는 무엇일까? 담화로 주님께 말씀드리고 은총을 구하는 기도를 바치며 기다렸으나 응답을 받지 못하였다.

면담시간.

욥기의 줄거리를 잘 요약하였다. 그러나 성서를 요약하거나 분석하려 들지 말고 자신의 삶과 연결하여 기도하라. 성서의 구절에서 주님의 안타까운 마음을 느끼라. 성서의 상황에 자신을 접목해 보라. 피정이란 자신의 내면을 깊숙이 들여다보고 자신의 삶을 정리하는 시간이다. 형제님은 자신의 의지로 삶을 선택하고 싶다고 했지만, 그것이 형제님의 의지만으로 되는 것이던가. 열심히 기도하면 신앙의 신비를 체험하는 순간이 올 것이니 서두르지 마시라. 그런 요지의 말씀과 함께 묵상 주제로 이사야서 45:9~15과 55:6~11, 에제키엘서 34:11~16를 주셨다. 면담이 끝났을 때 수녀님께 감사의 말씀을 드렸다.

"수녀님, 저 때문에 마음고생이 많으시죠? 크게 실망하셨으리라 생각합니다."

"아닙니다. 실망하지 않았습니다. 그러나 안타깝습니다."

"저도 정말 답답합니다."

"형제님을 위해 기도하고 있습니다."

#묵상기도 7

오늘의 묵상 주제(이사야서 45:9~15)는 진흙과 옹기장이의 비유를 들어 주님의 권능을 설명하는 내용이다. 절대자이신 주님과 맞서지 마라. 주님의 말씀이나 주님이 하시는 일을 의심하지 마라. 그분은 절대자이시니 오류가 있을 수 없다. 따지지 말고 그대로 받아들이라. 이성적 판단이 아니라 영적인 체험을 간구하라.

그분은 선한 분이시니 내가 선한 마음으로 선한 행동을 하면 그분의 뜻을 거스르는 일은 없으리라. 그러나 내가 하는 생각, 행동이 선하다는 것을 어떻게 판단해야 하는가? 주님의 말씀이 직접 들리지는 않고 성서는 비유와 은유로 되어있으니 결국 주님의 말씀을 대신 전하는 성직자(영적 스승)에게서 판단을 구할 수밖에 없겠구나. 그러나 주님의 말씀을 전하는 이가 주님의 말씀을 올바르게 전하는지는 어떻게 판단하나? 그것을 판단하려면 올바른 상식과 깊은 신앙심이 필요하겠구나.

묵상기도를 마치고 기도내용을 메모하다 보니 내가 또 마지막을 정리해 버렸다는 것을 알게 되었다. 스스로 정리하지 말고 거기에 머무르며 기다리라고 했는데….

다시 묵상을 시작했다. 주님, 주님의 말씀을 전하는 이가 올바르게 전달했는지 어떻게 판단합니까? 조용히 눈을 감고 침묵 속에 한참이 지났는데 여전히 응답은 없고, 문득 생각 하나가 떠올랐다.

'다른 사람에게서 판단을 구하지 말고 주님께 직접 물어보라. 그것이 기도이다.'

그 순간, 깜깜한 어둠 속에서 갑자기 팍, 밝은 전등이 켜진 것 같은 느낌을 받았다. 아, 마침내 응답을 받았구나! 짜릿한 기쁨과 벅찬 감동이 밀려오고 얼굴이 화끈 달아올랐다. 쿵쿵, 가슴이 울리는 소리가 내 귀에도 들렸다. 그러나 기쁨도 잠시, 이것도 내가 내린 결론일지도 모른다는 생각이 불쑥 끼어들었다. 가슴이 철렁 내려앉았다.

응답이었을까, 내가 내린 결론일까?

#관상기도 8

어제 면담시간에 오늘부터는 관상기도[3]를 시도해 보라는 수녀님의 말씀이 있었다. 오늘의 주제 복음(에제키엘서 34:11~16, 좋은 목자)은 장면이 단순하고 등장인물이 적어 관상기도를 하기는 적당하지 않을 것 같았으나 일단, 시작했다.

주님의 목장에 있는 양 떼들은 좋은 목자를 만나 좋은 풀밭에서 배불리 먹고 편히 쉴 수 있음에 감사해야 한다. 나쁜 목자를 만났으면 젖과 양털을 빼앗기고 고기를 바치거나, 흩어져서 들짐승의 먹이가 되었을 텐데 좋은 목자를 만나 굶주림과 두려움에서 벗어나 마음껏 먹고 쉬고 있으니 얼마나 감사한 일이냐.

나는 지금까지 비교적 평탄하게 살아왔다. 바다가 뒤집히는 커다란 폭풍을 만나지는 않았다. 아직 단장의 슬픔이나 절망적인 나락을 겪지 않고 살아온 것에 대하여 주님께 감사해야 할 것이다. 그리스도를 믿는 사람이라면 그렇게 하는 것이 마땅하고 옳은

3) 관상기도: 이성(지성)이 아니라 우리의 감각(오관: 시각, 청각, 미각, 후각, 촉각)을 사용하여 복음의 의미를 전인적으로 체험하는 기도 방식이다. 즉 상상력으로 시간과 장소를 초월하여 성서 속의 사건이나 이야기 속으로 들어가는 영적 체험을 말한다. 신학자들에 의하면, 우리는 관상을 통하여 '그리스도의 삶의 신비를 회상하고 거기에 참여' 할 수 있다고 말한다.

일이다. 그러나 내가 지금 그렇게 말한다면 그것은 위선이다. 평탄한 삶이라고 해서 파도마저 없었겠는가. 비교적 큰 파도도 수없이 만났다. 나는 그런 파도를 겪으면서 주님께 도움을 청하기보다는 나의 상식과 판단과 노력으로 어떻게든 견디고 버텨왔다고 생각한다. 그래서 지금까지 살아온 나의 삶이 오로지 주님의 은덕이었다고 말한다면 그것은 그냥 입에 발린 소리일 뿐이다.

면담시간.

형제님은 자신의 내면으로 들어가지 못하고 있다. 영혼의 밑바닥을 들여다볼 수 있게 해달라고 기도하라. 믿음을 분석하여 받아들이려고 한다. 내 힘으로 받아들이려 하지 말고 깨우쳐주시기를 하느님께 기도하라. 성서를 주님의 마음으로 보지 않고 글자만 보고 있다. 주님의 안타까운 심정으로 성서를 읽어라. 그런 요지의 말씀을 해주셨다. 그리고 어제 오후 묵상기도 시간에 떠오른 생각이 주님의 응답인지, 형제님의 생각인지는 잘 판단이 되지 않는다고 했다.

뭔가 잡히는 것도 같은데 핵심에 접근하지 못하고 주위만 빙빙 도는 나 자신이 답답했는데, 수녀님의 솔직한 말씀이 오히려 내 마음을 조금은 편하게 해주었다.

#묵상기도 9

주님의 안타까운 심정을 염두에 두면서 성경 구절(이사야서 55:6~11, 두 번째 묵상)을 반복해서 읽은 다음, 경당[4])에 가서 묵상기도를 시작했다. 그러나 주님의 안타까운 심정이 마음에 와닿지 않고 어제의 묵상에서 진전이 없었다. 주님께 맡기고 깨우쳐주기를 기도하라는 수녀님의 말씀대로 그 상태로 묵상을 하면서 깨우쳐주기를 기도하였다. 이 복음에서 주님이 전하려는 메시지가 무엇인지를 묵상하면서 거기에서 계속 머물렀다. 생각이 어제의 묵상으로 흘러가지 않도록 중간중간 바로 잡았다. 그러나 아무것도 얻지 못하였다. 입이 바짝 말랐다.

어제처럼 추가 묵상을 통하여 뭔가 들을 수 있을까 해서 다시 묵상기도를 했다. 주님의 천지창조와 예수님의 부활을 성경 말씀 그대로 받아들이지 못하는 제 마음의 밑바닥에는 무엇이 있습니까? 하느님의 현존하심을 믿지 못하게 가로막고 있는 것은 무엇입니까? 저의 무지입니까, 교만입니까? 마귀입니까, 사탄입니까? 어떻게 해야 그 가로막을 치울 수가 있습니까? 기도하며 매달렸으나 여전히 아무것도 얻지 못했다.

#관상기도 10

관상기도를 준비하느라 관상 주제(루카복음 18:9~14, 바리사이와 세리의 비유)를 읽다가 화들짝 놀랐다.

"뭐야, 이거? 지금 내 얘기를 하고 있잖아!"

바리사이와 세리의 비유는 바로 나에 대한 얘기였다. 가슴이 두근두근 방망이질했다. 이것이 응답인가? 드디어 내게 주님의

4) 경당經堂: 교인들의 가정이나 병원, 학교, 수도회 등에 있는 예배소.

응답이 온 것인가? 성경을 덮고 눈을 감았다. 이 구절은 전에도 읽어 본 적이 있다. 그때는 그냥 지나쳤던 대목인데 오늘은 마치 감전된 것처럼 강한 충격을 받은 것은 무엇 때문일까.

저녁 식사를 하고 한 시간 넘게 산책을 했다. 보통은 30분 정도 산책을 하는데 오늘은 식사 직전에 읽었던 루카복음을 되새기며 산책을 오래 했다. 나의 마음을 가로막고 있던 것은 교만이었구나. 전에도 교만 때문일 것이라는 생각을 어렴풋이 했었다. 그런데 루카복음의 그 구절은 확실히 그렇다고 말해 주고 있었다. 교만이라니? 나는 살아오면서 대인관계에서 겸손하다는 평을 받는 편이었고 나 자신도 그렇게 생각해왔다. 그런데 뭐가 잘못된 거지? 남들에게는 겸손하면서 정작 절대자이신 하느님께는 교만했다니, 그런 아이러니가 어디 있는가? 다른 사람에게 겸손했다는 것도 위선이었을까? 그 밑바닥에는 늘 교만이 꿈틀거리고 있었던가.

내게서 교만을 걷어내면 하느님의 천지창조와 예수님의 부활이 성경의 말씀 그대로 내게 전해져 올까? 지금까지 살아온 나의 모든 것이 하느님의 뜻에 따라서 이루어진 것이라는 믿음이 생길까? 어디서부터 어디까지가 나의 교만인가? 하느님에 대한 믿음이 없는 것, 지금까지 남에게 해악을 끼치지 않고 비교적 선하게 살아왔다는 생각, 나는 건전한 상식을 지닌 시민이라는 자부심, 겸손한 사람이라는 평판에 동조한 것. 그 모든 것들이 다 교만의 산물인가? 내게서 그것들을 빼고 나면 뭐가 남지? 내가 교만하다는 생각이 꼬리에 꼬리를 물면서 점점 마음이 불편해졌다.

마음보다 몸이 정직했다. 이번 수련 기간을 잘 견디고 있다고 생각했었는데 몸이 힘들었나 보다. 아침에 일어나니 입술이 얼얼하고 입가가 부르텄다.

면담시간.

기도와 기도 사이에는 최소한 한 시간의 간격을 두는 것이 좋다. 입가가 부르트는 것은 몸을 혹사하고 있다는 뜻이다. 몸을 편하게 하고 성경 읽는 시간을 좀 줄여보라. 다른 사람들에게 겸손하게 대했던 순간들을 되돌아보라. 나도 수녀로서 신자들에게 겸손하다고 생각했었다. 그러나 그 밑바닥에는 신자들에게 잘 보이고 싶은 마음과 수도자로서 의무라는 생각이 있었고 더 밑에는 '나는 착한 수녀'라는 자만심이 있음을 느꼈다. 과연 형제님은 죄를 짓지 않고 살고 있을까? 죄의 연대성, 일테면 세월호 사건에서 형제님은 직접적으로는 아무 잘못도 없지만 정말 자유로운가? 우리 사회가 저지른 죄에 대하여 연대책임이 있는 것이다. 형제님은 기도와 묵상 중에 자기 생각으로 가득 차 있다. 교만하다는 느낌을 받았으면 하느님께 모든 것을 맡기고 가만히 기다려보라. 멍하니 앉아있어도 좋다. 교만한 내 모습을 따지지 말라고 했다.

#관상기도 11

관상기도 주제(루카복음 18:35~43, 예리코에서 눈먼 이를 고치시다)를 세 번 정독하고 관상기도에 들어갔다. 나는 예수님을 따르는 군중 사이에 자리를 잡았다. 혼잣말로 상황을 묘사하면서 최대한 천천히 상황을 전개하였다. 다 마치고 눈을 떠보니 10분밖에 지나지 않았다. 30분쯤 지났을 것으로 생각했는데 겨우 10분이 조금 지났을 뿐이었다. 심호흡하고 처음부터 다시 시작하였다. 이번에도 혼잣말로 중얼거리며 상황을 묘사하였는데 누가 옆에서 보면 약간 맛이 간 사람으로 보였을 것 같다. 줄거리에 살을 붙이고 현장에 있는 인물들의 모습도 상상을 통해 자세히 그렸다. 이번에는 30분 정도 걸렸다. 이야기의 과정이 너무 짧아서 한 시간을 채우기는 무리라는 생각이 들었다.

관상기도 중에 받았던 느낌을 되새겨보았다. 예수님이 눈먼 걸인에게 "다시 보아라. 네 믿음이 너를 구원하였다."라고 하는 장면에서, 걸인을 보는 예수님의 눈빛이 무척 편안하고 다정하게 느껴졌다. 마치 어머니가 장애인 아들을 바라보는 그런 눈빛이었다. 그리고 눈먼 걸인의 어깨에 얹어진 예수님의 손에서 그 걸인의 뼈대만 남은 앙상한 어깨의 감촉이 느껴졌다. 부드러운 살갗이 아니라 마치 삼베를 만지는 것 같은 거친 느낌이었다. 나는 분명 예수님을 따르는 군중의 한 사람으로 자리하고 있었는데 예수님의 손에서 느껴지는 감촉이 내게서도 느껴지는 것은 무슨 까닭일까? 단순한 오버랩일까? 일테면, 꿈속에서는 어느 순간, 내가 나이면서 동시에 상대방이 되기도 하는 것처럼. 어제 오후에도 관상기도 중에 나의 위치가 헷갈렸는데 오늘도 그런 상황이 되풀이되었다. 관상기도 중에 내가 예수님으로 자리해도 되는 것일까? 모르긴 해도 그것은 아니지 싶다.

마지막 면담시간.

예수님의 손에서 느껴지는 감촉이 전해지는 순간, 그 느낌에서 나오지 말고 오래 머물러라. 그 느낌이 깊어지면 기도가 깊어진다. 기도가 깊어지면 나를 만지는 예수님의 손길이 느껴지고 예수님의 사랑이 느낌으로 온다. 수녀님은 관상기도를 집에 돌아가서도 계속해 보라고 권했다.

루카복음의 그 구절을 관상하던 어떤 수녀님의 얘기도 해주었다. 그 수녀님은 이 구절을 관상하면서 눈먼 걸인에게 가까이 가보니 그가 바로 자기 아버지였다. 수녀가 되는 것을 그토록 반대하던 아버지가 거기 있었다. 펑펑 울면서 아버지를 예수님께 데려갔다. 어쩌면 수녀님 자신의 얘기 일지도 모른다는 생각을 했다. 그리고 오늘의 기도주제로 루카복음 10:25~37(관상), 요한복음 13:1~20(관상)과 15:1~17(묵상)을 주셨다. 요한복음 묵상 시에는 이번 피정 기간에 주님으로부터 받은 은총과 주님이 나에게 주신 사명도 묵상해 보라고 했다.

수녀님께 감사 인사를 드렸다. 수녀님! 지금까지 신앙문제로 누구와 이렇게 깊이, 진지하게 얘기해 본 적이 없습니다. 단단한 껍질에 둘러싸여 자기 생각을 놓아버리지 못하는 저를 붙들고 수고 많으셨습니다. 마치 콘크리트 덩어리에 못을 박는 느낌이었을 것으로 생각합니다. 제가 생각해도 저는 번번이 못이 튕기어 나가는 단단한 콘크리트 덩어리입니다. 그래서 답답합니다. 이번 피정 기간에 영신 수련했다고 당장 뭐가 달라지지는 않겠지만 어떤 계기는 될 것으로 생각합니다. "교만과 겸손"이라는 주제를 더 많이, 더 자주 묵상하겠습니다. 수녀님, 감사합니다.

#묵상기도 12

이번 묵상기도 시간에는 수녀님이 주신 주제보다는 내가 가지고 있는 원초적인 문제와 정면으로 부딪쳐보고 싶었다.

'주님, 제가 하느님의 천지창조와 예수님의 부활을 성경 말씀 그대로 받아들이지 못하는 것은 단지 저의 교만 때문입니까? 제가 교만하여서 진리를 외면하고 있는 것입니까?' 조용히 앉아서 주님의 응답을 기다리고 있는데 가슴이 답답해지고 숨이 가빠지며 온몸이 비비 꼬여 가만히 앉아있을 수가 없었다. 몸을 좌우로 흔들기도 하고 앞뒤로 움직이기도 하다가 자리에서 벌떡 일어나 좁은 방을 이리저리 왔다 갔다 했다. 한 시간을 채우는 것이 몹시 힘들었다. 몸이 괴롭고 마음이 불편한 이 주제를 가지고 계속 부딪혀서 아예 끝장을 보아야 하는가? 아니면 일단 주제를 덮어놓고 쉬면서 다음 기회에 다시 묵상을 시작해야 하는가? 갈등이 일어났다.

'아아, 주님! 어떻게 해야 합니까?'

저녁 식사 전에 수녀님께 추가 면담을 요청했다. 오늘 오후에 있었던 상황을 말씀드렸더니 응답을 받으려고 억지로 애쓰지 말라고 했다. 문제와 부딪혀 답을 찾으려고 하는 것 자체가 형제님이 스스로 해결 방안을 찾으려고 하는 것이다. 주님께 응답해주기를 청했으면 자연스럽게 기다려보라. 응답은 무심결에 오기도 한다. 이 문제를 가지고 직접 부딪히려 하지 말고 다른 주제나 책들을 통해서 묵상해 보라. 그러다가 어느 순간 응답을 받기도 한다고 했다.

마무리

영신 수련의 마지막 저녁이다. 나는 오늘 저녁의 묵상을 쉬었다. 오후 묵상으로 가슴이 답답하고 몸이 괴로웠던 터라 저녁에는 그냥 부담 없이 쉬고 싶었다. 성서를 읽으며 마지막 저녁 시간을 보내고 있다. 코린토인에게 보내는 편지를 읽다가 자려고 한다. 내일은 미사를 마치고 아침 식사 후에 바로 귀가를 하니 오늘 밤에는 짐도 싸놓아야 한다.

10일째 아침.

오늘 미사는 다른 날보다 30분 이른 6:30에 시작되었다. 신부님의 축복으로 미사가 끝나자, 모두 일어나 둥글게 원을 만들고 한 사람씩 돌아가며 껴안거나 악수를 하며 9박 10일간의 수고에 대해 서로를 격려해주었다. 침묵이 해제되는 순간이었다.

"형제님, 수고 많으셨습니다. 형제님이 포기하지 않게 해달라고 그동안 주님께 기도했습니다."

"감사합니다. 수녀님들 덕분에 무사히 피정을 마치게 되었습니다.”

“아니요, 주님의 은총 덕분이지요.”

#에필로그 -기도

캘커타의 테레사 수녀님Mother Teresa이 미국을 방문했을 때의 일이라고 합니다.

CBS 앵커인 댄 래더가 자신이 진행하는 프로그램에 출연한 수녀님께 이렇게 물었습니다.

“수녀님은 하느님께 기도드리실 때 주로 무슨 내용을 말씀드립니까?”

수녀님은 다소곳이 고개를 숙이고 있다가, 고개를 들어 물끄러미 그를 바라보며 조용한 목소리로 짧게 대답했습니다.

“저는 듣습니다.”

예상 밖의 대답에 약간 당황한 래더가 다시 물었습니다.

“그러면 수녀님이 듣고 있을 때 하느님은 무슨 말씀을 하십니까?”

이번에는 웃음 띤 얼굴로 수녀님이 대답했습니다.

“그분도 들으시지요.”

돌아오면서 처음에 봤던
<임종> 이라는 사진 앞에 다시 섰다.
죽음이 코앞에 다가온 할아버지의
손을 마주 잡은 수녀님의 손,
그 두 손이 너무나 많은 것을
내게 말해 주고 있다.
외로울 때 또는 고통받고 있을 때
손을 꼭 잡아 주는 것이 얼마나
위로가 되던가.

김지영

교감 / 이밖에 / 받을 자격 / 보조 전문

프로필 김지영(베로니카)
충북대학교 인문대학원 국어국문학과(현대문학전공)
2007 에세이스트 신인상으로 등단
정경문학상 수상
에세이스트 올해의 작품상 3회 수상
한국문인협회. 가톨릭문인회 회원
에세이스트 작가회의 이사

저서: 『들녘에서 부르는 노래』
이메일: nikaro1@hanmail.net

교감

소들이 양지쪽에 앉아서 쉬고 있다. 어떤 녀석은 제 새끼를 주둥이로 어루만지고, 더러는 젖을 물리고, 더러는 졸면서 되새김질을 한다. 그 앞 채소밭이었던 곳에서는 토종닭이 놀고, 들고양이는 제집인 양 와서 일부러 내어놓은 먹이를 먼저 차지했다. 가만, 고양이에게 장난을 걸어야겠다. 재빨리 창문을 열고 '야옹' 소리를 내면서 반기는 시늉을 했다.

고양이가 몸을 움찔하더니 이내 내 눈을 맞추며 화답했다.

"이아옹 이아옹 이아옹…."

남편은 구제역 차단 방역에 동원되어 열두 시간 근무에 들어갔다. 남편의 부재로 소들은 내가 돌봐야 한다. 온 신경이 우사에 가 있다. 뒷마당 건너 우사에서 소 두 마리가 울기 시작했다. 애타는 목소리다. 아래쪽 우사에서 우는 소는 제 새끼를 부르는 것이고, 위쪽 우사에서 우는 소는 목이 마르다는 것이다. 어, 지금 나는 울음소리를 듣자마자 왜 우는가를 알아챘다. 내가 소 울음을 구분하네! 맞다. 그러고 보니까 기쁠 때, 슬플 때, 성낼 때, 두려울 때…. 그 모두 표현하는 게 다 달랐다. 소통을 원하는 그들이 끊임없이 말을 걸어오고 상황을 나타내려고 애를 쓴다는 것을 인식하지 못했을 뿐 이미 알고 있었다. 몸짓과 태도로도 그들이 표현하고자 하는 것이 느껴졌다. 너무너무 신기하다. 이런 말을 하면 누가 믿어줄까. 하필이면 남편이 부재중일 때 이런 일이 일어나다니.

문을 열고 밖으로 나갔다. 차가운 바람이 이마를 때렸다. 아래 우사에서 나온 송아지가 좋아서 우사 밖의 통로를 뛰어다니는 대로 어미가 우사 안에서 쫓아다니며 애타게 부르고 있다. 송아지가 나를 보자마자 줄행랑을 쳤다. 어미의 소리가 약간 날카로워졌다. 멀리 가지는 않을 것 같다. 혼자서 어미 곁에 넣어주기는 불가능하겠기에 그대로 두고 위에 있는 우사로 발길을 돌렸다. 길가 아까시나무에서 멧새들이 호두득호두득 수다를 떨었다. 우사 두 칸에 물이 나오지 않아 소들이 물을 못 먹고 있다. 자동급수기가 얼었기 때문이다. 일이 터지면 바로바로 해결하던 남편인데 방역에 신경 쓰느라 고친다 하는 말뿐 벌써 며칠째 방치되어 있었다. 다행히 우사는 정사각형 모양으로 지어졌고 가운데 기둥에 연결된 문들은 360도로 돌릴 수 있어서 원하는 대로 칸을 나눌 수 있다. 우사에 들어가 물이 안 나오는 칸의 문을 밀고 통로를 만들어 다른 칸의 물을 먹도록 해줬다. 열 마리의 소가 먼저 먹겠다고 법석이다.

녀석 중 한 마리가 뒤쪽으로 다가와서 입으로 내 옷을 살짝살짝 잡아당겼다. 놀자고 장난을 걸고 있다. 돌아서면 물러났다가 다시 와서 잡아당기곤 했다. 숨어 있다가 “까꿍” 하며 고개를 내밀면 까르르 웃는 어린아이 같다. 귀엽다. 한참을 그러고 있었더니 다른 소가 시샘을 했다. 코를 쑥 내밀고 부드럽게 콧김을 내뿜고는 머리를 내 팔에 비볐다. 안아달란다. 아주 노골적이다. 콧잔등을 살살 긁어줬더니 만족한 눈빛을 보내왔다.

창세기의 아담 시대에는 하느님과 인간과 동물들이 서로 통했다. 영적 존재인 하느님과 인간과 뱀이 아무런 제약 없이 소통했다. 그렇다면 그건 목소리가 아니라 영적 교감이리라. 영감이나 직관이나 공감 같은 것. 맞다! 사람들은 지금도 기도나 묵상이나 성찰을 통해 신과 끊임없이 대화를 시도한다. 소들이 울음과 몸짓으로 나와 소통되는 이것 또한 영적 교감이다. 영적 교감은 내가 나이기만을 고집하면 불가능하다. 나를 열었을 때, 나와 같은 존재자로 그를 대했을 때라야만 가능하다. 소통은 늘 그렇다. 영적 교감은 겉과 속, 나타남과 내용과 동기가 일치하는 순수한 언어일 때 더 효과적이다. 예민한 언어다.

자연의 모든 것에는 영성이 있다. 영성을 무시하고 자연과 소통하지 않으면 농사를 지을 수 없다. 계절의 순환을 알아야 하고 기르는 가축과도 끊임없이 대화를 나누어야 한다. 모든 것은 소통의 여부에 달려있다. 그러고 보니 서로서로 소통하고 사랑해야 하는 것은 애초부터 하늘이 정해 놓은 이치였다.

지난겨울이었다. 우사를 돌아보고 돌아온 남편이 말했다.

"송아지들이 풀을 잘 먹어. 이젠 젖을 떼야겠어."

어미로부터 젖을 떼고 우사를 분리해줄 때는 다소 냉정해야 하는데 그게 그렇게 어렵다. 우격다짐으로 떼어놓을 수도 없고 긴장이 많이 됐다. 처음엔 달랬지만 결국 송아지들이 떨어지지 않겠다고 버티는 바람에 기계에 묶여 끌려가는 상황이 됐고, 어미들은 우사를 종횡으로 뛰어다니며 울부짖었다. 평화롭던 우사는 별안간 초상집보다 더한 분위기가 됐다. 얼마나 처절하게 울며 서로를 갈망하던지, 가슴이 저려 들을 수 없을 지경이다. 엄마 소가 울면 송아지가 울고 송아지가 울면 엄마 소가 울었다. 그렇게 삼 일을 쉬지 않고 울어댔다. 이젠 목이 쉬어 더는 울지도 못했다. 간간이 입을 벌리고 용을 쓰다가 겨우 쉬어빠진 소리를 조금씩 내뱉곤 했다. 옮긴 열 마리의 송아지 중에서 특히 세 마리가 이리 가면 이리 따라오고 저리 가면 저리 따라오고 했다. 내게 무슨 말인가 하고 싶어 한다는 느낌이 들었다. 키를 낮춰 송아지와 눈을 맞추고는 머리를 쓰다듬어주었다.

"엄마한테 가고 싶어?"

그런데 좀 이상하다. 평소엔 쫄쫄 따라다니다가도 막상 만지려 하면 대부분 도망가는데, 이들은 오히려 품을 파고들었다. 나는 너무나 안쓰럽고 너무나 귀여워서 어찌할 바를 모르게 되었다.

"어, 그래그래."

내가 송아지의 목을 보듬어주자, 그 광경을 본 남편이 어이없어

했다. 남편은 그 송아지 세 마리에게 폐렴기가 있다며 주사를 놔야겠다고 우사로 들어갔다. 송아지들은 잡히지 않으려고 사력을 다해 이리저리 도망 다녔다. 감정이입이 된 모양이다. '도와주세요' 송아지들의 아우성이 내 안에서 들렸다. 안타까운 심정으로 말을 걸었다.

"치료하려는 거야."

남편이 송아지를 잡아 밧줄로 묶고 주사를 놨다. 그런데 송아지가 순간적으로 뻣뻣해졌다. 죽었다. 남편이 아연실색했다. 수의사에게 전화해서 상황을 설명하고 사용한 주사약을 말했다. 수의사는 약은 제대로 썼다며 사인은 과도한 스트레스에서 온 폐렴이랬다. 놀란 남편이 아직도 아픈 송아지 두 마리를 제 어미 곁으로 데려다주었다. 그들은 어미 곁으로 갔지만 얼간이처럼 서 있기만 했다. 젖을 먹을 생각은커녕 반기는 기색조차 없었다. 소들은 물건이 아니기에 자신에게 일어나는 일에 대한 주관적인 의견이나 감정이 있기 마련이다. 그런데 이들은 마치 혼이 없는 인형 같다. 남편은 링거를 놔야겠다고 판단했다. 밧줄로 묶고 옆으로 눕혀주려고 했다. 그러려고 다만 손을 댔을 뿐이다. 그런데 이 녀석이 펄쩍 뛰더니 제자리에 쓰러졌다. 그리고는 눈에서 천천히 빛이 빠져나가더니 죽고 말았다. 남편이 심장을 눌러 인공호흡을 시켰지만 허사였다. 나는 너무 당황해서 남편을 봤다. 연거푸 두 마리를 잃은 남편은 어안이 벙벙한 표정으로 맥 빠진 손을 휘저었다.

"아, 가만. 머리가 하얘지는 것 같아. 아무것도 생각할 수가 없어."

악몽과 같은 하루가 지나고, 이튿날 새벽 아픈 송아지가 걱정되어 일찌감치 우사로 나가보았다. 송아지는 동공이 풀린 눈으로 나를 보더니 비틀비틀 몇 걸음 떼었다. 이제 송아지에게 해줄 수 있는 것이 아무것도 없다는 것을 절감했다.

"어쩌면 좋니?"

꿇어앉아 송아지를 안았다. 송아지는 불규칙한 숨을 가쁘게 내쉬다가 마지막 숨을 몰아쉬었고 이내 사르르 눈을 감았다.

"눈 좀 떠봐, 눈 좀 떠봐 이놈아!"

아무리 흔들어도 다시는 깨어나지 않았다. 제 어미 품인 양 내 품에 안겨 그렇게 가버렸다. 우리가 송아지 세 마리를 잃은 소식은 마을에 급속하게 퍼졌다. 몇 사람들이 바로 쫓아왔다.

"소 박사인 줄 알았더니… 뭐라."

나는 풀죽은 남편을 변호하느라 애를 먹었다.

"한우는 정말 이상하네요. 부모와 자식 간의 정 때문에 죽기까지 한단 말인가요. 우리는 젖소만 키웠기 때문에 몰랐어요. 그들에게 이별이 이렇게까지 힘들 줄 상상도 못 했어요. 이별의 아픔이 얼마나 크기에…."

사람들은 우리의 실수를 즐기는 것으로 느껴지리만큼 큰소리를 해댔다.

"대번에 안 보이는 곳으로 떼어놨다 아이가. 그럼 죽지. 옆 칸에 빤히 보여도 난리를 쥐기는데."

송아지들이 죽은 지 일 년이나 된 지금도 그때의 일을 잊을 수가 없다. 송아지가 쫄쫄 따라다니며 품을 파고들 때 난 이미 이들의 죽음을 예견했던 것 같다. 남편을 열심히 도우면서도 이들을 치료할 수 있는 것은 사랑이지 밧줄은 아니라는 강한 직관을 느꼈다. 하지만 나는 자연의 색깔과 소리를, 보고 들을 수 있는 마음을 순간적으로 닫아버렸다. 같이 살아가고 있고 서로에게 영향을 주고 있는 상태에 대해, 같은 시너지 안에 뒤섞여 짜여 있다는 사실에 대해 부정했다. 소통을 거부했다.

내가 이런저런 상념에 빠져 있을 동안 소들이 물을 다 먹은 모양이다. 장난이나 애정표현도 그만하면 됐다는 식이다. 소 한 마리가 뛰기 시작했다. 소들이 나를 관중 삼아 달리기 경주를 하겠다고 신호를 보내왔다. 그들이 우르르 달려나갔다. 우사 끝에 부딪히기 직전, "다친다!" 외마디 소리가 내 입에서 튀어나올 찰나에 소들이 앞발을 브레이크 삼아 절묘하게들 멈춰 섰다. 재미있다.

우사를 돌아 반대 방향으로 길을 잡았다. 산 쪽으로 저절로 눈길이 갔다. 소나무가 많은 산이다. 그 산에는 눈을 감고도 모습을 알 수 있는 친근한 나무가 많다. 같이 살아가는 존재들이다. 남편은 새집 두 개를 만들어 나무에 달았었다. 그중 하나에 멧새가 알을 낳아 갓 부화했을 때의 일이다. 예전과 판이한 날카로운 새 울음소리가 계속해서 들렸다. 가보지 않고는 견딜 수 없을 만큼 강한 새의 울음소리에 이끌려 집에서 뛰어나갔다. 청설모가 새집의 어린 것을 습격하려고 나무를 올라가는 중이었다. 어미 새가 그 작은 부리로 청설모의 머리를 찍었다. 주춤하더니 다시 기어오르려 하는 놈을 다시 한번 부리로 가격했다. 거짓말같이 놈이 땅에 떨어졌다. 그러고도 못내 아쉬워 주춤거리는 놈을 새가 쫓아가며 울었다. 가지치기해서 쌓아놓은 나뭇가리로 들어가려는 놈을 다시 한번 사력을 다해 가격했다. 청설모는 나뭇가리에 그대로 있는지 아니면 반대 방향으로 도망갔는지 알 수 없지만, 어미 새는 그 앞에 앉아 계속 울었다. 그 후에도 산에서는 다급한 새 울음소리가 종종 들려왔다. 그때마다 나는 혹시 새집에 무슨 일이 생겼나 싶어 나가보곤 했다. 하지만 대부분 허탕을 치게 하는 울음소리였다. 새는 공연히 제 갈 길을 가는 들고양이를 따라가며 울어대곤 했다.

"재가 날 놀리나?"

다른 종의 신호를 알아채는 것은 생각보다 귀찮다. 그들은 끊임없이 신호를 보내오기 때문이다. 이후로 나는 언어보다 몸짓 손짓 눈짓 같은 비언어적 요소가 나타내는 감정이나 느낌에 더욱더 강하게 반응하는 원시인이 되어갔다. 정신과 사고를 조정하고 좌우해서 생활에 끊임없이 관여하고 영향을 미쳐 행동과 사상을 지배하던 말이 내게서 힘을 잃었다. 이제 구제역이 끝나서 세상을 자유롭게 활보할 때가 올 것이다. 그때 인간과 불가분의 관계 속에 나를 제외하고 성장한 말들을 이해하지 못해 구제역처럼 창살 없는 감옥에 또 갇히게 되는 것은 아닌지 모르겠다.

이밖에

훈이 할아버지는 우울한 기분을 떨쳐버리기가 힘들다. 칠십 평생을 살아오면서 뭐 그리 대단한 기대를 하거나 간절한 바람을 가져본 적 없다. 그저 무탈하기만을 바라며 살아왔는데 이게 웬일인지 모르겠다. 엄밀히 따지면 자기의 일은 아니다. 그렇다고 마음대로 한 발짝 움직여볼 수 있는 일도 아니다. 그런데도 계속해서 마음이 가서 생활을 온통 지배하고 있다.

각지로 흩어져 사는 동창생들이나 주변의 대다수 사람도 대통령탄핵에 관해선 훈이 할아버지와 별반 다르지 않았다. 탄핵 얘기가 나오면서 이곳이 그들의 고향이라는 사실이 더욱 공고해졌다. 무조건 감싸 안아야 한다는 게 그들의 생각이었고 그게 쉽지 않기에 더욱 애간장을 태웠다. 그런 중에 박정희 전 대통령 생가에 불이 났고 그곳을 방문한 대통령이 울고 갔다는 얘기가 들려왔다. 훈이 할아버지는 그때부터 지키지 못한 죄책감이 들기 시작했다. 그래도 집회까지 갈 생각은 없었다. 이곳 동창들이 가자고 할 때도 미적미적 빠졌는데, 친한 서울 친구 몇이 시청 앞에서 한번 보자는 말은 차마 거절할 수가 없었다.

시청에 모인 군중은 들떠 있었다. 무슨 말을 외치든 함께 소리침으로써 흥분은 고조되었다. 팔을 올렸다 내렸다 하는 단순한 동작도 모두가 한마음 한뜻이라는 절대 공감의 위력을 발휘하였다. 그 모든 것이 마약처럼 중독성이 있었다. 그동안 겪은 소외감이나 피로감 같은 자잘한 감정들은 대의 앞에 아무것도 아니었다. 매사 시들하던 기분이 탄핵반대 한 곳에 집중되면서 희망을 되찾은 느낌이랄까 아직 할 일이 있다는 설렘이랄까, 어쨌든 훈이 할아버지는 모처럼 존재감이 급상승했다.

연이 할머니는 뒤늦게 뛰어들었다. 몇 해 전 남편이 세상을 등진 뒤로는 마을 부녀회장 일을 하면서도 이걸 해서 뭐하나, 허탈하고 별 의미를 느끼지 못하고 있었다. 그래도 집회에 네 번 다녀왔으니 할 만큼은 한 셈이다. 허리와 다리가 아파서 늘 조심했는데 매주 토요일 장거리를 버스 타고 가서 거의 서 있다시피 하고 밤늦게 돌아왔는데도 여느 때처럼 피곤함에 지쳐 쓰러지진 않았다. 오히려 할 일을 한 것 같은 후련함을 맛봤고 자부심으로 뿌듯하기도 했다. 이곳 구미는 대통령을 둘이나 낸 성지 아니던가. 그것은 절대 바뀔 수 없는 긍지다. 연이 할머니는 대통령탄핵 사태에 대한 생각이 확고했다. 아무 잘못도 없는 대통령을 단지 몇 달 일찍 끌어 내리려는 저들의 술수로만 여겨졌다. 당신의 일인

양 억울하고 분했다. 그래서 새마을운동을 누가 했냐고 조국 근대화를 누가 시켰냐고 쌀 자급자족을 어느 때 했느냐고 목소리를 높였다. 아버지와 딸인 두 명의 대통령을 하나로 묶어버리는 것은 연이 할머니로선 너무나 당연한 귀결이었다. 누군가 연이 할머니에게 대통령이 대통령 일을 안 하는 것은 엄청난 범죄에 해당한다고, 그건 아버지가 아버지로서의 할 일을 안 하는 것과는 비교할 수도 없는 것이라고 말했다. 연이 할머니는 그따위 말은 귓등으로도 안 들었다. 부모가 잘못했다고 해서 부모를 버릴 수 없듯, 대통령이 조금 잘못했다고 해서 대통령을 끌어내릴 수는 없다는 것이 연이 할머니의 확고한 지론이다.

그런 연이 할머니가 결국 신부님을 걸고넘어졌다. 사순 기간 묵상하며 기도하라는 책자에 대통령을 탄핵하라고 모인다는 촛불 집회의 사진과 시국미사 사진이 배경으로 흐릿하게 실려 있는 것에 통탄을 금할 수 없었던 것이다. 많은 사람이 모여 식사를 하는 중이었는데 느닷없이 연이 할머니가 소리쳤다.

"우리 성당도 이제 다 망했다. 사제가 중립을 지켜야 사제의 자격이 있는 거 아이가. 와 그 많은 기도 책자 중에 하필 촛불시위 사진이 들어 있는 것을 택했겠나? 마, 여기엔 어떤 의도가 분명히 있지 안캤나, 안 그런가?"

순간, 흐릿하던 사람들의 눈이 반짝 빛나는가 싶더니 봇물 터지듯 웅성댔다. 예서제서 큰소리가 터져 나오고, 서로 놀라 쳐다보는 사이 그들은 한마음 한뜻으로 뭉쳤다. 누군가 점잖게 거들었다.

"성지주일미사전례부터 다른 성당으로 가입시더. 마 신부님도 아셔야지예."

또 누군가가 흥분하여 떠들었다. 사제들을 부정하고 좌파 운운하면서 과격한 언행으로 이어졌다. 거기 모인 사람들은 대체로 같은 생각인 모양이었다. 어리둥절한 것은 우리 부부뿐이었다. 우리는 따돌림 당하는 기분이 되어 겨우 밥만 넘기고 서둘러 그 집을 빠져나왔다.

어김없이 주일은 왔다. 성당으로 가는 발걸음이 가볍지 않았다. 성당 안으로 들어섰을 때, 나는 자리를 휘 둘러보았다. 안 보였다. 그때 밥을 같이 먹었던 사람들은 아무도 오지 않았다. 그 흐릿한 배경사진이 뭐 그리 대단하다고 호들갑일까 싶었지만, 사태는 예사롭지가 않아 보였다. 자애로운 어머니 같은 연이 할머니의 평상시 성격이나 신앙심으로 봐선 이런 일은 상상도 할 수 없는 일이었다. 수십 년 믿어온 신앙까지 버리더라도 태극기 집회와 반대되는 것은 용납할 수 없는 것일까. 하긴 신만큼이나 절대적으로 믿었던 대통령이다. 그의 재임 기간에 일어난 여러 가지 폐단과 실수, 혹은 범죄에 가까운 파행이 연일 폭로되는데 어찌 제정신일 수 있겠는가.

신부님은 아무런 의도가 없으니 책자대로 기도하지 않아도 된다는 식의 공개사과를 했다. 군중심리는 서로 서로를 보강하고 의지하는 데서 빛을 발하는가 보다. 사람들이 흩어져서인지, 신부님이 개별 사과라도 했는지, 알 수 없지만 그다음 주부터는 전혀 아무 일이 없었던 듯 그분들이 착실하게 미사참례를 했다. 나는 억지로 봇물을 막아 놓은 것처럼 생각되어, 과한 행동의 뒤끝이 불안하여, 어떻게 해결하나 궁금해서, 계속 눈치를 살폈다. 눈을 씻고 봐도 모두 아무렇지도 않았다. 외려 나만 이상 징후가 나타났다. 그분들을 대할 때마다 전에 보여준 특수한 집단행동들이 겹쳐져 혼란이 가중되었고 점점 소외감이 깊어졌다.

단이 할아버지는 농민운동가 출신으로서 평생 농촌을 지키며 먹거리를 생산해왔다. 노인정의 어르신들은 단이 할아버지 내외를 자식보다 낫다고 생각한다. 좋은 일이거나 궂은일이거나 가까이서 살피고 도우니 그럴 수밖에 없다. 게다가 외식은 물론 여행도 시켜주고 화투 상대까지 자주 하면서 시간을 공유한다. 어느 정도 효성스럽다는 여느 자식이라도 실천하기 힘든 것들을 이 부부는 즐겁게 한다.

단이 할아버지는 아예 TV를 꺼버렸다. 뉴스가 거짓말인 것만 같았다. 아니 거짓이라면 좋겠다. 그걸 보고 있자니 세상이 무너지는 것 같아 한숨만 나왔다. 그러던 차에 카톡으로 솔깃한 정보가 쏟아져 들어왔다. 말이 되든 안 되든 그거라도 믿고 매달리고 싶었다. 나중에는 그게 올바른 뉴스고 진짜 뉴스는 가짜가 되었다. 카톡으로 받은 뉴스에 차츰 심취되어 지인들에게 퍼 나르는 것이 중요한 일거리가 되었다. 올바른 뉴스를 모르고 호도되는 사람들이 안타까웠기 때문이다.

여기에 석이 할아버지가 가세하였다. 석이 할아버지로서는 이렇게 시원스러운 진짜(?) 뉴스를 듣고 나가 사람들에게 새로운 희망을 불어넣는 것이야말로 당신에게 주어진 역사적 사명 같이 느껴졌다. 타고난 이야기꾼인 석이 할아버지는 은근하고도 자상하게 나름의 이론을 덧씌우며 사람들을 선동하기 시작했다. 석이 할아버지의 말씀은 정신 차리면 말이 안 되지만 맥 놓고 들으면 다 맞는 말 같다. 뭐 그렇다고 내가 저 어른의 말씀이 말이 되거나 안 된다고 속단할 만큼 더 잘 아는 것은 결코 아니다. 다만 큰 사건을 두고 주장이 천차만별인데 모두 자기만 옳다고 목소리를 드높이는 것이 두렵고 불편할 뿐이었다.

이 마을에서 저와 같은 목소리를 낼 수 있는 마지막 세대가 저 어르신들일 것이다. 이곳 구미가 두 명의 대통령을 낸 성지라는 긍지를 가질 사람도 아마 더는 없을 것이다. 단이 할아버지 내외의 마을 어르신들을 위한 헌신적 봉사도 이후 그와 같은 이들이 나타나지 않을 것이므로 그걸 되돌려 받을 길은 없다. 마을에는 다음 세대가 없기 때문이다. 전국의 농촌 지역이 크게 다르지 않을 것이지만, 고령화된 이 마을은 고여 있는 물이다.

마을 분들은 너나없이 다 외롭다. 사회적 동물이라는데 일부러 시간을 내어 밥이라도 같이 먹지 않으면 옆집 사람도 만나지지 않는다. 각기 자신의 농토에서 자신의 것만 경영하기 때문이다. 사람이 그리워서 가끔 모여 함께 밥을 먹으며 논다. 거동이 자유롭지 못한 노인은 노인정에 그보다 젊은 층은 초대하는 집에 모인다. 공동으로 한다는 두레의 개념이 여가를 함께 즐기는 데 조금 남아있는 셈이다. 정치 얘기 지겹다고 하면서도 만나면 결국 정치가 공동의 화제다. 견해가 다르면 바로 고함 소리가 나오기도 하고 다르다는 이유로도 외톨이가 될 정도로 모두 격해있다. 우리 부부는 외지에서 이사 왔기 때문에 말씨도 다르고 생각도 다르다. 다르면 다른 그대로 놔두면 좋으련만, 사람들은 구태여 설득하려고 애를 쓰고 마음대로 되지 않자 수시로 볶아댔다. 우린 외지인 그 자체로 불순분자가 되었다. 우리 스스로도 과민해져서 겉으론 '예예' 하면서 속으론 갈등이 깊어졌다. 그게 힘들어서 정치 얘기가 어서 끝나길 기다렸다.

실은 정치 얘기가 싫었다기보다, 당신들의 생각을 그대로 우리 머리에 쏟아부으려는 일방적 강요를 하든지 아예 '너희는 못된 생각을 하고 있지' 하는 눈치를 보이며 치워놓는 식이어서, 못 견디게 힘들었다. 따지고 보면 그분들이 우리를 향한 구체적인 행위가 도드라지는 것은 아니었다. 나 혼자 지레 겁을 먹고 지레 주눅이 들어 눈치를 슬슬 보면서 피해 다녔는지도 모르겠다. 무엇보다 저분들의 생각을 미워하느라 그렇게 힘들었던가 보다. 남이 무엇을 생각하고 무슨 사상을 지향하든 상관없는 일인데, 나와 생각이 다른 게 그렇게도 미웠다. 가끔 자문도 해봤다. 넌 저분들처럼 누군가를 절대적으로 믿거나 사랑해본 적 있는가? 나는 절대적 믿음이 부족한지도 몰랐다. 습관적으로 이성을 내세워 판단하느라 바빴다.

엎친 데 덮친다는 말이 있다. 그렇게 고민에 빠져 있을 때, 마침 천주교 전례로 사순 기간이었다. 고해성사를 해야 했다. 고해성사를 할 때는 자신의 죄를 일일이 성찰한 다음 사제 앞에서 고백을 한다. 나는 고해소에 들어가기 직전까지 마을 사람들과 대통령 탄핵문제로 감정이 순탄하지 않았던 기억에 짓눌렸고, 그건 내 탓이라기보다 그들의 주장이 일방적이어서 미워할 수밖에 없었다는 생각을 하고 있었다. 그래도 미움은 주님의 뜻에 어긋난다. 미워한 죄를 고백해야 할 터인데 난감했다. 정리되지 않은 채 고해소에 들어선 나의 고해성사는 나조차 생각지 못한 것이었다.

이십 년은 됐겠다. 딱 열 그루의 곁가지 하나 없는 나무가 밭둑 쪽에 일정한 간격을 두고 심겨있는 게 보였다. 마치 미미한 경계를 확정짓기 위해 곧은 나무를 골라 꽂아놓은 모양새였다. 그 나무의 꼭대기에 피기 직전의 새순이 같은 모양으로 달려있었다. 저 나무좀 보라고 내가 손가락을 뻗어 가리키자 사람들 시선이 그쪽으로 쏠렸다. 누군가가 먹을 수 있는 새순이라며 아삭아삭하고 상큼해서 봄에 나오는 순 중 맛이 으뜸이라고 했다. 참죽나무 새순의 독특한 맛과 향이 떠올랐다. 그보다 더 좋은 맛이라는데 호기심이 일었다. 채취는 지금이 가장 적당하고 조금 있으면 쇠어 못 먹는다는 말을 듣자마자 무엇이 동했는지 혼자 뛰어가서 새순 열 개를 모조리 꺾었다. 십 년쯤 뒤에서야 그게 두릅나무 순이었다는 것과 누군가가 심어 가꾼 것이라는 것을 알았다. 우리 농장에 여러 그루의 두릅나무를 심으면서다. 그제야 남의 것을 훔쳤다는 것을 알았지만 아무에게도 말하지 않고 조용히 가슴에 묻어두었다.

그 도둑질이 고해소 안에서 느닷없이 떠올랐다. 급한 김에 이십여 년 전의 도둑질에 대해 자세히 고백했다. 정작 최근의 가장 큰 고뇌였던 사람을 미워한 죄는 차마 고백할 수가 없었다. 고해 끝에 아무도 눈치채지 못하게 살짝 집어넣었다.

"…이밖에 알아내지 못한 죄에 대하여도 통회하오니 사하여 주소서."

주님은 알아들으셨으리라 믿는다. 구구절절 긴 이야기보다 '이밖에'가 핵심이라는 것을. 고해소를 나서는데 개운하진 않았지만, 그런대로 통쾌했다. 너무 주눅 들지 말자. 기쁜 마음으로 사는 것이 주님의 뜻 아니겠나. 과거의 모든 죄는 '이밖에'라는 단어에 묶어 흘려보냈으니 다시 죄에 빠지지 않으면 된다. '이밖에'라는 말이 이렇게 쓰임이 클 줄 몰랐다. '이밖에'의 여유 내지는 너그러움은 항상 부활과 통했다. 나는 또 슬쩍 넘어간다.

받을 자격

코에 호스를 낀 할아버지의 사진 앞에서 발길이 멈췄다. 요양원 설립 40주년 기념회에 초대를 받았고 그 행사 중 하나인 사진전을 보고 있다. 사진전의 주제는 ≪행복한 노후≫와 ≪요양원 사람들의 기록≫이다. 할아버지의 병상 곁에 많은 사람이 모여 두 손 모아 기도하는 중이다. 제목이 <임종>이니 종부성사 중인가 보다. 온갖 수고를 내려놓고 영원한 안식을 청하고 있는 할아버지의 표정이 평화롭다. 할아버지의 손을 잡은 수녀님의 손이 약간 클로즈업되어 있다.

나는 한 번에 단지 한 사람만 사랑할 수 있습니다.
한 번에 단지 한 사람만 껴안을 수 있을 뿐입니다.
단지 한 사람 한 사람 한 사람씩만.
따라서 당신도 시작할 수 있고 나도 시작하는 것입니다.
「한 번에 한 사람」 부분

마더 테레사 수녀님의 시처럼 사람들이 한 사람을 사랑으로 감싸 천상으로 인도하고 있다. 손을 마주 잡은 수녀님은 할아버지의 눈을 응시하며 마지막 모든 말을 다 들어 줄 듯 집중하고 있으리라는 데 의심의 여지가 없다. '구원의 성체를 받아 모시며 주님의 자비를 믿어온 이가 여기 있습니다.' 삭정이처럼 여윈 손을 살며시 감싼 그 손이 말을 한다. 사진에 없는 천사가 하늘 문을 열고 내려오는 듯하다.

우리 부부는 오래전부터 이 요양원을 후원하고 있다. 후원하는 동안 우린 쉽지 않은 일들을 적잖이 겪었다. 우루과이라운드 협상, 낙농진흥법 개정으로 잉여 원유가격 차등제, 미국산 쇠고기 수입개방과 촛불 집회, 길고 길었던 소값 파동…. 그 굵직한 직격탄들을 별 방패막이도 없이 힘들게 견뎌냈다. 그때마다 소값은 폭락하고 사료값은 폭등했고, 그것은 곧바로 우리 살림에 커다란 영향을 끼쳤다. 아이들 과외를 그만두게 하고, 모든 문화적인 지출을 억제하고, 보험을 해약하고…. 그러면서도 후원회비만은 끊지 않고 내온 것에 나름대로 자부심이 있었다. 그래서 그리 많은 후원금을 내는 것도 아니면서 낙농 환경까지 들먹이며 은근 생색을 내었다. 남편이 즈믄 해에 농어민대상을 수상할 때는 그걸 이용하기도 했다. 경합 끝 점수가 동률이라서 정기적인 후원기관이 많은 덕에 수상자로 선정되었다. 천주교에서는 낮고 그늘지고 아픈 이들과 함께하려는. 인류 전체가 평등하게 사랑하여야 한다는 박애주의로 많은 도움의 공동체를 운영하고 있다. 그것이 타 종교와의 변별이면서 나의 종교에 대한 자부심이고 자랑이었다. 적은 후원금들이 모여 '오병이어의 기적'을 낳는 것을 보며 하느님의 현존을, 지상에서의 천국을 믿었다.

사실 설립 40주년 기념초대장을 받고 갈까 말까 망설였다. 그동안 요양원에서는 해마다 후원회원을 위한 보은잔치가 있었다. 그때마다 들떴지만 결국 오지 못했다. 참석한 후원회원들에게 양로원 어른들이 기른 채소를 주겠다느니 담근 밑반찬을 주겠다느니 해서, 그 준다는 것이 발목을 붙들었다. 가게 되면 나의 한 달 후원 회비를 훌쩍 뛰어넘을 무엇인가를 받고 올 터인데, 그렇게 되면 얼마간의 공로가 무효라도 될 것 같았다.

이번 초대장에는 무엇을 주겠다는 내용이 없었다. 그저 어르신들과 함께했던 '삶의 기쁨을 나누자.'라고 했다. 그 문구가 나를 유혹했다. 다만 함께하기 위해 조촐한 행사를 마련했다지 않은가. 우리는 3부 '행복한 노후' 가족사진전 개막식이 열리는 12시에 초대를 받았다. 그래서 보게 된 것이 사진전이고 지금 보고 있는 <임종>이라는 사진이다.

사진을 구경하고 있는데 수녀님들이 방문객들에게 작은 상자를 나눠 주었다. 그 안에는 아주 예쁜 다기가 하나 들어있었다. 순간적으로 하나 더 갖고 싶은 욕심이 생겼다. 나는 남편에게 다기를 보여주며 받으라는 눈치를 주었다. 남편이 멈칫거리며 그냥 서 있자, 나도 모르게 소리를 쳤다.

"받으세요. 당신은 받을 자격이 있어요."

그래도 망설이자 다시 빠르게 말했다.

"당신은 수십 년 동안 후원해왔잖아요. 충분해요."

남편의 얼굴에 당혹감이 스쳤고 그걸 읽는 순간, 내 얼굴이 화끈 달아올랐다. 그러면서도 아무렇지 않은 척 수녀님이 여전히 미소를 머금은 채 내미는 남편 몫의 다기를 선뜻 받고는 다시 사진을 구경했다. 그런데 그 사진 속의 사람들이 나를 더 부끄럽게 했다.

휠체어를 탄 환자 앞에 무릎을 꿇고 식사 시중을 드는 사람. 고무장갑을 끼고 일을 하다 멈추고 마주 보며 유쾌하게 웃는 사람. 마대를 붙여 나란히 밀며 뛰어가는 사람. 노인과 얼굴을 비비고 이마를 맞대는 사람. 십 년 전에 하늘나라에 간 친구 엘리사벳도 병자방문만 가면 환자의 팔다리를 주물러주고 얼굴을 비비곤 했는데 그녀를 떠올리게 하는 사람.

봉사자들과 한 몸인듯 한 발짝 한 발짝 떼고 있는 노인들의 걸음걸이, 휠체어에 앉아 겨우 손을 놀리며 뜨개질을 하는 사진에서도 울컥 감동이 밀려왔다. 이곳에서 신은 저 하늘 위 어딘가에 있는 존재가 아니다. 신에 이르는 길은 위가 아니라 아래, 땅에, 사람과의 관계 안에 있음을 보여주고 있다. 몸소 그것을 실천하는 사진 속 봉사자들, 그에 호흡하며 사그라지는 기운을 내어보려 애쓰는 노인들. 그들 앞에서 내 알량한 후원금은 한없이 초라해지고 있었다.

갑자기 안고 있는 다기가 무거워 놓칠 것 같았다. 그것도 누군가가 기증을 한 물건이었다. 몇 푼 후원을 하고 있다는 자만심에 빠져 건방을 떤 자신이 마냥 부끄러웠다. 후원자를 위해 무엇을 주겠다고 초대장에 적힌 글귀엔 예민하게 굴면서도 예쁜 다기에 눈이 멀어 기어이 남편 몫까지 챙긴 이율배반적 행동은 또 어떤가.

돌아오면서 처음에 봤던 <임종>이라는 사진 앞에 다시 섰다. 죽음이 코앞에 다가온 할아버지의 손을 마주 잡은 수녀님의 손, 그 두 손이 매우 많은 것을 내게 말해주고 있다. 외로울 때 또는 고통받고 있을 때 손을 꼭 잡아주는 것이 얼마나 위로가 되던가. 나도 이러저러한 이유로 견디기 힘든 일들을 겪었는데 그때마다 누군가 손을 잡아준 덕에 일어설 수 있었다. 떠나는 이의 손과 보내는 이의 손, 그리고 그 주변에서 기도하는 손들이 죽음을 향해가는 노인의 무거운 마음을 덜어주고 있다. 몇 푼의 돈이 그 손들보다 더 값지다고 누가 감히 말할 수 있을까.

"나는 행복합니다. 여러분도 행복하십시오."

임종 직전 교황 요한 바오로 2세가 하신 말씀이 그 노인의 표정과 겹쳐진다.

보조 전문

오늘 우리는 새집에서 첫 도배를 하고 있다. 남편은 도배사이고 시동생 내외와 나는 보조역이다. 보조들은 분업을 해서 나는 시동생이 재단한 벽지에 풀칠을 한다. 너무 느려서 도배사를 기다리게 하거나 너무 빨라서 풀칠한 벽지가 마르게 해서는 안 된다. 이때 주의할 것은 풀의 양이다. 과해도 안 되고 부족해도 안 되니 이것에도 중용이 필요하다. 그런 다음 가운데를 중심으로 양쪽에서 접고, 같은 방법으로 다시 한번 접어놓으면 된다. 아주 단순한 이 일에 최선을 다하고 있다. 나는 도배를 주도하고 있는 남편의 마음에 들고 싶어 안달이 난 사람이다. 지금 보조역 세 사람은 도배사를 더 도울 일은 없을까 긴장하고 있다. 이것이 보조역의 본분이다.

가끔 유머러스한 얘기를 해서 웃게 하고, 천정이나 모서리같이 도배사가 심혈을 기울여야 할 때는 침묵한다. 처음 1mm의 오차가 나중에 1cm의 간격을 만들기 때문이다. 시종 무릎을 꿇고 있어서

다리에 쥐가 나도 그건 내색도 하지 않는다. 도배사는 허리 높이의 발판에 계속 오르내리고 있으니 그의 힘듦은 보조의 힘듦에 비교가 되지 않기 때문이다. 적당한 시간에 맛있는 음식도 대령해야 한다. 이 모든 것을 해내느라 온종일 분주했지만 수고했다는 말을 들으려 해서도 안 된다. 도배가 잘된 것은 도배사의 능력이고 그의 성취일 뿐이다. 보조는 빛이 안 난다. 무광이다.

지금 하는 단순 보조, 한 가지에 최선을 다하면 되는 이 일이 아주 좋다. 내 체질이다.

"우리 아예 이 길로 나갈까?"

도배사가 그렇게 말하는 것은 보조들이 마음에 든다는 얘기다. 나는 이런 말이 항상 듣고 싶다. 손발이 딱딱 맞고 마음이 하나가 됐다고 느끼고 있는데 상대방도 그렇다는 말을 할 때 희열을 느낀다. 이것이 내가 살아가는 원동력이다.

"물김치가 맛있어."

"이번 일 아주 잘했어."

"고마워"

나는 이런 칭찬에 손발이 닳는 줄도 모른다. 어떤 때는 '고마워'의 하인이라는 생각도 든다.

일을 마치고 나섰을 때 밖은 이미 어둑어둑하다. 남편이 가만히 내 손을 잡는다. 석양빛은 은은하고 바람은 살랑살랑 귓불을 간질이고 땅은 포근포근하다. 이 분위기를 타고 남편은 내 어깨에 살짝 손을 얹는다.

"일이 아주 즐거웠어."

난 이래서 매일 죽는다. 내일도 모레도 뼈 빠지는 줄 모르고 최선을 다할 것이다.

주님께 해 드린 게 없다는 송구함이
전율처럼 온몸을 감쌌다.
그러더니 생각지도 않았던 한 마디가
빛처럼 흘러나왔다.
"남은 생, 당신의 도구로 더 많이 써
주세요."
뜬금없이 뱉게 된 한 마디에
놀라면서도 간절하게 빌고
또 빌었다.

문육자

구름 위의 궁전 / 선물 / 청각은 가슴에 / 새롭게 얻은 이름 / 메주고리예에서의 카니발

프로필 문육자(테레사)
건국대학교 교육대학원(국어교육전공)
중등학교교사 30년
2009년 한국수필 등단
2016 인산기행수필문학상
2018 한국문협작가상
한국문인협회. 한국수필가협회. 한국수필작가회,
가톨릭문인회. 문학의 집·서울 회원

저서: 『바다 기억의 저편』, 『끝나는 길에서 다시 떠나며』, 『그 겨울밤의 물소리』, 『시간이 멈춘 곳』, 『일상을 로그인하다』, 『그의 실루엣』, 『동행』(선집)
시집: 『과수원』
이메일: theresia42@hanmail.net

구름 위의 궁전

신심 깊은 어머니를 따라 절집으로 가는 것이 좋았다. 유년이었다. 대나무 숲을 지날 때 윙윙거리며 귀신 소리 같은 걸 내는 대나무도 싫지 않고 스님을 따라 불경을 읽는 어머니의 청아한 목소리도 듣기 좋았다. 부처님이 어머니에게는 위안이며 세상의 전부인 것 같았다. 범종을 만드는 데 헌금을 한 어머니의 이름은 다른 사람들과 함께 종속에 새겨지기도 했다. 불명도 받았다. 어머니의 신심은 그뿐만이 아니었다. 스님을 따라 불경을 얼마나 많이 읽었으면 까막눈인 어머니가 불경을 줄줄 외곤 했다. 천수경, 반야심경…. 너무 오랜 세월이라 헤아리기조차 어렵다. 단지 내가 놀았던 구름 위의 궁전을, 그리고 그 궁전에서 나왔던 이야기의 실타래를 풀기 위해 기억의 저편에서 괭이질해 볼 뿐이다.

그뿐만이 아니다. 하느님과는 아주 먼 집이었다. 큰고모는 할아버지에게 피가 나도록 매를 맞으면서도 내린 신을 마다할 수 없다며 추운 겨울 마당에서 버선발로 대나무를 잡고 북소리에 맞춰 휘휘하며 춤을 추더니 점받이가 되었다. 그 일로 할아버지는 몸져 누우셨다. 큰고모는 그렇게 살다 일생을 마감했다.

내가 하느님의 목소리를 들을 수 있었던 최초의 기억은 옆집 할머니로부터였다. 서울에서 피난 왔기에 “서울할머니”가 그 할머니의 호칭이었다. 그때 보았던 목걸이와(묵주였음) 금은보화가 감추어져 있다고 하던 성경이 내가 접한 하느님의 얼굴이었다.

고등학교 3학년이 되어서야 저녁 삼종 소리에 끌려 성당 문을 밟았고 세례를 받았을 때 할머니의 기뻐하는 모습에서 나를 기다리고 있었다는 걸 알게 되었다. 그 종소리는 문학소녀의 가슴에 파문을 일으켰고 시심에 불을 댕기곤 했다. 그러나 서울할머니는 얼마 되지 않아 세상을 뜨셨고 나는 세례 받은 지 얼마 지나지도 않아 종교는 철학일 뿐, 나를 구원하는 건 아닐 것이라는 생각으로 혼돈 속에 빠졌다. 내 힘으로 무엇이든 할 수 있으리라는 자만심이 고개를 치켜들며 나를 끌고 다녔다.

돌아보면 유치하고 부끄럽기 짝이 없다. 시를 쓴답시고 중고등학교 시절 학생 잡지 <학원>을 통해 알게 된 친구들과 펜팔을 하며 즐기는 시간을 놓치고 싶지 않아 밤마다 작품보다는 가슴을 담은 편지를 썼다. 그 후는 음악에 취해 음악 감상실을 드나들었고 중고등학생 시절에는 엄두도 못 냈던 영화관을 순례하며 스크린에 빠져들어 한 달에 32편의 영화를 보기도 했다. 그렇게 성년이 되었을 때는 이성의 사랑이 감미롭고 몽환적이었다. 눈에 보이지 않는 하느님이라는 존재보다는 피가 뜨거운 사람이 믿음직함은 어쩔 수 없었다. 그러면서 가벼운 세상사의 즐거움에 빠졌고 하느님은 아예 잊었다. 잘 들르던 수녀님에게도 발길을 끊었다. 족쇄 같은 게 신앙이라고 속으로 되뇌며 냉담의 수렁 속으로 빠져 들어 가고 있었다.

버팀목이던 어머니까지 돌아가셨다. 글을 쓰는 것에서도 자유로워지고 싶었다. 친구와 2인 시화전을 한 이후에는 시작노트도 접었다. 나의 20대였다. 남들이 걸어가는 일상의 길은 무엇일까. 서른이 눈앞에 다가왔을 때 결혼을 했고 부산에서 서울로의 전근이 어려운 상황이라 임용고시를 통해 서울에서의 교직생활도 수월하게 이루어졌다. 이쯤 되면 편안하고 행복하리라 생각했지만, 날이 갈수록 배고픈 사람처럼 허기져가는 마음을 이해할 수 없었다. 고향을 훌쩍 버리고 떠나온 허기짐일까. 새로운 생활에 적응하기 힘들기 때문일까. 무엇이 나를 이리도 힘들게 하는 것일까. 그런 날들이 행진하고 있었다. 불면의 밤이 이어졌고 몽환의 세계에서 헤매곤 했다.

어느 겨울 내가 담임한 반의 국어수업시간이었다. 학생들의 얼굴이 가물가물하더니 그만 정신을 잃고 말았다. 반장인 토마가 교복으로 덮어주었고 양호실로 나를 옮겨 주었던 것 같다. 그리고 몇 시간이 지나서 깨어나 집으로 돌아왔으나 그날로부터 오늘까지 많은 병마를 하나씩 매달며 살아가고 있는 셈이다. 하나씩 줄을 서서 기다렸다는 듯이 병마들이 내게 와서는 동거를 요청했다. 친구처럼 매달린 불면증에 시달리고 급성간염으로 유발된 병은 만성간염으로의 수순을 밟고 있었다. 물론 지금은 굳어가기 시작한 지도 오래고 머리엔 예쁜 종양까지도 매달았다. 내가 긴 세월 뛰어놀던 구름 위의 궁전은 어디서도 찾아볼 수 없었다. 하얀 구름은 먹장구름이 되어 우르르 궁전까지도 감아쥐고 추락하고 보이지 않았다. 추워서 떨고 있는 내가 울고 있을 뿐이었다.

그즈음 제자는 자신이 복사를 하고 있는 본당 학생들의 잔치에 나를 초대했고 시 낭송을 하게 했다. 그 순간 유년의 할머니 목소리가 환청으로 들려오면서 하얀 복사가운을 입은 제자가 날개를 단 천사처럼 보였다. 그 이유는 아직도 알 수 없다. 주님 앞에 '이제야 제가 왔습니다.' 엎드려 빌고 또 빌었을 뿐이다. 그러나 주님은 아직은 멀었다고, 오만한 너를 더 낮추라고 작은 목소리지만 따갑게 말씀하시는 듯했다. 순간 갑자기 눈이 밝아지면서 주님이 나를 버리지 않으셨다는 생각에 가슴이 뭉클해지고 그렇게 평온할 수가 없었다. 정말 순간이었다. 그 찰나의 벅참은 내게 안긴 병마들은 영원히 보듬어야 될 십자가임을 깨닫게 했다.

많은 사람의 기도로 운 좋게도 병마들이 자라긴 하나 속도가 남보다는 더디고 얌전하다 하니 얼마나 다행이며 큰 축복인가. 은총의 씨앗들이 내게 동거를 허락해 주길 바라고 있었다. 여태 받았던 사랑을 되새기며 타인을 위해 기도를 드려야겠다는 생각에 마음이 서둘러졌다. 주님이 원하시는 것이라면 무엇이든 하리라는 겁 없는 용기만이 내가 할 수 있는 응답이었다.

눈을 돌리니 나를 기다리는 곳들이, 내 손길을 간절히 바라는 이들이 나를 바라보고 있었다. 부서진 궁전 대신 새롭게 지을 터를 마련하리라. 이 세상과 하직하고 돌아갈 가장 아름다운 궁전을 지어 보리라. 그러나 혹여 마음 변해 엉뚱한 길 가지 않게 또 하나의 기도를 얹는다. 어디선가 지금도 나를 위해 기도하고 있는 사람들이 맑은 눈으로 바라보고 있다는 사실도 가슴에 새긴다.

선물

태어남은 선물이다. 삶 또한 선물이라는 생각이 든다. 적어도 부모님에게 내 탄생은 크나큰 선물이었으리라. 자식들이 하나같이 어려울 때에 태어나서는 그것도 얼마 되지 않아 흙으로 돌아가듯 몇은 죽었으니 분명 가슴 벅찬 선물로 받았으리라. 그러나 나 또한 병약하게 태어나 하루에도 몇 번씩 놀라서 까무러치고 긴 시간을 잠든 듯 꼼짝하지 못하다 깨어나곤 했으니 유리처럼 바스러질까 소중히 다루었지 싶다. 그래서 내게 아버진 이르게 선물을 주었다.

이름 석 자였다. <육자>라는 이름이다. 문육자. 흔히들 여섯 번째 아이냐고 묻지만, 차례와는 관계가 멀다. 아버지는 마지막일지도 모르는 딸애가 잘 자라기를 바라는 마음으로 "기를 육育", "아들 자子"로 이름을 지어 아무것도 모르는 내게 선물로 주었다. 강요로 지은 일본식 이름은 얼마든지 바꿀 기회도 있었고, 필명으로 예쁜 이름을 가질 기회도 있었지만, 친구들이 놀리는데도 이름을 바꿀 생각은 하지 않았다. 그 이름은 아버지가 내게 줄 수 있는 최고의 선물로 영원한 수호신이 되리라는 생각을 했기 때문이다. 그 뒤 선물로 받은 이름 석 자 뒤에 하느님의 자녀가 되면서 테레사라는 이름을 하나 더 가졌다.

선물이란 상대방의 정성과 애정과 설렘과 기대를 실은 꽃마차와 같다. 받았을 때 그 환희와 눈물겨운 감사는 큰 힘이 된다. 오 헨리의 <크리스마스 선물>은 가슴 아픈 사랑의 선물이기도 하지만, 세상의 아내와 남편에게 가장 큰 버팀목이 된 선물 얘기가 아닐까 한다.

살면서 많은 사람과 선물을 주고받았다. 준 것보다 받은 게 더 많다는 사실에 살짝 당혹스럽기도 하지만, 진정 상대방을 잘 모르고 선물을 전했을 때의 참담한 기억을 잊지 못한다. 20년 세월을 한 달에 한 번씩 드나드는 동안 이미 내 마음의 식구가 돼버린 사람들이 있다. 머리의 회전도 몸도 제대로 움직이지 못하는 형제들이 모여 있는 곳. 가면 누구보다 반갑다고 손잡아 흔들며 보듬어주기를 바라는 사람들이 사는 곳. 몸을 가누지 못해도, 어눌한 그들의 말을 내가 알아듣지 못해도 그들은 마음을 다해 기다리며 반겨주니 어찌 고향 같지 않으랴. 고향의 바다처럼 설레게 하는 그들과 만남은 내 생애 가장 잊을 수 없는 기억의 페이지로 남을 것 같다.

어느 크리스마스였다. 그들에게 무엇을 선물하면 좋을까 생각하다 집에서 지내는 날이 대부분이니 양말이 가장 좋겠다는 생각을 했다. 포근하고 꽉 조이지 않는 양말을 그들이 신은 걸 보면 내 마음이 따뜻해질 것 같았다. 또한, 부담스럽지 않은 범위 내에서 장만한 선물이 될 것 같았다. 고르는 재미도 쏠쏠한 게 행복했다. 그들의 얼굴 하나하나를 떠올리며 비스킷과 함께 양말을 포장했다.

세 번째 화요일이었다. 크리스마스를 며칠 앞둔 날 그들의 집으로 가서 선물을 나누어 주었다. 준비한 양말을 신겨주며 웃음을 나누었다. 무릎담요를 늘 덮고 있는 형제 앞에 앉아 무릎담요를 벗겼다. 그 순간을 잊지 못한다. 발이 없었다. 다리만 있었다. 물론 발바닥도 발가락도 없었다. 그 황당한 순간을 적절히 벗어날 수 있도록 두뇌 회전을 거듭했다. 마침 목에 걸치고 있던 영국제 머플러를 생각해 냈다. 영국여행 다녀온 지인에게 받은 머플러였다.

“알고 있어요. 그래서 머플러를 주려고 해요. 추워서 내가 하고 있는데 예쁜지 봐주세요. 이걸 주려고 가져왔어요.”

능청스레 말을 건네며 내 목에 두르고 있던 머플러를 풀어 그의 목에 둘러 주었다. 남들과 다르긴 해도 예쁘고 따뜻한 캐시미어 머플러에 눈곱만한 의심도 없는 것 같았다. 다른 형제들은 따뜻하고 폭신한 양말을 벗어 뺨에 대보며 즐거워하고 있었다. 온몸에 땀이 흘렀지만 아무도 눈치채지 못했다. 수녀님들은 선물로 준 핸드크림에 만족한 것 같았다. 수녀님들이야 어떤 것에도 감사하는 분들이니 말해서 뭣하랴.

그렇게 오랫동안 다니면서 그들에게 어떤 장애가 있었는지 몰랐다는 자책이 오래오래 나를 따라다녔다. 내게 이렇게 헐렁한 구석이 있었구나 하는 자성이기도 했다. 그들과 더불어 웃고 지낸 세월이 그리 길건만 그들의 아픈 가슴을 헤아리지 못한 것은 말할 것도 없고 눈으로 확인할 수 있는 것도 아예 관심 밖이었다는 사실에 놀랐다. 그 한 번의 실수가 준 깨달음이 20년 세월을 하루같이 다니고 있는지도 모른다. 어찌 보면 당신의 도구로 삼으신 주님의 큰 뜻이지 싶다. 도저히 그만둘 수 없는 그런 큰 뜻.

그때 양말을 신었던 이들 중에 지금도 남아있는 이들은 몇몇이 되지 않고 내가 머플러를 둘러 주었던 이도 보이지 않는다. 누가 먼저 말하지 않아도 수녀님과의 묵계 같은 것은 보이지 않는 이에 대한 안부를 묻지 않는 것이다. 돌아올 대답이 무섭고 슬프기 때문이다. 가슴에 묻어둔다. 내가 건넸던 조그만 선물은 그들을 향한 사랑이었고 하느님께 드리는 감사였으며 그들을 떠나지 못할 약속 같은 것이었다.

요즘은 가끔 내가 간직하고 있는 귀한 선물을 끄집어내어 본다. 본당을 지을 때 애쓰셨던 첫 번째 신부님이 주신 편지다. 신부님께 교우가 부추와 배를 갈아 만든 음료를 드렸는데 신부님은 그 교우의 마음만 받고 그것을 내게 주신 것이었다. 간에 좋은 음식이라며 앓아누운 내게 음료와 한 번에 먹는 분량과 쾌유를 비는 마음을 담은 편지를 써 함께 주신 것이었다. 물론 내 병이 나을 수 있는 병은 아니다. 그러나 오늘도 살아있음은 음료의 효력도 한 몫이려니 생각한다. 이제 신부님도 소천하여 이 세상 사람이 아니고 편지만이 내게 큰 선물로 남아 있다. 신부님은 강한 자에게 강하고 약한 자에게 약했던 진정한 사제였다. 본당에서 아주 미미하게 일한 내게 베풀어준 분에 넘치는 선물이었다.

선물엔 마음이 담긴다. 상대방에 대한 배려와 정성이 담겨 있다. 선물은 영원히 변치 않을 서로의 마음이 담겨 있기 때문이다.

청각은 가슴에

"머리에 종양이 있는 건 아시죠?"

MRI 사진을 보며 의사는 담담히 말했다. 양성이나 악성이나 수술 외엔 치료방법이 없는 것도. 사진엔 동그란 종양이 싱글거리고 있었다. 동거를 허락해 달라고 뻔뻔스레 눈짓하고 있었다. 수술도 일장일단이 있다는 의사의 말에 의식 있는 날까지 그냥 살겠다고 쉽게 대답하고 말았다. 간경화에 또 하나의 군식구를 거느리게 된 셈이었다.

2005년이었다. 암담했다. 그날 저녁은 주님께 내가 뭘 잘못했느냐고 패악을 부리면서 눈물이 마르도록 울었다. 겹치고 보태는 병마들의 행진에 맥 놓고 받아들일 수밖에 없는 현실이 원망스러웠다. 그러고는 밤마다 내가 무엇을 얼마나 잘못 했던가 고백성사를 보듯 적어보기도 했다. 적다 보니 어쩌면 그리 많은지. 주님의 뜻대로 죄대로 다스렸다면 이건 약과였다. 오히려 두려움으로 눈물은 잦아들기 시작했고 대답 없는 주님께 해 드린 게 없다는 송구함이 전율처럼 온몸을 감쌌다. 그러더니 생각지도 않았던 한 마디가 빛처럼 흘러나왔다.

"남은 생, 당신의 도구로 더 많이 써 주세요."

뜬금없이 뱉게 된 한 마디에 놀라면서도 간절하게 빌고 또 빌었다. 10년도 더 지난 일이다. 장애우들의 집에 다녀오던 날, 우연히 절친한 자매로부터 예비자 교리교육의 봉사자로 권유받았을 때 주님만을 믿고 새로운 또 한 몫을 시작했다. 그로 하여 얼마 동안 교리를 설명하고 묻고 답하며 익혀가는 방법의 교리교육 봉사를 맡았다. 주로 강의식이라고 해야 할까. 그러다 교리교육을 예비자들의 나눔 중심으로 바꾸기로 한 본당의 지침에 따라 '함께하는 여정'의 봉사자 교육을 3단계까지 마친 날은 가슴이 뿌듯하고 설레었다. 예비자들과 더 가까워질 수 있으리라는 기대였다. 7개월의 여정. 주님을 알아가는 여행의 길. 생활 속에서 만나게 되는 주님의 이야기와 변화되어 가는 자신의 체험을 나누어보는 시간은 예비자들에게도 신선함이었던 것 같다. 물론 첫발 떼어놓듯 가슴을 여는 일이 그리 만만하고 쉬운 일은 아니었지만. 자기를 드러내는 듯해 마음의 문을 닫았고 자신의 부족함은 더더구나 자존심 상하는 일이라고 생각해 입을 봉하기도 했다. 어쩔 수 없어 내가 얼마나 부족한 사람인가를 하나하나 나열하며 이야기도 했다. 더 뒤집어 볼 것 없다는 듯이. 그러니 주님을 믿고 살아가는 이 하루하루가 바로 축복이라고 얘기했다.

그렇게 새롭게 시작한 '함께하는 여정'이었다. 주님을 따라가는 긴 여정 속에 우리가 가진 7개월의 짧은 여정. 그 여정 속에 숨어 있는 이야기들은 가끔 가슴 뭉클하게 하기도 하고, 더러는 웃음으로 나눠지게도 했다. 교리가 시작되고 두 번째 시간이었다. 할머니를 모시고 온 교우는 어머니라 했고 보례를 받아야 한다고 했다. 나이가 많아서 수술받기 전에 이것이 이승에서의 마지막인지도 모르겠다고 생각했다고 한다. 그래서 만일 건강하게 병실 문을 나선다면 하느님과의 약속을 지켜 꼭 교리를 받겠다고 했는데 이렇게 건강히 살아왔으니 그 약속을 지키려고 찾아온 것이라고 했다. 그러나 절망이라고 했다. 성당을 찾아온 것이 마음만 앞선 잘못된 생각인지도 모르겠다고 했다. 할머닌 심한 난청이었다. 주님과의 약속은 지켜야 하는데 청각이 이 모양이니 어쩌면 좋으냐고 되물었다. 난처했다. 어떻게 얘기해야 할까. 그것보다는 그냥 집으로 가게 해야 할까 하고 잠깐 망설였다. 그러나 나는 아주 많이 믿음을 담아 말을 건넸다.

"할머니, 하느님 말씀을 듣는 귀는 따로 있어요. 가슴에 있어요. 내 입과 눈을 쳐다보며 함께 예수님 말씀 나누어요."

이게 할머니를 안심하게 한 말이었고 그 말을 전달하려고 있는 대로의 표정을 짓고 목청을 돋우었다. 그 말에 포기하지 않고 교리공부를 시작해 준 할머니가 그렇게 고마울 수가 없었다. 꼭 필요한 말은 종이에 쓰기도 했다. 나를 쳐다보며 어떤 날은 눈물을 흘리기도, 빙그레 웃음을 짓기도 하는 할머니를 보며 가슴이 뛰어

무언가 내가 더 많이 채워 와야 할머니에게 몸짓만으로도 주님 말씀을 전달할 수 있을 것 같아 전전긍긍하기도 했다.

저분 가슴에 주님의 음성을 쌓게 해야지. 그 생각이 계기가 되어 예수회의 성서대학 3년 과정을, 명동성당에서는 성서못자리 3년을 수료할 수 있었다, 그리고 바오로의 딸 수도회의 통신성서 6년을 보내면서 한 번도 할머니를 잊어본 적이 없었다. 할머니의 가슴에 쌓여간 주님의 음성이 나를 재촉했는지도 모를 일이다. 할머닌 어쭙잖은 내 연기에 장단 맞추며 나눔도 자주는 아니어도 곧잘 했다. 본당에 어르신을 위한 짧은 과정의 여정이 없어 7개월을 했지만 내겐 그 7개월이 다디단 신혼 같은 기간이었다. 보례를 다 마친 후 마리아 할머닌 가장 큰 숙제를 내려놓은 안도감으로 눈시울을 적셨다.

할머니와 함께한 그 기간은 축복의 여정이었다. 가슴으로 들으며 7개월을 함께한 할머니 덕분으로 같은 교리실에서 공부한 자매들도 자기들의 일처럼 기뻐하며 손뼉을 쳤다. 그 결과는 오히려 내게 더 많은 축복으로 왔다. 무엇보다 나를 주님 앞에 더욱 겸손하게, 더욱 낮게 무릎 꿇게 했다.

주님의 말씀은 귀로 듣는 것이 아니라 가슴으로 듣는다고 자신 있게 할머니에게 얘기한 내 허풍은 허풍이 아닌 진정한 이치라고 할머니는 돌아가실 때까지 믿고 계실 테니 그 또한 수확이 아닐까 싶다. 아마 그럴지도 모르는 일이 아닐까.

새롭게 얻은 이름

뙤약볕도 싫지 않던 갈래머리 때의 여름방학으로 기억한다. 한여름의 저녁나절은 대낮처럼 지글거리고 달궈진 지열이 얼굴을 화끈거리게 했다. 방학이라는 여유 있는 시간을 갖게 되면 어김없이 찾아오는 건 떠나온 집엘 한 번은 가보아야지 하는 벼름이었다.

그러면서도 애써 외면한 것은 아버지의 빚 청산으로 고스란히 내준 아픔 때문이었다. 이 층짜리 적산가옥. 그 날은 무엇이 나를 홀려서 데려갔는지 알 수 없지만, 마을을 찾았을 때 바람을 키질하며 날아오는 종소리를 어귀에서 만날 수 있었다. 그 만남이 급기야는 부산의 용두산 공원이 바라보이는 중앙성당으로 나를 데리고 가서는 삼종기도에 고개를 숙이게 했고 성당 안으로 발을 들이밀게 했으며 다음 해 부활절에 주님의 딸로 새로 탄생하게 해준 동기가 되었다.

교리교육을 맡은 분은 육이오 사변 때 피난 와서 부산에 눌러앉은 수녀님이었다. 수녀님과의 열 달 가까운 생활은 내 생애 가장 즐거웠던 때가 아닐까 싶다. 틈만 나면 수녀님을 찾아갔고 기거하시는 방에서 회색의 수건을 벗고 머리를 다듬으시며 그 삼단 같은 머리채를 내게 최초로 보여준다고 하셨다. 수녀님의 부끄러운 듯했던 그 얼굴은 낭랑한 목소리와 함께 내 기억의 갈피에 간직되어 있다.

아빌라의 테레사! 우리가 흔히 말하는 소화 테레사와 구별하는 대 테레사가 수녀님의 세례명이었다. 세례명을 지을 때 망설일 필요가 없었다. 아빌라의 테레사. 예수의 테레사라고 하는 대 테레사로 나도 신생의 기쁨으로 태어났다. 왜 소화 테레사처럼 더 예쁜 이름이 아닐까 하는 아쉬움이 없었던 것은 아니었다. 그런 아쉬움이 오래 가기도 전 수녀님을 떠날 수밖에 없었다. 수녀님의 조심스러운 말 한마디에 거절보다 미안함이 앞섰기 때문이었다.

수도성소에 대한 응답을 내가 하리라 철석같이 믿고 있는 수녀님을 계속 만난다는 것이 그리 쉽지만은 않았다. 주님에 대한 사랑을 느끼고 있었지만, 생업인 낚시질도 마다하고 주님을 따라나선 사도들처럼 그렇게 쉬이 나를 버리고 따라나설 수가 없었다. 그리고 중앙성당을 떠났다. 시월에 들어서면 초하루의 성녀 소화 테레사의 축일은 많은 사람이 기억하고 축하도 하지만 뒤에 오는 십오일의 성녀 대 테레사 축일은 축하객이 줄어든다. 수녀님은 그 날이 돌아오면 나를 걱정하지 않았을까. 그러나 차츰 미안했던 마음도 무뎌지고 수녀님조차 잊고 살았다.

내 신앙생활은 오랜 냉담에 빠지기도 했다. 모든 것이 내 힘이려니 생각한 오만했던 청춘. 늘 푸른 나무처럼 싱싱하게 뻗어가긴 해도 장애란 있을 수 없다고 느꼈던 어리석음이 와해되던 날의 눈물을 잊을 수 없다. 그런데 올해 초여름. 성지순례지에 '아빌라'가 있는 걸 보고는 다른 것은 생각할 필요조차 없었다. 오랜만에 귀향하는 이의 설렘이 이럴까. 두근거리는 날들이었다. '거기로 간다. 내 고향으로 간다. 아니. 나를 키워준 어머니의 고향으로 간다.' 낮은 하늘이 드리워진 스페인의 아빌라가, 묵은 도회의 성벽이 밤마다 나타나곤 했다.

성지순례의 닷새째. 대 테레사 성녀의 심장과 팔이 보존되어 있는 살라망스 주의 또르메스로 향했다. 알바 데 또르메스Alba de Tormes의 성모 마리아 갈멜수녀원! 수도원의 개혁에 몸을 바쳤던 예수의 테레사 성녀가 여덟 번째 설립한 수도원으로 그녀가 선종한 곳이기도 하다.(1515.3.28.-1582.10.4.) 그 앞으로 강물이 흐른다. 성녀가 잠든 자리 위에는 성전이 세워지고 제대 양쪽엔 천사들의 수호를 받으며 그녀의 오른팔과 심장이 모셔져 있다. 잠에 든 듯 편히 누워 있는 성녀의 모습은 400년이 넘도록 부패하지 않고 자연 상태로 보존되고 있는 것도 기적이 아닐까 싶다.

박물관으로 들어서니 눈길을 끈 <SOLO DIOS BASTA> -오직 주님 한 분뿐!- 대 테레사를 상징하는 이 문구에 고개가 절로 숙어졌다. 스페인 여러 지방에 수도원을 세우고 고향인 아빌라로 돌아가던 길에 건강이 악화하여 1582년 또르메스 수도원에서 눈을 감은 성녀의 유해에선 신비스러운 꽃향기가 풍겼다고 한다. 그녀 나이 67세. 평생을 교회와 수도원 개혁에 헌신했던 성녀가 남긴 마지막 말씀은 "저는 교회의 딸입니다."라는 신앙고백이었다. 또르메스강을 바라보며 아빌라로 향했다.

성곽도시 아빌라는 갈멜수녀원을 창설한 성녀 대 테레사가 태어나고 수많은 활동을 한 곳이기에 성자의 도시라 불린다. 성녀의 생가는 테레사 수도원Convento de La Santa이 되어 있었다. 그녀는 아빌라의 유복한 귀족 가문에서 9형제 3자매로 태어났다. 평범한 수녀의 길을 원치 않았기에 은총의 성모수도원을 나왔고, 1536년 강생수도원으로 입회해서 희생과 극기 속에 오로지 교회와 수도원의 개혁을 위해 그리스도의 전사가 된 성녀에 대해서 무엇을 더 얘기할 수 있겠는가.

어느 날 탈혼 상태에서 만난 예수님께 테레사 수녀는 "당신은 누구신가요." 하고 물었다. 예수님은 "나는 테레사의 예수다." 하고 대답하셨다. 그 말씀에 테레사 수녀는 "저도 예수의 테레사입니다."라고 서슴없이 대답했다. 여기서 그녀의 이름이 Santa Teresa de Jesus로 유래되었다고 한다.

대 테레사 성녀가 죽음에 직면했을 때 "이제 주님을 만나러 갑니다."라고 말한 그의 신앙에 가슴이 울리고 그녀의 깊고 깊은 영성에 고개가 숙어질 뿐이다. 사후 40년이 지난 1622년 시성되었으며 1970년 교황바오로 6세에 의해 여성으로는 처음으로 교회학자라는 칭호를 받았다. 또르메스에서 선종 후 그녀의 유해와 무덤에선 천상적인 향기가 계속 풍겼다 하니 그의 성스러운 생애에 대한 '테레사의 예수님'이 갚아준 은총의 선물이 아니었을까 싶다.

부산의 테레사 수녀님은 내게 이런 날이 올 것을 예견한 것일까. 수녀님의 세례명을 따라 서슴없이 선택한 <대 테레사>. 이렇게 고마워함을 하늘나라에서 지켜보시리라.

메주고리에에서의 카니발

몸에 적신호가 자주 깜박이기 전에, 숨죽이고 가만한 걸음으로 걷고 있는 병마들이 골목을 밝히는 외등처럼 불거져 다른 사람들이 눈치채기 전에 직장을 그만두어야지. 아침을 맞을 때마다 읊조리곤 하다가 학기를 마치는 2월 어느 날 사직을 했다. 몸은 차츰 수순을 밟아 나빠지고 있었다.

직장을 그만두고 가장 먼저 하고 싶은 건 한글을 모르는 사람들에게 글자를 가르치는 일이었다. 평생을 하던 일이라 그것만은 최선을 다해 할 수 있을 것 같았다. 하루에 한 시간 정도는 건강을 축내지 않고도 할 수 있을 것으로 생각했다. 수소문해보니 내가 사는 곳에서 멀리 있는 주민 센터에 저녁 늦게 한글을 가르치는 프로그램이 있었다. 그러나 밤늦게 다니는 건 아무래도 무리 같았다. 두 번째는 시각 장애우들을 위해 문학작품이나 교양서적을 낭독하여 CD에 담는 일이었다. 그러나 내 목소리는 어쩌면 그리도 처지고 녹슬었을까. 스스로 생각해도 불합격이었다. 세 번째가 성당의 봉사 단체에 가입하는 일이었다.

본당의 레지오였다. 내가 가입한 레지오는 그 당시 꽤 긴 역사를 가지고 나눔을 통해 개인의 성화에 힘을 쏟고 있던 단체였다. 서먹하던 첫날부터 '함께'라는 것에 익숙해질 때까지는 쉽지만은 않았다. 가르친다는 직업은 내가 학생들에게 지식을 전달하거나 학생들과 어떻게 교류하는가 하는 것이 주를 이루는 것이라면 성당에서의 활동은 "나"보다는 "우리"가 우선이었다. 우리에게 누군가가 손을 내밀면 소방차처럼 둘 이상이 짝이 되어 달려가곤 했다. 난 그게 좋았다. 주님께 도구로 쓰시다가 필요 없는 날 하늘나라로 데려가 달라고 고했고 그것이 사는 의미가 되어 버렸으니까.

신입 단원으로 입단한 후 10년이 되었을 때였다. 월요일마다 회의하며 한 일을 성모님께 아뢰고 할 일을 서로 의논하는 주회를 1000번째 맞이하게 되었다. 물론 더 긴 역사를 가진 레지오단도 많이 있다. 그러나 어렵고 힘들 때를 겪으면서 1000번째의 주회를 맞게 된 것은 충분히 축하할 만했다. 서로에게 격려하며 칭찬해주고 싶은 마음을 나누고 성모님께 그 마음을 봉헌하자는 데 의견이 모였다.

그럴 즈음 본당에서 성지순례 계획이 있었다. 우리도 합류하여 주님의 발자취를 따라가며 미완의 신심에 불을 지피는 기회가 되기를 바라는 마음으로 순례의 길에 동행하기로 했다. 1000차 주회를 성지에서 갖는다면 또 하나의 의미를 덧붙이는 게 아닐까 하는 생각이었다. 단원 열한 명에게 어찌 소소한 일들이 없으랴. 집안 일은 잠시 식구들이 해 줄 것을 믿으며 떠나기로 했다. 그러나 아홉 명. 아쉽게 두 명을 두고 떠났다.

순례의 여정 중 메주고리예에서의 일이다. 오스트리아에서 비행기로 크로아티아를 지나 보스니아의 메주고리예에 도착했고 거기서 3박 4일의 일정을 보내게 되었다. 메주고리예! 성모님의 발현지다. 이곳은 여느 마을과 다름없는 평범한 마을이지만 20세기 말과 21세기에 들어서면서 어떤 곳, 어느 곳에서나 순례자들이 찾아오는 마을이 되었다. 그것은 1981년 6월 24일 비아코비치 마을의 포드브르도 산에서 성모님을 보았다는 여섯 명 아이들의 증언을 시초로 일 년 내내 사람들이 몰려들어 각국 언어의 페스티벌을 이루고 있기 때문이란다. 발현을 목격한 증인들의 증언에 의하면 성모님께서는 세상을 향해 평화와 회개로 돌아와 줄 것을 촉구하며 매일 발현하고 계신다고 했다. 20여 년 동안 2천만이 넘는 순례자가 방문하여 기도한 것을 보면 이곳은 진정한 기도의 마을이라고 할 수 있겠다. 성모님의 메시지는 "기도하라", "성체성사로 거룩하신 성체를 끊임없이 찬양하라", "성서를 읽어라", "단식을 실천하라", "마음을 닦아 고백성사를 보라" 등이라고 한다.

성모님이 아직도 발현하고 계신 이곳에서 1000차 주회를 하게 된 감격스러움을 어찌 다 말할 수 있으랴. 아직도 환경은 열악하여 숙소는 빗물이 새고 추웠으나 성모님의 발현을 가슴으로 맞아 기도하며 서로를 위해 진정으로 빌어주는 행사를 한다는 뿌듯함과 걸어가는 길이 혼자가 아니라는 든든함으로 눈물조차 글썽이던 순간을 잊지 못한다. 눈부신 카니발이었다. 생일 케이크를 준비했고 손에 손 맞잡고 생일축하의 노래도 불렀다. 황홀한 순간이었다. 2008년 4월 21일이었다.

사실 난 몇 번이나 망설이다 떠난 순례였다. 평소에 두통이 심해서 늘 두통약을 지니고 다니며 상시로 약 먹을 준비를 하고 있어야 했다. 그런데 호사다마일까. 축제를 지낸 다음 날 아침 아주 조그만 약병이 보이지 않았다. 두통이 와서 사시나무 떨듯 떨게 되면 어쩌나? 단원들이 알고 상심하게 되면 어쩌나? 순례 교우 60명의 엄숙하고 복된 마음에 초 치는 것은 아닐까 염려되었다. 집으로 돌아가는 게 마땅할 것 같았다. 심경이 혼란스러운 가운데 어제 들렸음 직한 곳을 다시 돌아보았다. 여러 번 돌고 돌아 지치기도 했다. 마지막에 다시 들른 식당의 작은 창틀에 손가락보다 작은 하얀 약병이 놓여 있었다. 놀랍고 고마웠다. 감사했다. 누구의 손길이 모자란 자식 돌보듯 이리도 챙기실까. 우연히 생긴 일이 아닌 것 같았다. 이럴 수도 있구나. 감사와 기쁨이 방울져 내렸다.

일요일에 천둥 번개를 동반한 심한 빗속을 뚫고 해발 520m의 크리자밧산(십자가산)에 올랐던 일을 떠올렸다. 미끄럽고 뾰족한 돌길이지만 고통의 신비를 바치며 14처가 끝나는 지점까지 올랐을 때 6m의 대형십자가가 맞아주던 순간엔 가슴이 벅차 질퍽거리는 땅에 무릎을 꿇었다. 나만이 그런 게 아니었다. 이국의 젊은 남자는 아들을 목말 태우고 우산도 우비도 없이 기도문을 외면서 오르고 있었다. 한 폭의 성화였다. 그러나 이곳에 대한 교황청의 반응은 아직은 부정적이다. 하지만 <성지>라는 이름으로 찾는 것을 금지하고 있지는 않다. 설명되지 않는 기적이 소명되길 바랄 뿐이다. 이런 곳에서 그리도 애타게 찾던 약병을 찾을 수 있었던 것도 또 하나의 기적만 같았다. 어깨 토닥이며 걱정 말라는 누군가의 목소리를 환청으로 들을 수 있었던 것도 한 번씩 정신이 들도록 패대기치고는 '괜찮니?' 하고 활짝 웃으며 일으켜주시는 그분 나름의 심술궂은 단련의 카니발이 아닐까 한다.

그녀는 기도하기 시작했다.
그때 나는 갑자기 몸과 마음이 편안해지며
구름 위로 두둥실 떠오르는 것 같았다.
이렇게 안락할 수가….
죽음의 순간이 이렇게 안락하다면
죽음도 두렵지 않다는 생각을 했다.
수술실의 두려움은 사라졌다.

임무성

구역 소공동체에서 배운다 / 성聖 루카 / 수술실에서 만난 <대 테레사> / 어떻게 오게 되었나요 / 주님의 노래를 부른다

프로필 임무성(루카)
경희대학교 법학과
경찰청 경무관
대통령민정비서실 행정관
서울성동경찰서장
2011년 에세이스트로 등단
제9회 정경문학상
서정과 서사 회원
한국문인협회 회원
에세이스트 작가회의 서울지회장

저서: 『우린 다시 만날 수 있을까』
이메일: mslim2003@hanmail.net

구역 소공동체에서 배운다

늘그막에 시작한 신앙생활이 생각처럼 그렇게 쉽지가 않다. 굳은 머리에 신앙이 파고들어 갈 자리가 없어서 그런지 미사 시간에 신부님이 아무리 알아듣게 강론을 해도 성당 밖으로 나오는 순간 잊어버리기 일쑤다. 가정에서 기도 생활을 제대로 하는 것도 아니고, 밖에 나가서 친구들과 식사할 때 보란 듯이 성호경을 받치는 것도 아니다. 가끔 이런 문제나 궁금한 점들을 물어볼 겸해서 신부님이나 수녀님과 상담을 하고 싶지만, 원체 바쁘신 분들이라 짬을 내달라는 말이 입에서 떨어지질 않는다.

나는 세례를 받은 후 성당에서는 성가대 단원으로 활동하고, 밖에서는 구역모임에 참석하는 정도의 활동을 할 뿐이다. 성가대에서는 대화 주제가 주로 음악에 관한 것이 대부분이지만, 구역모임의 주제는 다양해서 늘 신앙을 배우고 느낄 수 있어 될 수 있으면 빠지지 않고 참석한다.

구역 소공동체모임은 한 달에 한 번씩 열었는데, 베드로 주임신부님이 오신 후에 <말씀 여행>을 시작한 후로는 일주일에 한 번씩 모여 성경공부를 한다. 많으면 열 명 전후, 적을 때는 두세 명끼리도 한다. 말씀 여행은 시작기도, 말씀 읽기, 새김, 나눔, 되새김, 보충, 말씀 살기, 마침 기도 순으로 한 시간 이내로 진행한다. 나는 모든 게 새롭다. 성경 말씀을 통해서 많은 것을 알게 되고 새롭게 결심을 하게 되지만, 실질적으로 나는 구역 교우들의 언행을 통해서 많은 것을 배운다. 믿음이 깊은 교우들을 보면 말과 행동에서 신자의 향기가 그대로 풍겨 나온다. 나는 그들의 자연스러운 표현에 때로는 어리둥절하면서도 어떤 신비를 느낀다. 어느 한 교우가 믿음이 약한 동생을 걱정하며 말했다.

"내 동생은 돈 때문에 눈만 뜨면 돈 타령인데 그런다고 됩니까? 열심히 일하면 주님께서 필요한 만큼 다 해결해 주실 텐데 저렇게 욕심을 부리니 답답합니다. 어찌 그걸 모르는지…."

나는 그의 말이 얼핏 이해가 되지 않았지만 믿음이란 바로 이런 것이로구나, 하며 형과 동생 중에 누가 진정 행복한 삶을 누리는가를 생각해보았다.

다른 교우의 말을 들으면서도 고개를 갸우뚱했다. 그는 살던 집을 팔고 이사해야 할 형편이었는데 집이 팔리지 않아 고심하던 중에 원하던 대로 팔렸다며 환하게 웃었다. 어떻게 그렇게 잘 팔렸냐고 물었더니 아주 자연스럽게 대답했다.

"요 며칠 사이에 간절히 기도했더니 결국 주님께서 팔아주시더라고요."

그 교우는 그냥 태연하게 말했지만, 나는 그의 그 한마디가 지금도 뇌리를 떠나지 않는다. 그의 신앙심에 너무나 강한 인상을 받았기 때문이다.

우리 구역의 구역장이 큰 병이 났다. 그의 신앙생활을 보면 고개가 절로 끄덕여질 정도로 모범적이고 성경 말씀에 대해서도 해박해서, 나는 작은 일에서부터 큰일까지 의문이 있으면 그에게 묻곤 한다. 세례받은 얼마 후에도 그에게 물었다.

"지난 주일에 불가피한 일로 미사 봉헌을 못 했는데 오늘 미사에서 고해성사를 안 하고 성체를 모시면 안 될까요? 곧 부활절 판공성사가 있으니 그때 한꺼번에 받으려고 합니다."

그렇게 전화로 묻자 그는 고해성사에 대해 친절하게 설명해 주었다. 그러던 그가 갑자기 중병에 걸려 병원에서 수술을 받게 되었다. 예후가 안 좋아 3주가 되었는데도 의식이 없어 구역 교우들은 걱정하며 기도만 하고 있었다. 본당 주임신부님이 소식을 듣고 달려갔다. 신부님이 병실에서 산소 호흡기를 꽂고 의식 없이 누워 있는 그의 손을 잡고 조용히 기도하는데, 이때 구역장의 눈에서 눈물이 주르륵 흘러내리더니 번쩍 눈을 떴다고 한다. 기도로 밤을 지새우던 가족들은 감사의 눈물을 흘리고 우리 구역 신자들은 물론 본당의 모든 신자도 기뻐했다. 지금 그는 성당에서 건강한 몸으로 더욱 열심히 봉사 활동을 하고 있다.

나도 병원에서 수술을 받게 되었다. 큰 수술은 아니었지만 눈

아래 꺼풀에 바짝 붙어 있는 종양을 제거하는 수술이라 걱정이 되었다. 환자용 침대에 누워 수술실로 들어가자 공포가 엄습했다. 그 순간에 한 가톨릭 자원봉사자가 나에게 다가와 귀에 대고 종교가 있느냐고 묻기에, 성당에 다닌다고 했더니, 따뜻한 담요로 몸을 감싼 후, “우리 기도할까요?”라며 내 의사를 물었다. 감사하다고 하자 그녀는 기도하기 시작했다. 그때 나는 갑자기 몸과 마음이 편안해지며 구름 위로 두둥실 떠오르는 것 같았다. 이렇게 안락할 수가…. 죽음의 순간이 이렇게 안락하다면 죽음도 두렵지 않다는 생각을 했다. 수술실의 두려움은 사라졌다. 그 손길은 봉사자를 통한 주님의 손길이라는 것을 이 초신자도 막연하나마 느낄 수 있었다.

나는 요즘 신앙의 신비와 기적에 대해 생각해보곤 한다. 기적이라고 하면 영화 <벤허>나 <십계>에서 본 극적인 장면이 떠오르지만, 신비와 기적은 이렇게 소리 없이 일상적으로 일어나고 있음을 어렴풋이 느낀다. 형이 동생의 약한 믿음을 걱정하는 말이나, 주님께서 집을 팔아주었다는 교우의 말도 조금씩 수긍이 되기 시작한다. 인사불성의 구역장이 신부님의 기도로 눈을 뜬 것이나, 내가 자원봉사자를 통한 주님의 손길 속에서 편안하게 수술을 받을 수 있었던 것이 당사자인 그와 나에게는 벤허나 십계 영화 속의 기적보다 못한 게 무엇일까를 생각한다.

올봄에 ‘성라자로 마을 아론의 집’에 피정 갔을 때 엠마누엘라 수녀님이 힘주어서 하신 말씀이 퍼뜩 머리에 떠오른다.

“구역 소공동체모임에는 반드시, 반드시 주님께서 임하십니다.”

성聖 루카

루카 세례명을 받은 지 5년이 되었는데도 이에 걸맞게 무엇 하나 실천한 것이 없다. 성인 루카는 복음을 쓴 사가이며 증거자이다. 세례를 받기 직전에 교리를 가르쳐주시던 수녀님이 예비신자들에게 원하는 세례명을 적어내라며 요령을 가르쳐 주었다. 생일과 가까운 성인을 찾으면 되는데, 본인이 조금이라도 따를 수 있거나 따르고 싶은 성인을 택하라고 했다. 처음에 내가 누군가를 적어냈는데, 수녀님이 나와 맞지 않는다며 아브라함이 어떻겠느냐고 했다. 나는 펄쩍 뛰었다. 내가 아무리 성경에 문외한이긴 하지만, 아브라함이 이삭을 낳고 이삭은 야곱을 낳고 야곱은 유다와 그 형제들을 낳았다로 시작한다는 것쯤은 알고 있었다. 믿음의 조상인 아브라함을 감히 내 세례명으로 정한다는 것은 불경스럽기도 하지만 내가 어떻게 그분의 흉내나마 낼 수 있으랴 하는 생각 때문이었다.

나는 내 분수에 넘치는 것은 금기로 여긴다. 이름과 관련해서는 더욱 그렇다. 내 이름은 한문으로 수풀 임林, 성할 무茂, 성할 성盛이다. '수풀이 무성하다'가 곧 내 이름이다. 내 이름을 지으신 조부님이 동사무소에 출생 신고를 하러 갔더니 동직원이 내 이름을 보고 "이름이 좀 과한데…."라며 중얼거렸다고 한다. 조부님은 무심코 지내다가 6.25전쟁 피란길에 어린 내가 허벅지에 총을 맞자, 그때서야 동사무소 직원의 말이 번쩍 떠올랐다고 하셨다. 내 이름이 과해서 총을 맞았다며 작명을 잘못했다고 후회하신 것이다. 그런 연유로 나는 몇 년 전에 형님이 지어준 내 아호에 어질 현賢이나 어질 인仁자가 들어간 호를 단호히 거부했다. 물론 지금 나는 세상을 떠나신 조부님에게 이렇게 말하고 있다.

'제 이름을 잘못 지으셨다니요. 작명을 잘 하셨기 때문에 총에 맞고도 살아난 것 아닌가요? 또 지금 이렇게 잘 버티고 있고요.'

나는 세례명을 생각한 끝에 나의 양력 생일 열흘 후 10월 18일이 축일인 루카 성인을 적어냈다. 감히 성인의 발자취를 어찌 따라갈 수 있겠느냐마는 나도 글을 쓰기 좋아하므로 흉내라도 낼지 모르겠다는 심산이었다. <가톨릭 굿 뉴스> 성인 편에는 루카 성인을 이렇게 소개하고 있다.

루카복음과 사도행전의 저자인 성 루카Lucas는 안티오키아 출신의 그리스인 의사였고, 서기 51년경에 있었던 바오로의 제2차 전교여행 때 그를 수행했으며, 57년까지 필리피(그리스의 도시. 지금의 필리포)에 머물면서 그곳의 공동체를 지도하였고, 바오로 3

차 전교 여행 때도 수행한 듯 보인다. 또한, 그는 바오로가 수감 중이던 61~63년까지 로마에 있었으며, 재차 투옥되었을 때에도 함께 있었다. 66년 바오로 사도의 순교 이후 그리스로 건너간 듯 보인다.

믿을 만한 전설에 의하면 그는 예루살렘에 머물던 마리아를 뵐 수 있었지만 그렇게 하지 않고 마리아의 초상화를 여러 개 만들어 섬겼다고 한다. 그가 언제 어디서 복음서를 기술했는지는 분명치 않으나 아마 80~90년경에 이방인 출신 그리스인들을 위해 그리스에서 기록한 듯하다. 사도행전은 예수님의 승천부터 63년경 사도 바오로가 로마에서 수인 생활을 할 때까지의 교회 성장기를 서술한 것이다. 그는 84세로 선종한 듯하지만 순교했다는 주장도 있다.

나는 루카 성인을 따르기 위해 어떻게 신앙생활을 하면 좋을지를 고심한다. 루카 성인은 모든 복음사가 가운데 가장 솜씨 좋은 이야기꾼이라 하며, 최근에는 복음의 문학적 가치에도 주목하고 있다고 한다.

요즘 나는 글을 쓰기 전에 기도한다. 루카 성인을 닮을 수 있는 내게 꼭 맞는 십자가를 지게 해달라고. 무거워서 질 수 없는 십자가도 아니고, 남의 눈에 띄는 화려한 십자가도 아닌, 작은 나무십자가를 간구한다. 그 십자가를 지고 조심스럽게 무언가를 써서 복음을 전하고 증거 하는 것이 나의 사명이 아닐까를 묵상해 본다.

"주님, 제게 능력을 주옵소서, 제게 능력 주시는 분 안에서 모든 것을 감당할 수 있나이다."

수술실에서 만난 <대 테레사>

오른쪽 눈 바로 아래 꺼풀에 작은 사마귀가 생겨서 동네 안과에 갔었다. 의사는 나를 치료실 침대 위에 눕혀놓고 사마귀를 레이저로 태워버린 뒤, 이것도 일종의 종양이라며 재발하면 큰 병원엘 가야 한다고 했다. 의사의 엄포려니 했는데, 그의 말대로 4년 만에 재발하더니 이번에는 그 모양이 아주 쭈글쭈글한 게, 더 보기 싫게 커졌다. 전에 의사가 말한 종양이라는 것이 암을 뜻하는 것인지 마음이 쓰여 눈꺼풀 전문의사가 있는 큰 병원을 찾아갔다. 젊은 의사는 세밀하게 검사를 한 후, 한 달 동안 관찰을 하더니, 다시 태울 수는 없고 수술을 해서 제거해야 되겠다며, 일주일 후로 수술날짜를 잡아주었다.

일주일 후, 간호사는 수술환자 대기실에서 나를 환자복으로 갈아입도록 한 뒤, 베이지색 커튼 속 침대에 눕혀놓고 여러 차례 드나들며 혈압과 체온을 재고 주사를 몇 대 놓았다. 하얀 천장만 초점 없이 바라보며 TV에서 본 수술 장면을 떠올리니 담담하던 내가 그때부터 무슨 중환자가 된 기분에 별 걱정이 다 들기 시작했다. 종양이 눈에 너무 바짝 붙어있어 제대로 수술이 될는지, 수술 후에 부작용은 없을지, 얼굴이 이상하게 변하는 것은 아닐지, 조직검사를 한다는데 혹시 암은 아닐는지…. 마음이 떨리고 에어컨 냉기에 으슬으슬 춥기까지 했다. 두어 시간이 지나서야 간호사가 이동식 침대를 끌고 와서 옮겨 누우라고 했다. 복도를 따라 덜거덕거리며 수술실로 밀고 가는데 나는 머리를 꼼짝 안 하고 천장만 바라보았다. 마치 긴 동굴 속으로 빨려 들어가는 것 같았다. 수술 잘 받으라는 아들의 말을 듣고 수술실에 도착했음을 감지했다. 수술실 안을 살펴볼 용기가 나지 않아 나는 눈을 감아버렸다. 메스, 가위 같은 수술기구가 자꾸 떠올랐다.

이때 누가 다가와 귀에 대고 가만히 말했다.

"저는 이 병원 자원봉사자입니다. 병실이 좀 춥지요? 따뜻하게 하면 훨씬 기분이 좋아질 겁니다. 혹시 종교가 있나요?"

나는 눈을 감은 채 성당에 다니고 있다고 대답했더니, 차분한 목소리로 자신도 성당에 다닌다며 나에게 세례명을 물었다. '루카'라고 하자, 봉사자는 "루카 형제님, 우리 기도할까요?"라고 했다. 전혀 예상치 못한 상황에 나는 그저 "네. 고맙습니다."라고만 대답했다. 그 봉사자는 숙련된 솜씨로 따뜻한 담요 같은 것을 내 허리 밑에 깔고 양발을 감싼 다음 발을 천천히 꼭꼭 쥐었다 놓기를 반복했다. 그러고는 성호경을 바친 후, 두 손을 내 머리와 가슴에 얹고 조용히 기도하기 시작했다.

“전능하신 하느님, 오늘 루카 형제가 수술을 받게 되었습니다. 주님께서 은혜로 지켜주시옵소서. 집도하는 의사 선생님에게도 주님의 손길이 닿게 하소서. 주님께 올리는 저희 기도를 들어주시어 수술 후에도 루카 형제가 건강하도록 지켜주옵소서. 성부와 성자와 성령의 이름으로, 아멘.”

이때 이상한 일이 일어났다. 갑자기 몸이 두둥실 구름 위로 떠오르는 것 같았다. 마음이 편안했다. 평생 처음 느껴보는 안락함이었다. 죽음의 순간이 이렇게 안락하다면 죽음을 두려워할 이유가 있으랴…. 나도 “아멘”이라고 하는데 목소리는 떨리고 눈시울이 뜨거워졌다. 안 되지, 곧 눈을 수술해야 할 텐데. 나는 계속 눈을 감은 채, 자매님의 세례명은 무엇이냐고 물었다. 그녀는 친절하게도 테레사는 ‘소화 테레사’와 ‘대 테레사’가 있는데, 자신은 ‘대 테레사’라고 했다.

신앙생활이 일천한 나는 두 성녀 테레사에 대해서 알 턱이 없었다. 오로지 나에게 큰 영향을 준 ‘마더 테레사(Mother Teresa 1910~1997)가 떠올랐을 뿐이다. 이 공포의 순간에 수녀님이 떠오르다니! 나는 마더 테레사의 글과 기도문을 읽고 감동해서 늘그막에 천주교에 입교했다. 종교 간의 갈등, 종교로 인한 사람들 간의 갈등, 심지어 가족 간의 심각한 갈등을 보며, 종교에 대해 회의를 느끼고 있을 때, 우연히 나는 마더 테레사에 대한 전기를 읽게 되었다. 믿음에 대한 실천과 인류애와 말 한마디 한마디에 나는 크게 감동해 입교했다. 그 순간에 마더 테레사를 떠올리게 된 것은 큰 위안이었다.

오늘 아침 병원에 오기 전에 나는 성모님께 기도를 하며 간청을 했다. 어렸을 적에 아버지에게 아무리 요청해도 들어주지 않으실 것 같을 때 어머니를 통해 승낙을 받아내곤 했던 것처럼, 성모님은 나의 큰 힘이시며 속된 말로 큰 빽이시다. 그래서 나는 매월 첫째 주 토요일 성모신심미사에는 어지간한 일이 아니면 빠지지 않는다.

"성모님, 수술이 잘되도록 주님께 간구해 주세요. 믿음이 약한 저도 기도하겠지만 성모님께서 꼭 해주셔야 할 것 같습니다."

곧 수술용 침대로 옮겨 누웠다. 마스크를 쓰고 푸른 수술복을 입은 낯선 의사들이 내 양손을 침대에 붙들어 매고 얼굴에 눈만 나오게 무엇을 덮었다. 잠시 후, 몇 번 나를 진찰한 주치의 목소리가 들렸다. 마취 주사도 이젠 두렵지 않았다. 성모님과 마더 테레사 성녀가 나를 옆에서 지키고 있는 것 같아서였다.

마취에서 깨어나자 주치의는 수술이 잘 되었다고 했다. 몇 시간 후 퇴원해서 나는 집으로 오지 않고 한쪽 눈에 우주인처럼 플라스틱 가리개를 붙인 얼굴로 먼저 성당으로 갔다. 성전은 고요했다. 제일 먼저 자원봉사자를 위해 기도했다.

"주님, 병원 수술실에서 자원봉사하는 대 테레사 자매님에게 주님의 은총을 흠뻑 내려주옵소서. 저는 오늘 그 봉사자를 통해서 주님의 따뜻한 손길을 느꼈나이다."

어떻게 오게 되었나요

고故 김수환 추기경께서는 사랑이 머리에서 가슴까지 내려오는데 70년이 걸렸다며 자신의 삶을 부끄러워하셨다. 소록도에서 한센병 환우들을 43년 동안 헌신적으로 치료하며 돌보신 마리안느 수녀와 마거릿 수녀는 71세와 70세가 되자 홀연히 본국 오스트리아로 귀국했다. 나는 어느 종교를 믿을까 생각하며 우물쭈물하다가 70년이 걸렸으니 뭐라고 할 말조차 없다. 이십 대에는 종교를 믿음보다는 학문의 대상으로 접근해보려고 시도했으나 이내 시들해졌고, 활발한 사회생활을 할 동안에는 종교에 대해 깊이 생각할 겨를도 없었지만, 긍정보다는 부정적 시각이 더 컸다. 나이가 들어서는 더 늦기 전에 신앙을 가져야겠다고 마음은 먹었으나 도대체 마음에 드는 종교를 찾지 못했다. 종교는 지구촌에 갈등을 조장하고 전쟁과 자살폭탄으로 수많은 인명을 앗아가고 있다고 생각했다.

우리나라 불교, 개신교, 천주교를 살펴보아도 어느 것 하나 마음에 들지 않았다. 좁은 소견이지만 신성해야 할 종교가 끊임없는 분규, 부정부패, 이단 종파의 파생, 종말론, 정치적 집회시위 참여 등으로 종교로서의 본질을 잃었다는 회의감만 들었다. 이렇게 종교에 부정적 시각이 강하면서도 종교를 가져야겠다고 이율배반적인 생각을 하게 된 것은 순전히 나의 이기심 때문이었다. 어떤 사람은 그동안 지은 죄를 깊이 깨닫고 용서를 빌기 위해 종교를 갖게 되었다 하고, 어떤 사람은 "태초에 하느님이 천지를 창조하시니라" 하는 장엄한 말씀 앞에 무릎을 꿇고 믿기 시작했다지만 나는 이것도 저것도 아니었다.

나이가 들어갈수록 멀쩡하던 죽마지우가 갑자기 병에 걸려 일 년을 버티지 못한 채 세상을 떠나고, 후배들조차 호스피스 병동에서 속절없이 세상을 떠나갔다. 서산낙일西山落日이라 했던가. 자연의 순리를 바라보며 나도 무엇이 다르랴 싶을 때면 막연한 두려움이 엄습했다. 이 두려움을 어떻게 극복할 것인가? 믿음으로 인해 죽음의 공포와 고통에서 벗어날 수만 있다면 종교에 귀의, 의탁하고 싶었다.

나는 사찰의 법회나 성당미사에 참석한 횟수는 평생 서너 번 정도에 지나지 않지만, 자의적이거나 직업과 관련해서 여러 교회의 예배에는 일 년에 몇 번씩 참석했다. 내가 만난 목사와 장로, 신도들은 모두 존경스러운 분들이었다. 신앙심이 깊은 집사로부터는 성경을 선물로 받아 신구약을 모두 읽기도 했다. 그런 연유로 내가 신앙을 갖는다면 교회를 선택했을 것이다. 그러나 선뜻 내키지 않는 이유가 있었다. 지금도 사회적 물의를 일으키고 있는 소위 이단 종파와 관련한 일 때문이었다.

우리 가까운 집안에서 일어난 가정파탄을 보면서 언제 어디서 또 이런 유사 종파가 파생되어 우리 후대를 파멸시킬지 염려되었다. 파탄 난 한 집안을 보면, 이단 종파를 신봉하는 아내가 자식들을 그 종파의 신도로 만들어, 이를 반대하는 남편을 따돌리고 별거를 하고 있는 것이다. 늙은 아버지가 아들이 보고 싶어 장성한 아들의 직장을 찾아갔더니 그 종파에서 발행하는 선전 책자를 주면서 냉정하게 대했다고 한다.

"이 말씀을 읽어보고 믿으려면 찾아오고 믿지 않으려면 다시 찾아오지 마세요."

자식들을 공부시키느라고 허리가 휜 늙은 아버지에게 돌아온 대답이었다. 그래도 그 아버지는 아내와 자식들을 용서하며 언젠가 돌아오리라는 기대를 품고 긴 세월을 외롭게 살아가고 있다. 나는 그들이 신앙 이전에 인간으로 해야 할 기본 도리도 하지 않으면서 신을 섬긴다는 위선에 경악했다. 사랑과 용서의 지고至高한 종교를 이렇게 왜곡하다니. 종교계의 어떤 해괴한 자들이 또 이런 사이비 깃발을 들고나올지 누가 알겠는가.

나는 우연한 기회에 마더 테레사 수녀의 전기를 읽게 되었다. 마더 테레사의 행적과 인도 캘커타에서 목숨을 건 신앙생활에 깊은 감동에 빠졌다. 쓰레기더미에 무수히 버려지는 갓난아기와 살이 썩어가는 노인들을 찾아내어 구원하는 마더 테레사는 살아있는 예수님이고 천사였다. 이 모든 어려움을 기도로 극복하는 수녀의 믿음이 나를 깨웠다. 나는 마더 테레사 수녀가 인도 사람인 줄 알았다. 마더 테레사는 1910년 알바니아의 스코프예 지방에서 태어나고 어릴 적 이름은 아니스 곤히아 브악스히야Agnes Gonxha Boyaxhiu였다. 그 당시 스코프예는 오스만 제국령이었고 후에 유고슬라비아 영토가 되었다. 지금은 마케도니아의 수도이다. 1928년 아니스는 18세에 인도의 캘커타로 선교를 떠나 봉사 활동을 했다. 1997년 87세로 선종할 때까지 지구촌의 진정한 평화와 죽어가는 사람, 가난한 사람을 내 몸같이 사랑한 마더 테레사의 삶은 감동 그 자체였다. 나는 책을 읽는 내내 손수건을 꼭 쥐고 읽었다. 특히 전기에서 한 구절을 읽는 순간, 나의 눈은 한참 동안 고정되어버렸다.

"눈에 보이는 사람들도 사랑하지 못한다면, 보이지 않는 주님을 어떻게 사랑하겠습니까?"

나는 부모와 자식, 아내와 남편, 친지, 친구, 이웃을 이 구절 "사랑하지 못한다면"에 대입시키면서 바로 그다음 날 성당을 찾아갔다.

2013년 4월부터 비아 수녀님과 여정 봉사자 두 분으로부터 8개월 과정의 "예비신자교육"을 받기 시작했다. 우리 목요반은 십여 명이 채 안 되었다. 수녀님이 첫날 새 신자들에게 돌아가면서 질문을 했다.

"어떻게 오게 되었나요?"

대부분 누구의 인도에 따라서 입문하게 되었다고 대답하는데, 남자의 경우는 아내의 등쌀 때문이라고 했고, 나처럼 스스로 온 사람은 없었다. 내 차례가 돌아왔다. 어떻게 할까 망설이다가 사실대로 대답했다.

"저는 마더 테레사 수녀님의 인도로 오게 되었습니다."

수녀님이 무슨 생각을 했는지 "네~"라고 하더니 더는 묻지 않았다. 교리시간이 끝날 때쯤 수녀님은 올해가 선교의 해라 여러분이 신앙을 가질 수 있도록 기도를 많이 했다고 말했다.

내가 세례를 받은 지 3년쯤 후인 2016년 9월에 프란치스코 교황께서 마더 테레사 수녀를 성인의 품에 올렸다. 나는 얼마나 기뻤는지 모른다. 70년 동안 세상을 헤매던 나를 성전으로 이끈 마더 테레사 성인은 지금도 하늘나라에서 지구촌의 수많은 영혼을 성전으로 계속 이끌고 계실 것임을 나는 굳게 믿고 있다.

어느덧 세례를 받은 지 5년이 되었다. 아직도 기도문을 다 외우지 못해 어물거리기 일쑤다. 성체를 받아 모실 때마다 콧잔등이 시큰거리는 이유도 모른다. 그래도 성호를 그을 줄 알고 "주여, 자비를 베푸소서!"라고 기도할 줄 알게 된 것이 얼마나 감사한지 모른다.

주님의 노래를 부른다

본당 성가대는 일주일에 두 번 성가 연습을 한다. 단원들은 연습을 시작하기 전에 꼭 주님께 기도드리고 성가대 수호성인이신 성녀 세실리아에게도 간청한다.

"…조촐한 저희 몸을 악기 삼아 맑고 고운 영혼의 성가를 아름다운 가락으로 주 대전에 바치나이다. 소리로는 부족하여도 저의 정성 굽어보사, 즐겨 받아주시옵고 마디마디 화음 이루어 노래할 때 독생성자 구속공로와 부활의 기쁨이 저희와 당신 백성 중에 머무르게 하소서. 성녀 세실리아여! 저희를 위하여 빌어주소서…."

나는 더욱 간절히 기도드린다. 맑고 고운 영혼의 성가를 바치기에는 소리가 턱없이 부족하기 때문이다.

나는 세례를 받자마자 교리를 가르쳐주시던 수녀님으로부터 성가대에 입단하라는 권유를 받았다. 칠순에 무슨 성가대냐며 사양했더니 나를 젊게 보셨던지, 나이가 무슨 상관이냐며 재차 권유했다. 사실 나는 가능하면 성가대에서 성가를 부르고 싶기는 했다. 나는 제대로 할 줄 아는 음악이 한 가지도 없으면서 평생 음악의 끈을 놓고 살지는 않았기 때문이다.

고등학교 시절에 브라스 밴드부 단원으로 트롬본을 연주한 이래 젊을 때는 가끔이나마 악기를 불고, 클래식을 듣고, 팝송을 불러댔다. 지방에서 직장 책임자로 있을 때에는 합창단을 만들어 경연대회에 출연시키기도 했다. 나이가 들어서도 꿈을 버리지 못해 피아노를 배우고, 늘그막에는 때때로 키보드 건반을 두드리고 있다. 그러나 기악과 성악은 전혀 다른 분야이기에 필요한 호흡과 발성을 하는 게 쉬운 일이 아니었다. 젊은 형제들과 자매 단원들 사이에 끼어 지휘자에게 밥 먹듯이 지적을 받아 나이 든 사람의 체면이 말이 아니었다.

한 가지 다행인 점은 있었다. 나는 베이스 파트에 속해 있는데 악보를 읽는 데는 어려움이 없었다. 트롬본이나 베이스는 악보를 낮은음자리표로 읽는다. 또 하나는 남성 파트 단원들이 대부분 생업에 바쁜 관계로 백수인 내가 때로는 존재감이 나타난다는 점이다. 단원 중에는 민항기 기장, 회사 사장, 영업사원 등 다양한 직종에 종사하고 있어 그들이 꼬박꼬박 연습이나 미사에 출석할 수 없기 때문이다.

처음 입단해서는 내 소리내기에 바빠 옆 단원의 소리나 반주 소리도 들리지 않고, 지휘자의 지적이 무엇인지조차 몰라 어리둥절하기 일쑤였다. 오르간의 베이스 음을 골라 듣고, 지휘자의 지휘와 눈총을 읽는 데 3년쯤 걸린 것 같다. 그러고 보면 3년 동안 <화답송>을 한 바퀴 다 돌아야 귀가 조금 트이는 것 같다는 생각을 하곤 한다. 지적을 바로 알아차리고 귀가 트이는 것이 성가를 잘 부른다는 뜻은 아니다. 모르고 부를 때에는 이 정도면 되겠거니 했지만, 갈수록 점점 더 부족함을 느낀다. 그동안 어려운 미사곡을 비롯해 다양한 곡으로 두 번의 음악회와 몇 번의 부활절에도 기를 쓰고 따라가긴 했지만 스스로 만족하지 못한다. 그렇지만 성전 성가대석에서 하얀 단복을 입고 화음을 이루어 주님을 찬양할 수 있다는 것이 크나큰 영광이며 은총이라는 것을 깨닫는다. 시인은 시편에서 수없이 주님을 찬양하라고 한다. 시편 마지막 편인 150편 열여섯 줄의 시 중에 "주님을 찬양하여라."가 무려 열한 번임을 세어보며 찬양의 의미를 새겨본다.

시편 137편을 기반으로 만든 팝송도 있다. 1976년 첫 출발을 하여 단시일 내에 세계 최정상을 차지한 독일의 4인조 혼성 보컬 보니엠Boney M의 '바빌론 강가에서'Rivers of Babylon이다. 이 노래는 들을수록 애처로운 느낌이 들었는데, 성가대에 입단해서야 그 진정한 의미를 알게 되었다. 요즘 나는 이 노래를 팝송이 아니라 성가처럼 듣고 부른다. 이 노래는 BC 587년에 유다왕국이 멸망하고 유대인들이 바빌론에 포로로 잡혀가면서 당시의 심정을 고백한 노래이다.

바빌론 강가에서 우리는 앉아 있었다오.

그래요, 우린 시온을 생각하며 눈물을 흘렸어요.

사탄이 나타나 우리를 납치하여 끌고 가

우리에게 노래를 요구하였지요.

그런데 우리가 이방의 땅에서 어떻게 주님의 노래를 부를 수 있었겠어요.

…….

이스라엘 민족은 모세와 예언자들을 통해 하느님의 경고가 있었는데도 이를 무시해 오랫동안 바빌론 강가에서 유배 생활을 하게 된다. 포로들은 시온을 생각하며 한없이 울었다. 시온은 성전이 있는 예루살렘이다. 성전에 있을 때는 성전에 있다는 것이 얼마나 행복인지 몰랐다.

내가 이 나이에 성가대석에서 주님을 찬양할 수 있다는 것이 얼마나 큰 행운인지 이제라도 알게 된 것이 얼마나 큰 다행인지 모른다. 그러나 모든 게 때가 있듯이 항상 영원히 허락될 것 같지는 않다. 이 역시 주님만이 아시리라.

별이 총총 빛나는 밤에 키보드 앞에 앉아 예비신자 때부터 좋아하게 된 이종철 신부님이 작곡한 성가 <주여 당신 종이 여기>를 첼로 음색과 리듬에 맞춰 조용히 부른다. 마음이 한없이 평온해진다. 주님을 위한 찬양조차도 주님은 오히려 나를 위로해 주시는 것 같다.

"주여 당신 종이 여기 왔나이다. 오로지 주님만을 따르러 왔나이다. 십자가를 지고 여기 왔나이다. 오로지 주님만을 따르러 왔나이다."

찬양 중에 그림에서 본 성가대 수호성인 세실리아 성녀의 무덤 위 조각상이 서서히 떠오른다. 언젠가 로마를 여행할 기회가 있다면 세실리아 성녀가 잠들어 있는 산타 세실리아 인 트라스테베레Santa Cecilia in Trastevere성당을 꼭 찾아가리라고 마음먹는다.